수·학·두·뇌·회·전
아주 쉬운 퍼즐조각 만들기

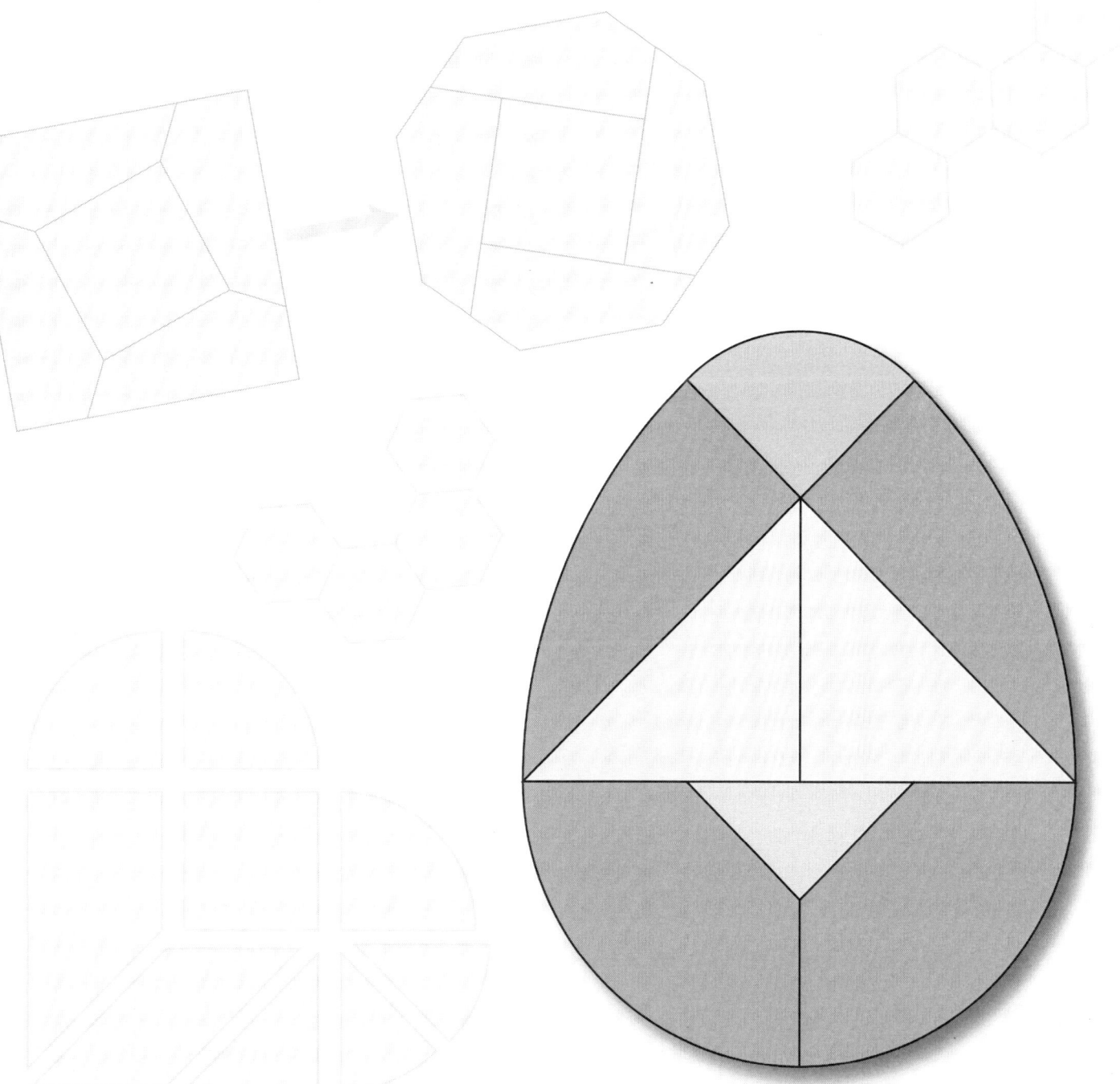

청송문화사
www.kidzone.kr

수·학·교·과·서·중·심 아주 쉬운 퍼즐조각 만들기

차례

직선조각 퍼즐

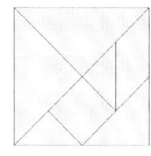 **칠교놀이퍼즐** · 07

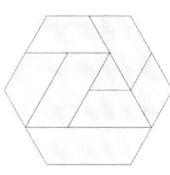 **정육각형 팔교퍼즐** · 11

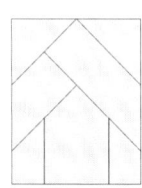 **직사각형 칠교퍼즐** · 15

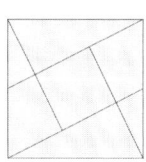 **피타고라스 칠교퍼즐** · 19

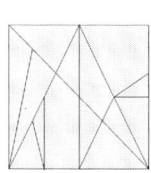 **스토마키온 퍼즐** · 23

곡선조각 퍼즐

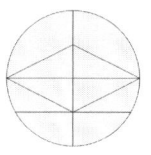 **직선분할 원형퍼즐** · 31

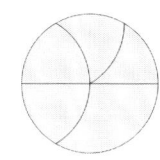 **곡선분할 원형퍼즐** · 35

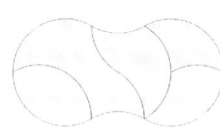 **땅콩퍼즐** · 39

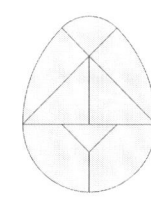 **계란퍼즐** · 47

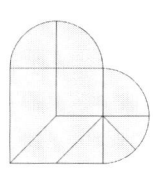 **하트퍼즐** · 53

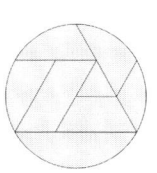 **원형 팔교퍼즐** · 57

자기복제 퍼즐

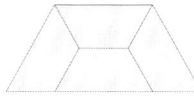 **사다리꼴 퍼즐** · 65

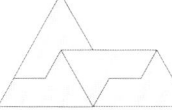 **스핑크스 퍼즐** · 69

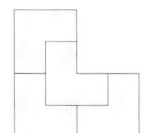 **"L"자 퍼즐** · 73

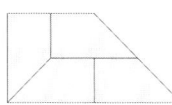 **지각사다리꼴 퍼즐** · 77

결합 퍼즐

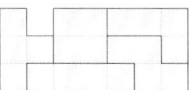 **테트로미노 퍼즐** · 83

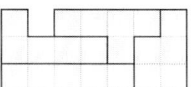 **펜토미노 퍼즐** · 87

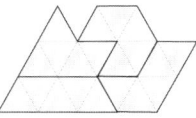 **펜티아몬드 퍼즐** · 95

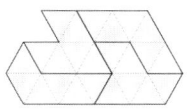 **헥사아몬드 퍼즐** · 99

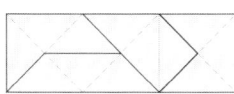 **트리아볼로 퍼즐** · 107

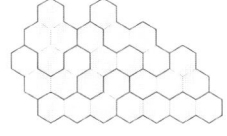 **테트라헥스 퍼즐** · 111

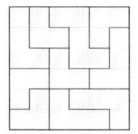 **정사각형 10교 퍼즐** · 117

모양변형 퍼즐

 **티 퍼즐** · 123

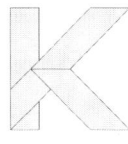 **케이 퍼즐** · 127

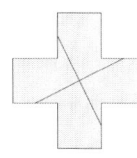 **심자가1→정사각형퍼즐** · 131

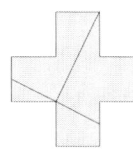 **심자가2→정사각형퍼즐** · 135

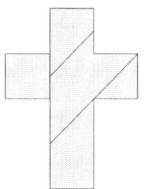 **심자가3→직사각형퍼즐** · 139

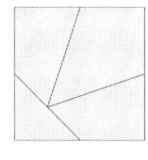 **정사각형→삼각형퍼즐** · 143

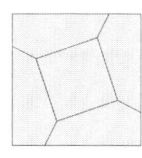 **정사각형→팔각형퍼즐** · 147

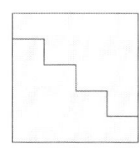 **계단퍼즐** · 151

무늬블록 퍼즐

 **무늬블록 퍼즐** · 157

놀이가 곧 교육입니다

직선 조각 퍼즐

- 칠교놀이퍼즐
- 정육각형 팔교퍼즐
- 직사각형 칠교퍼즐
- 피타고라스 칠교퍼즐
- 스토마키온 퍼즐

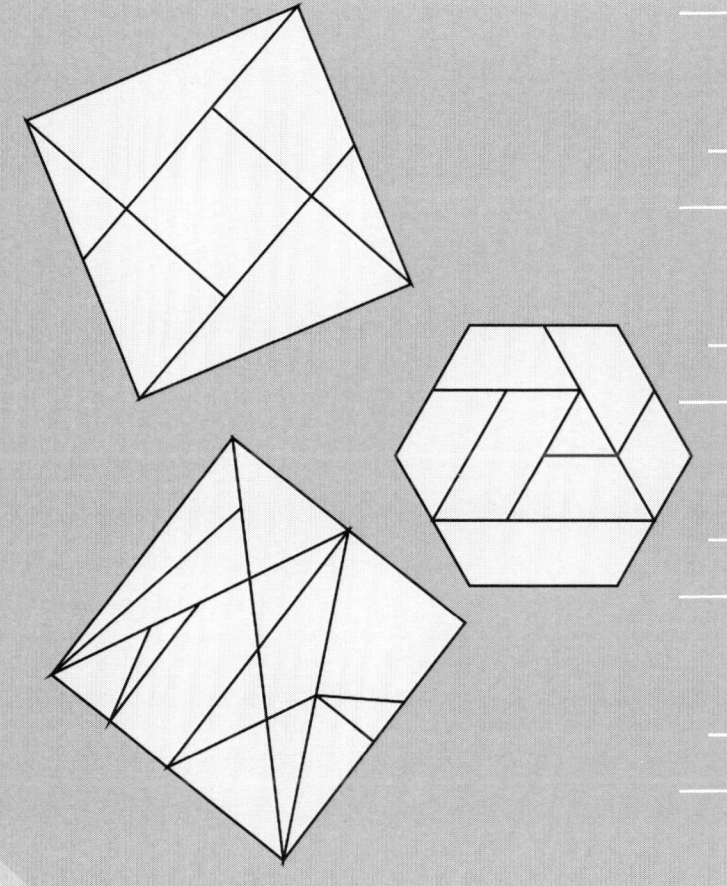
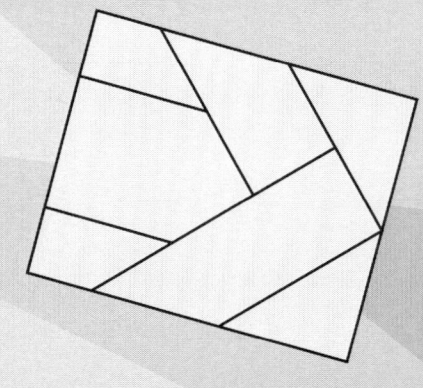
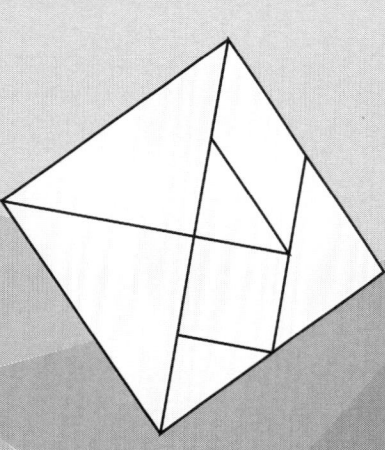

직선조각 퍼즐

직선 조각 퍼즐은 주로 정사각형이나 직사각형 등을 4에서 10조각으로 분할하여 만든다. 스토마키온 퍼즐처럼 특수하게 14조각으로 분할하는 경우도 있다. 퍼즐의 특성상 공통된 길이를 많이 형성해야 하기 때문에 대칭성이 있는 조각들이 많다. 가장 종류가 많이 나오는 퍼즐이다.

칠교놀이퍼즐 — 서양에서는 탱그램(TANGRAM)이라 부르며 가장 오래된 퍼즐 중의 하나이다. 아이러니컬하게도 가장 어려운 조합은 7개의 조각으로 다시 정사각형을 만드는 것이다.

정육각형 팔교퍼즐 — 정육각형을 수평과 대각선으로 잘라 평행사변형, 사다리꼴, 삼각형 등 8조각으로 나누었다. 공통된 길이가 많아 다양한 볼록다각형을 쉽게 만들 수 있다.

직사각형 칠교퍼즐 — 탱그램 등 정사각형을 조각 내지 않고 4 대 5의 직사각형을 7조각 낸 것이다. 따라서 모양을 맞추기가 다른 퍼즐 조각에 비해 쉽다고 할 수 있다.

피타고라스 칠교퍼즐 — 피타고라스 법칙을 증명하는 다양한 방법의 도형 중 하나를 퍼즐로 응용한 것이다. 삼각형과 사각형의 면적의 비를 비교하는데 도움이 되기도 한다.

스토마키온 퍼즐 — 아르키메데스가 창안하여 아르키메데스 퍼즐이라고도 한다. 동물이나 사물 모양도 만들지만 정사각형을 만드는 방법이 다양한 것으로 알려져 있다. 17152가지 방법이 있으나 컴퓨터의 도움으로 대칭과 회전을 같은 것으로 보면 536개의 방법이 있다고 한다.

칠교퍼즐

◆ 칠교퍼즐은 규칙을 가진 7개의 조각으로 이루어져 있습니다.

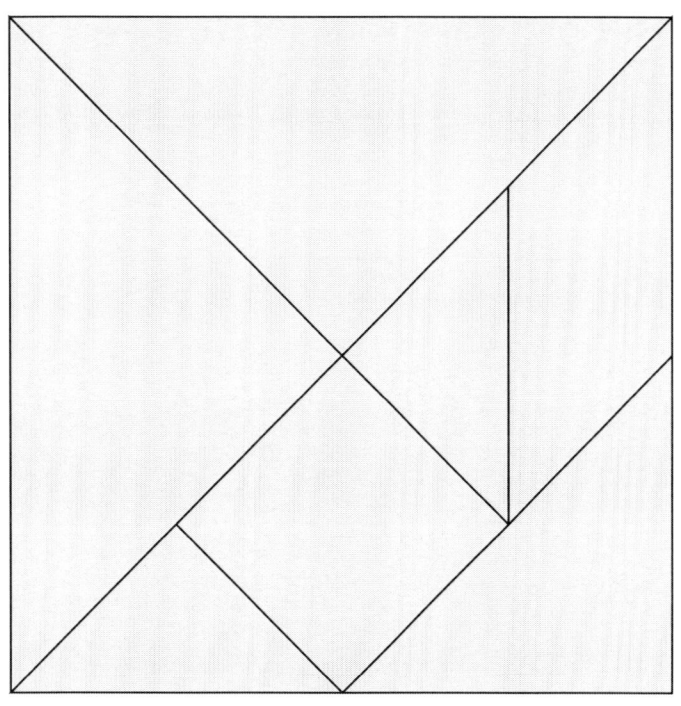

조각 관찰

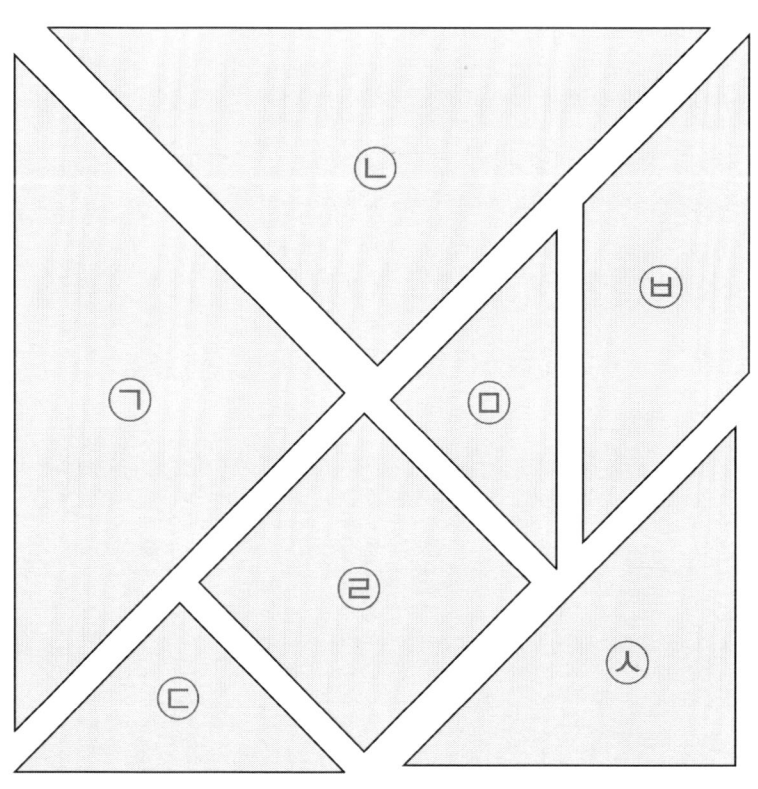

ㄱ과 ㄴ조각은 서로 똑같습니다.

ㄷ과 ㅁ조각은 서로 똑같습니다.

ㄷ과 ㅁ조각을 연결하면
ㄹㅂㅅ조각을 만들 수 있습니다.

칠교퍼즐 만드는 방법

① 정사각형을 그린다.

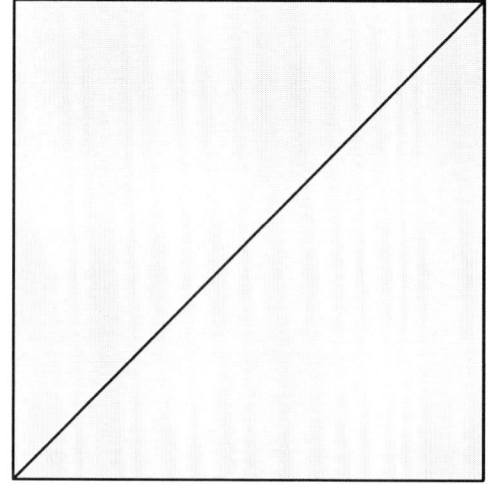

② 정사각형을 대각선으로 반자른다. 큰 직각삼각형 2개가 생겼다.

③ 직각삼각형 1개를 반자른다. 중간 크기의 직각삼각형 2개가 생겼다.

④ 큰 직각삼각형 변을 중심끼리 연결하여 자른다.

칠교퍼즐

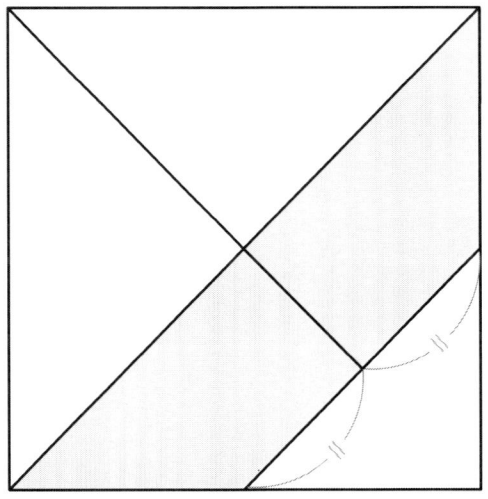

⑤ 가운데 사다리꼴을 반 자른다.

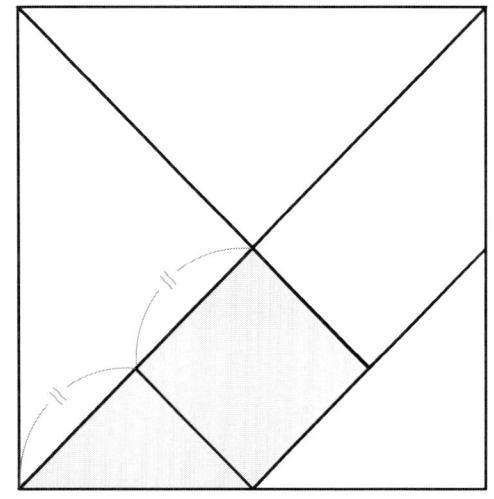

⑥ 사다리꼴을 자른 도형의 가운데를 연결하여 자른다. 정사각형과 작은 직각삼각형이 생겼다.

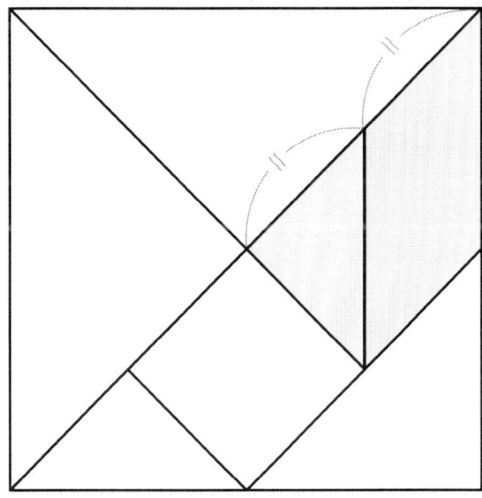

⑦ 반대편 도형의 중심을 그림처럼 연결하여 수직으로 잘라 완성한다. 작은 직각삼각형과 평행사변형이 생겼다.

칠교퍼즐

놀이의 예

◆ 칠교퍼즐 조각 전부를 조합한 모양을 각 조각의 특징에 맞게 구별하여 똑같이 맞춰봅니다.

문제유형 칠교조각으로 아래의 여우모양을 만들어 보시오.

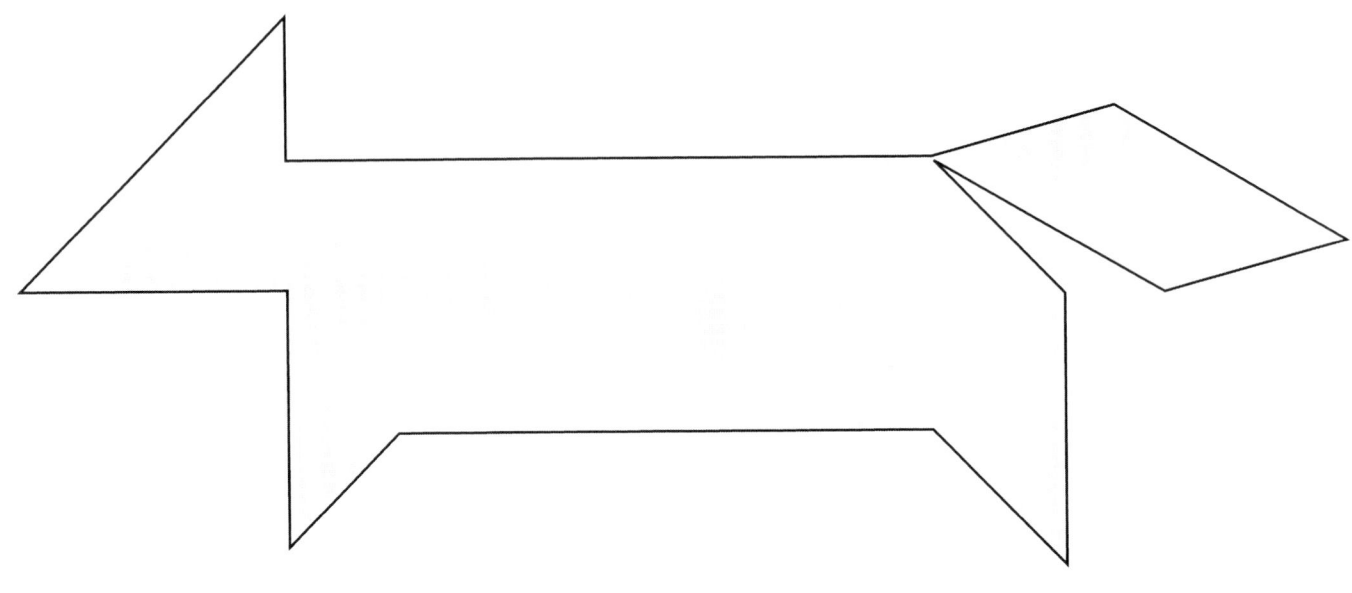

해답예시

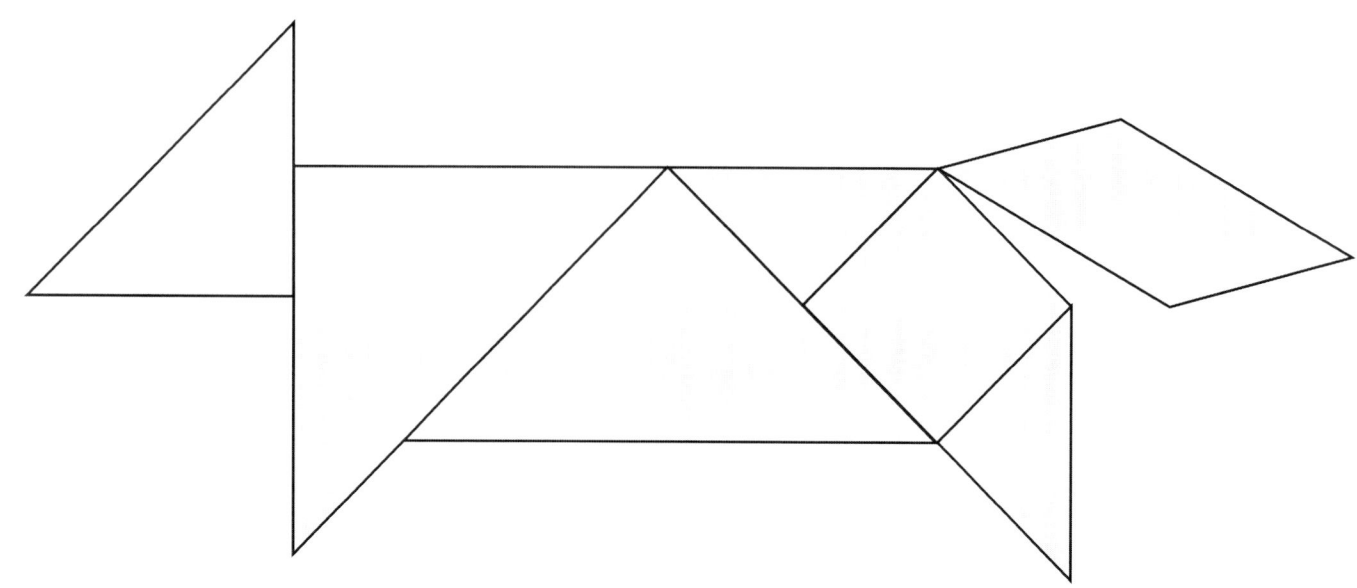

정육각형 팔교퍼즐

◆ 정육각형 팔교퍼즐은 8개의 조각으로 이루어져 있습니다.

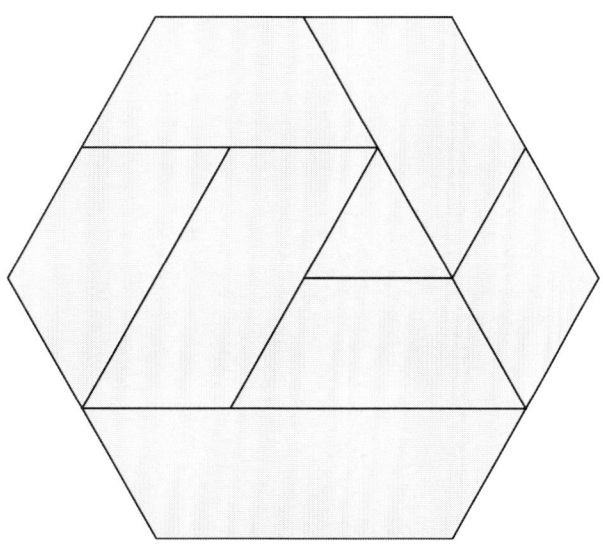

조각 관찰

정육각형 팔교퍼즐 만드는 방법

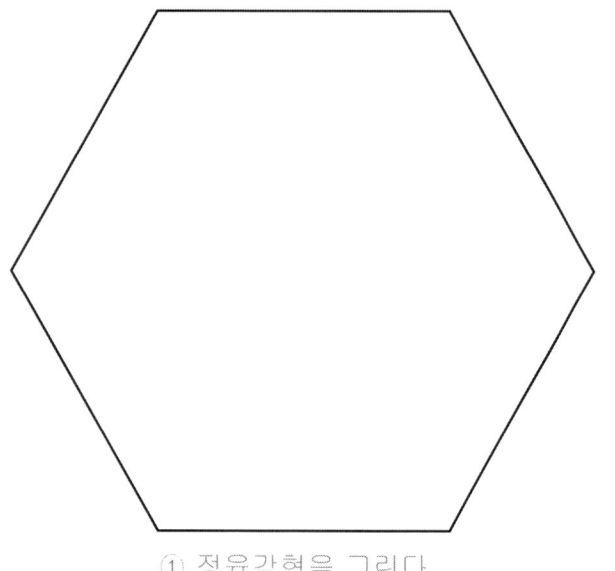

① 정육각형을 그린다.

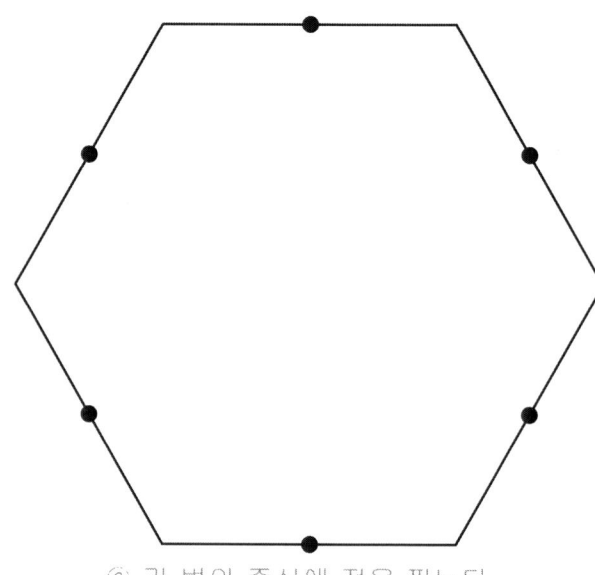

② 각 변의 중심에 점을 찍는다.

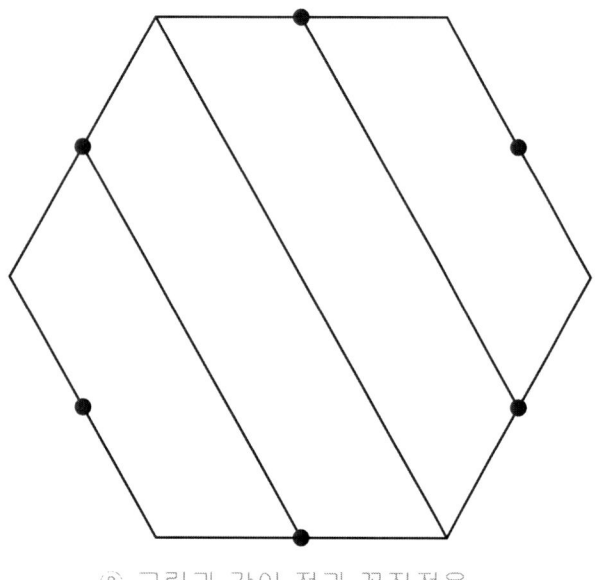

③ 그림과 같이 점과 꼭짓점을 연결한다.

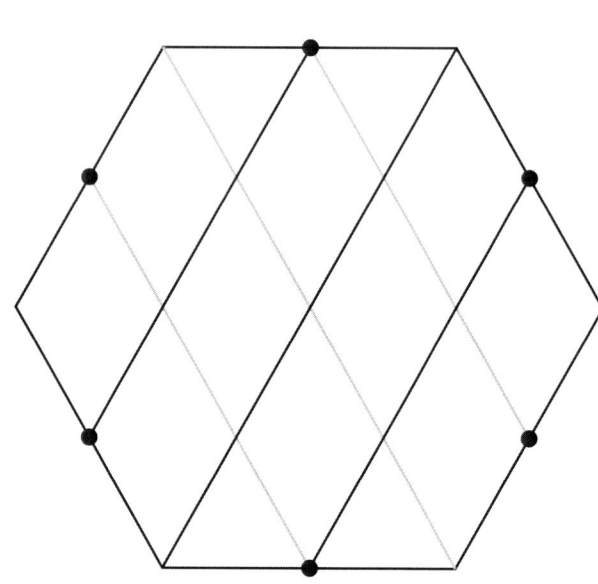

④ 그림과 같이 점과 꼭짓점을 연결한다.

정육각형 팔교퍼즐

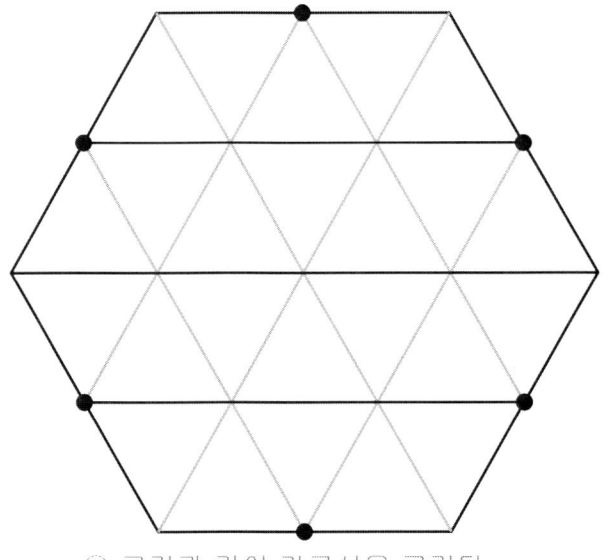

⑤ 그림과 같이 가로선을 그린다.

⑥ 그림과 같은 굵은 선으로 조각을 나눈다.

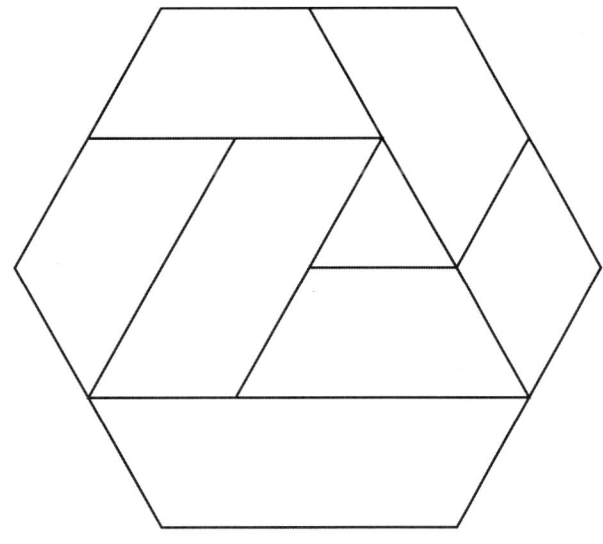

⑦ 8조각으로 완성되었다.

정육각형 팔교퍼즐

놀이의 예

◆ 정육각형 팔교퍼즐 조각 전부를 조합한 모양을 똑같이 맞춰봅니다. 한가지 모양에 해답은 여러 가지가 나올 수 있습니다.

문제유형 정육각형 팔교퍼즐 조각으로 아래의 모양을 만들어 보시오.

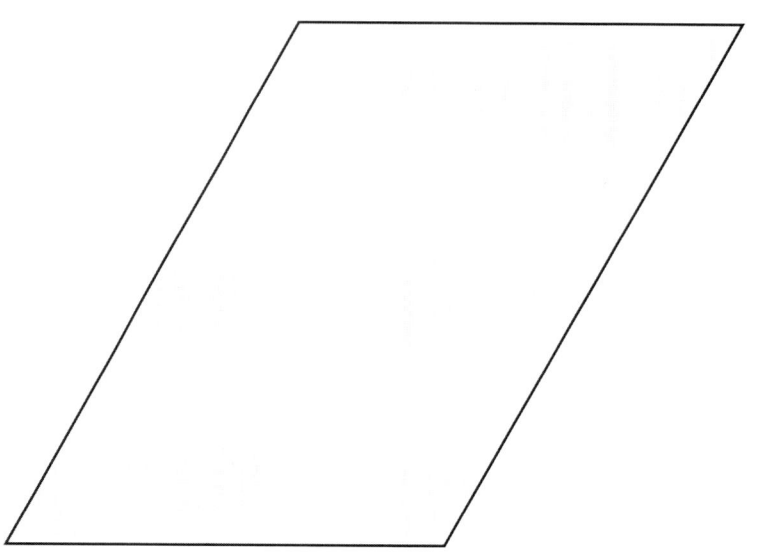

해답예시.1 **해답예시.2**

직사각형 칠교퍼즐

◆ 직사각형 칠교퍼즐은 7개의 조각으로 이루어져 있습니다.

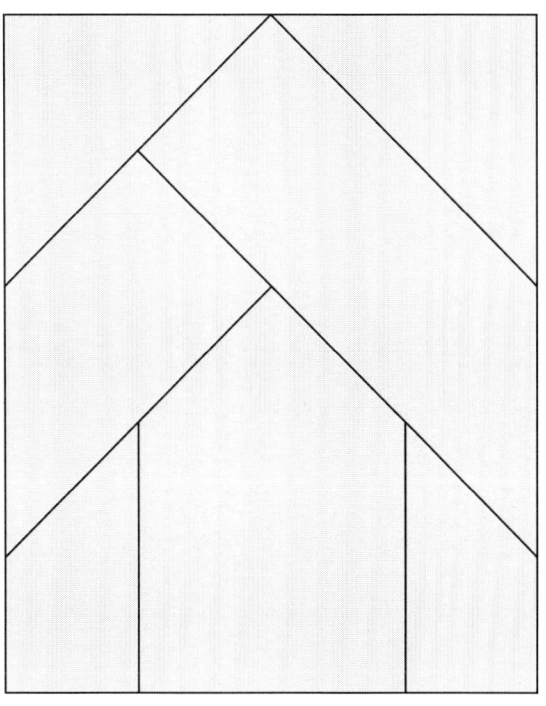

조각 관찰

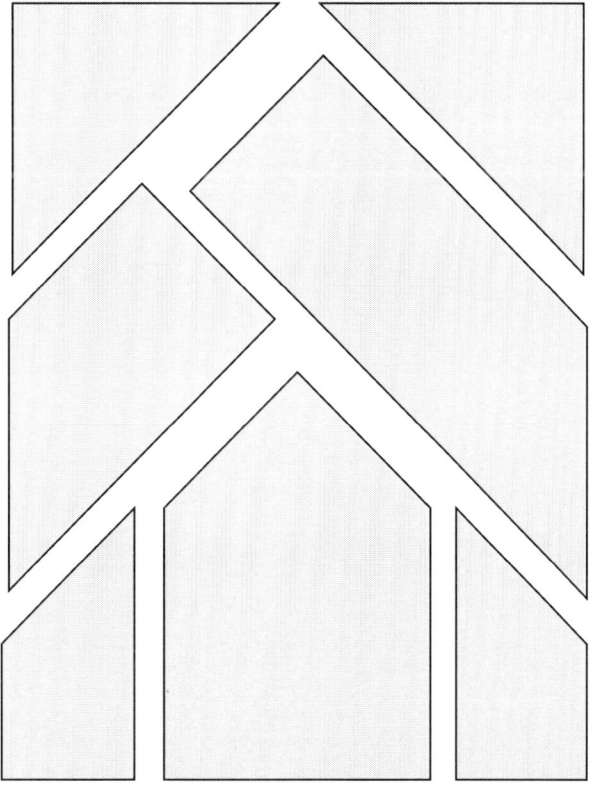

직사각형 칠교퍼즐

만드는 방법

① 4대 5의 비율로 직사각형을 그린다.

② 세로로 5등분한다.

③ 가로로 4등분한다.

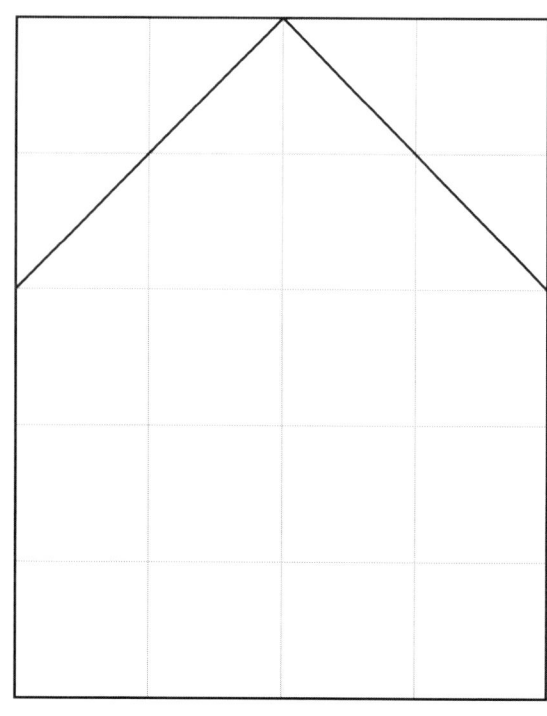

④ 그림과 같이 마주보는 대각선을 그린다.

직사각형 칠교퍼즐

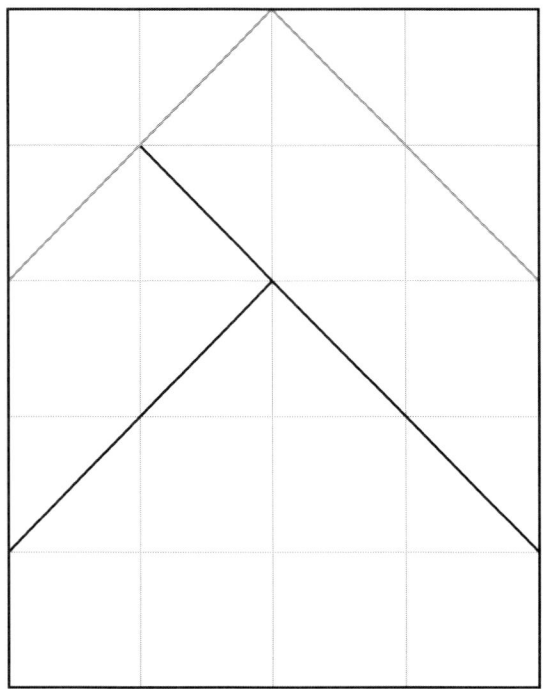

⑤ 그림과 같이 엇갈린 대각선을 그린다.

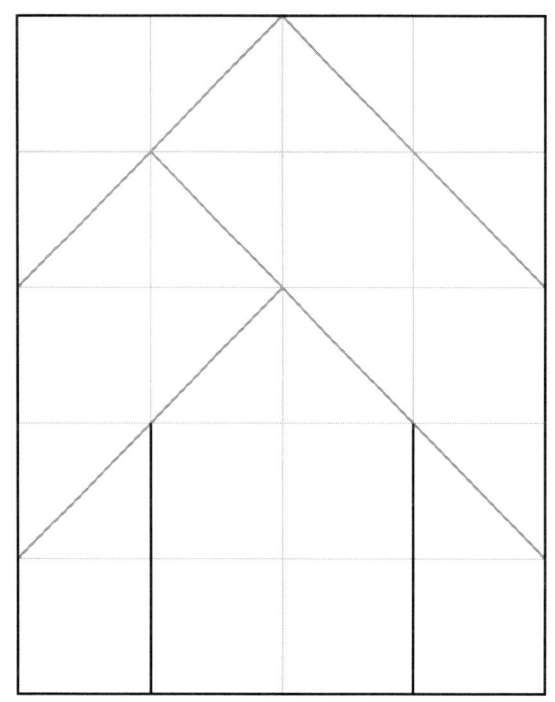

⑥ 그림과 같이 수직선을 그린다.

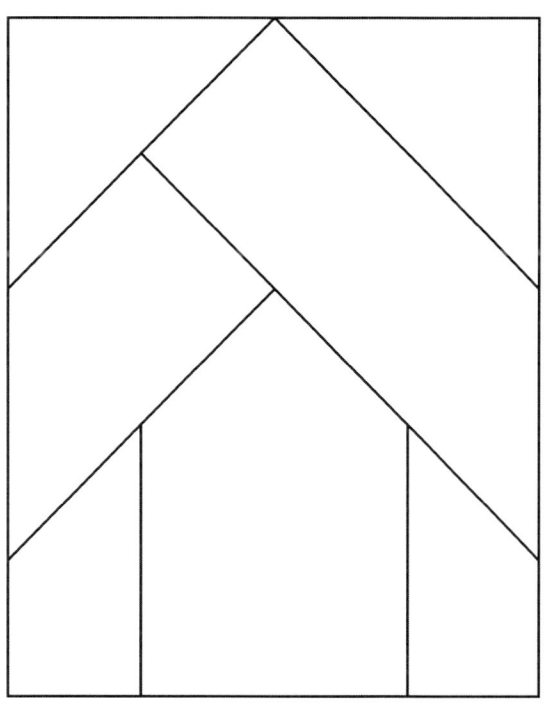

⑦ 모두 7조각으로 직사각형 칠교퍼즐이 완성되었다.

직사각형 칠교퍼즐

놀이의 예

◆ 직사각형 칠교퍼즐 조각 전부를 조합한 모양을 각 조각의 특징에 맞게 구별하여 똑같이 맞춰봅니다.

문제유형 직사각형 칠교퍼즐 조각으로 아래의 모양을 만들어 보시오.

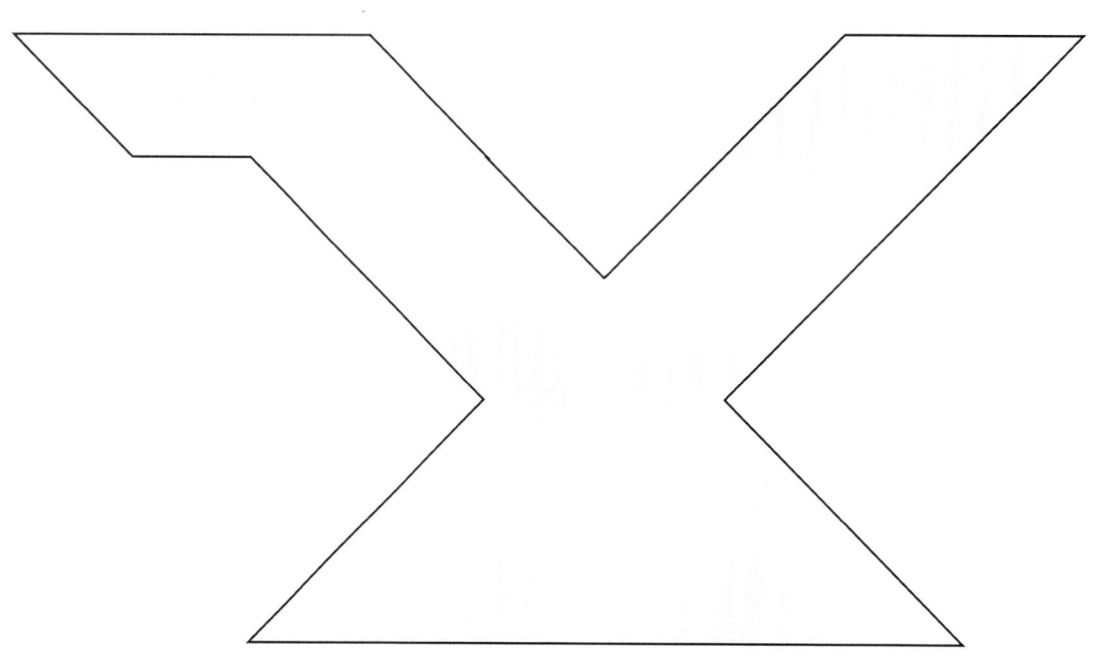

해답예시

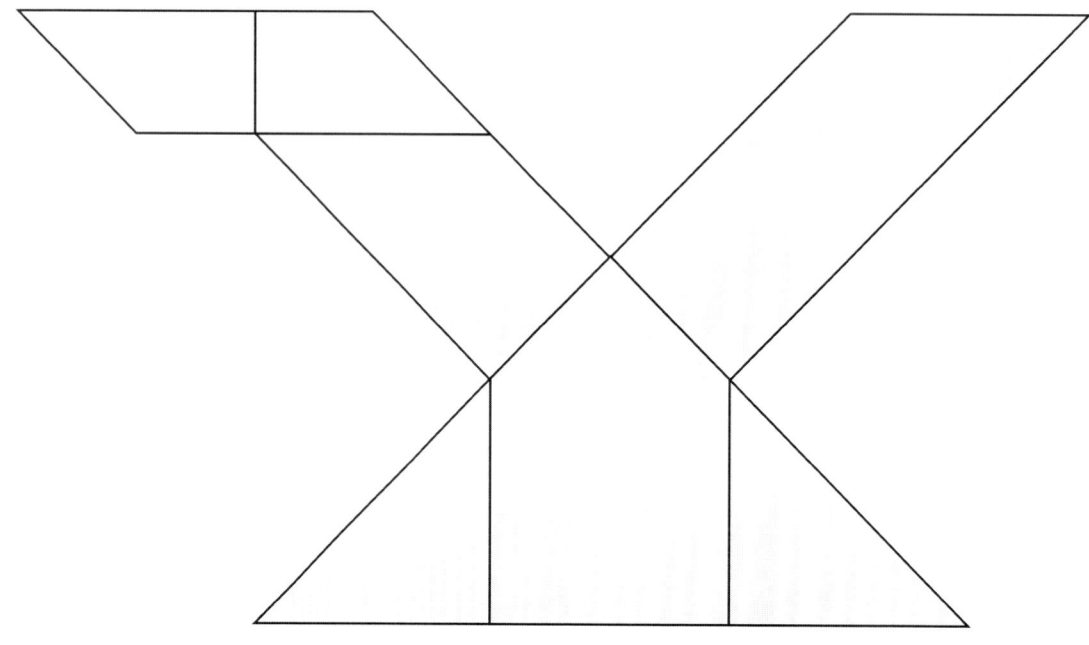

피타고라스 칠교퍼즐

◆ 피타고라스 칠교퍼즐은 7개의 조각으로 이루어져 있습니다.

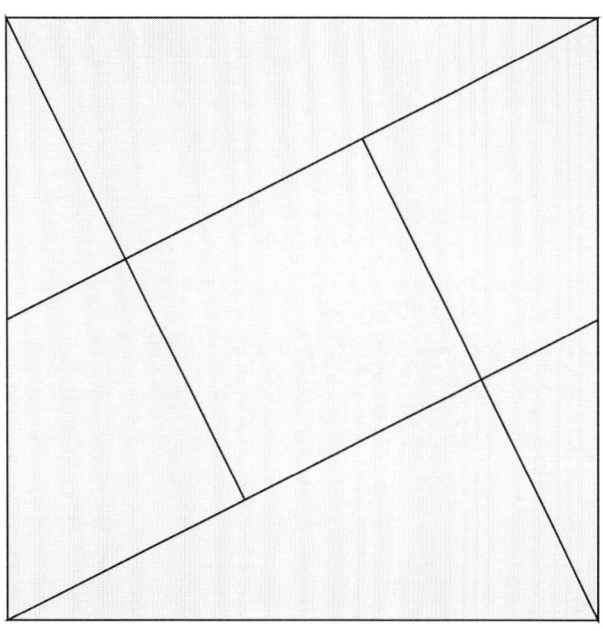

◆ 조각 관찰

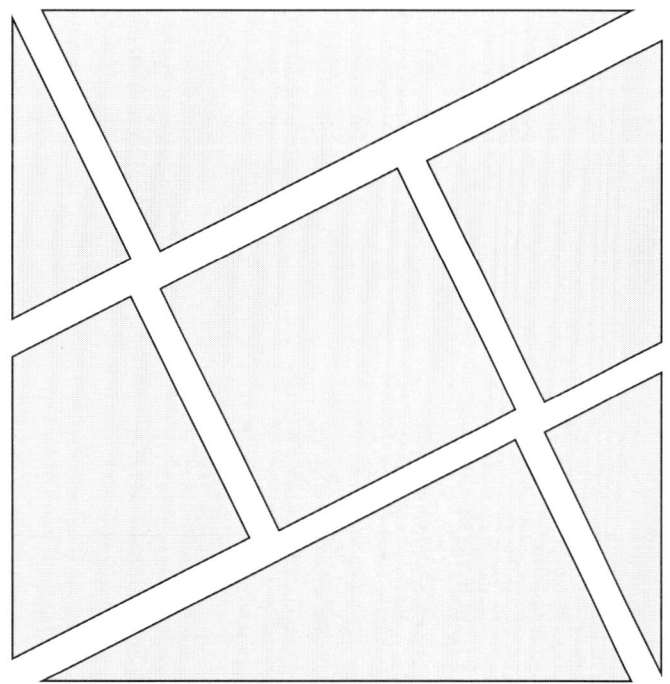

피타고라스 칠교퍼즐

만드는 방법

① 정사각형을 그린다.

② 그림과 같이 가로 세로 4등분 선을 그린다.

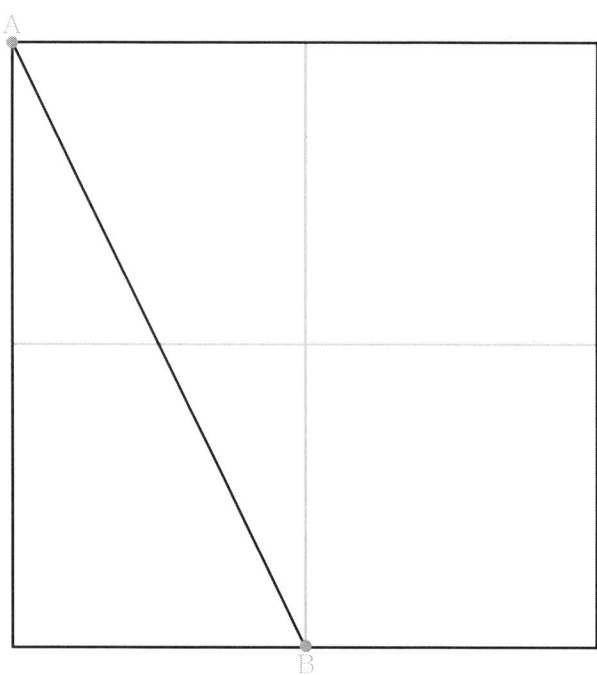

③ 그림과 같이 A와 B점끼리 연결한다.

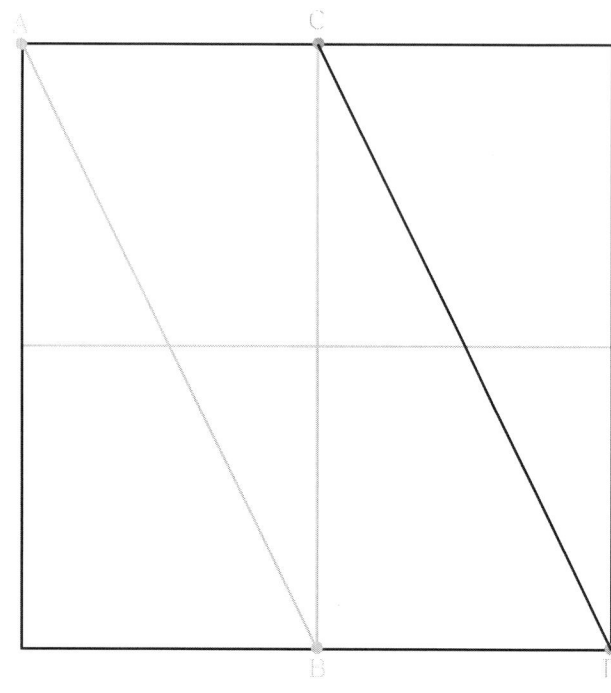

④ 그림과 같이 C와 D점끼리 연결한다.

피타고라스 칠교퍼즐

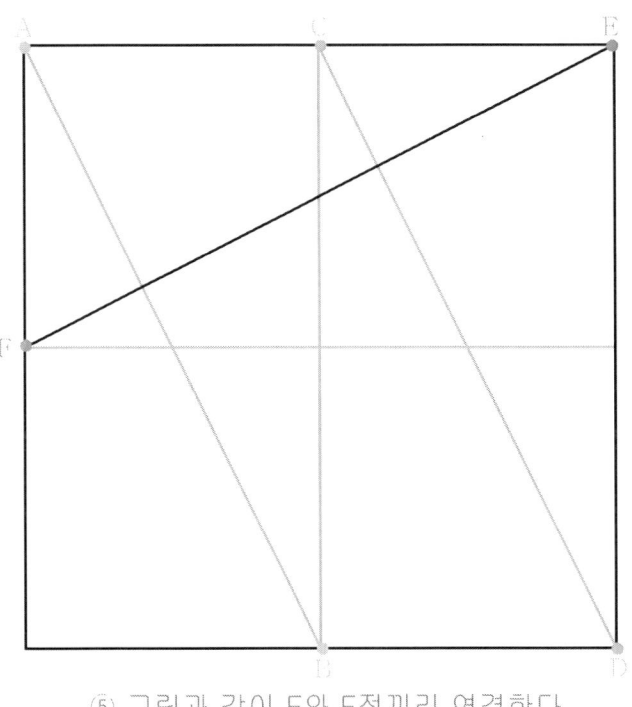

⑤ 그림과 같이 E와 F점끼리 연결한다.

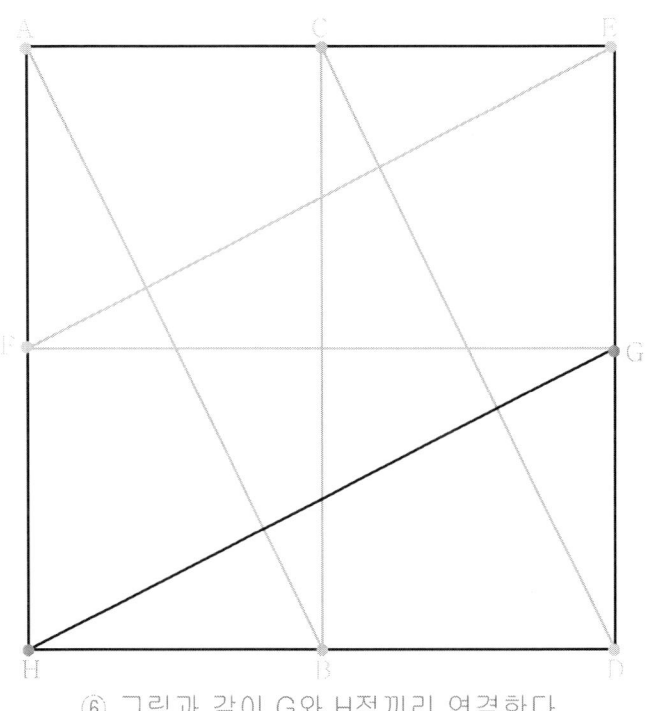

⑥ 그림과 같이 G와 H점끼리 연결한다.

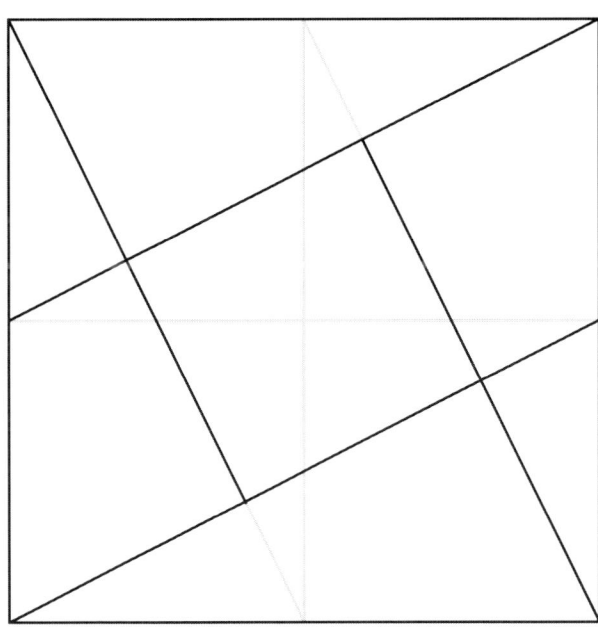

⑦ 위처럼 조각을 합친다.

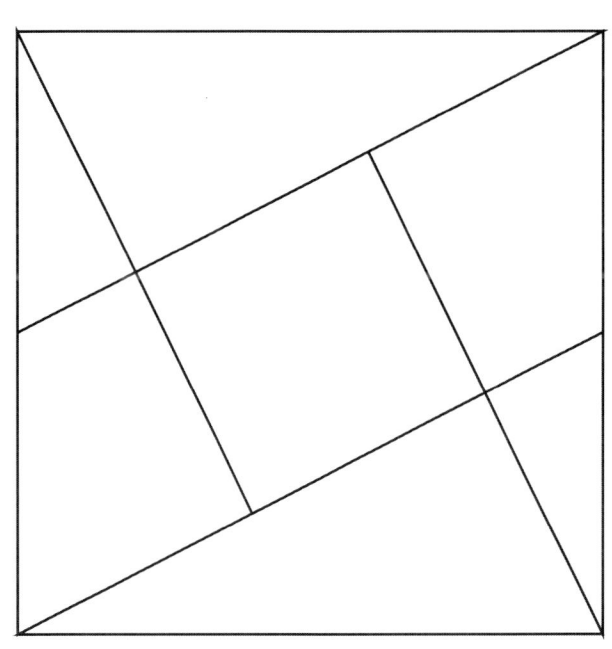

⑧ 모두 7조각으로 퍼즐 조각이 완성되었다.

피타고라스 칠교퍼즐

놀이의 예

◆ 피타고라스 칠교퍼즐 조각 전부를 조합한 모양을 각 조각의 특징에 맞게 구별하여 똑같이 맞춰봅니다.

문제유형

피타고라스 칠교퍼즐 조각으로 직사각형 모양을 만들어 보시오.

해답예시

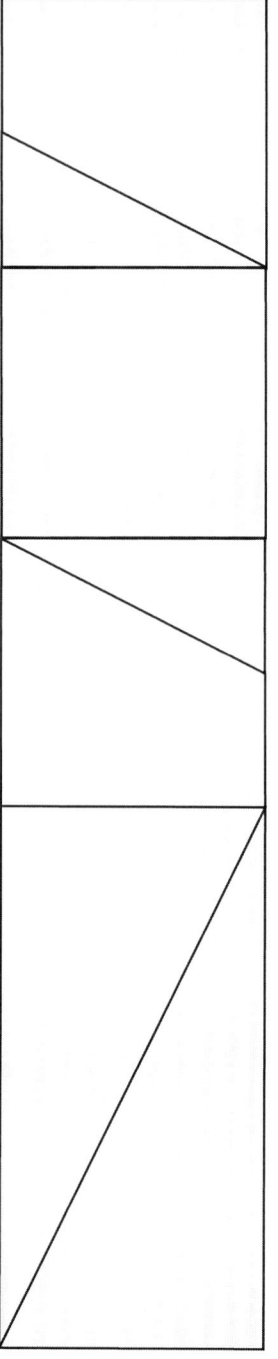

스토마키온 퍼즐

◆ 스토마키온 퍼즐은 14개의 조각으로 이루어져 있습니다.

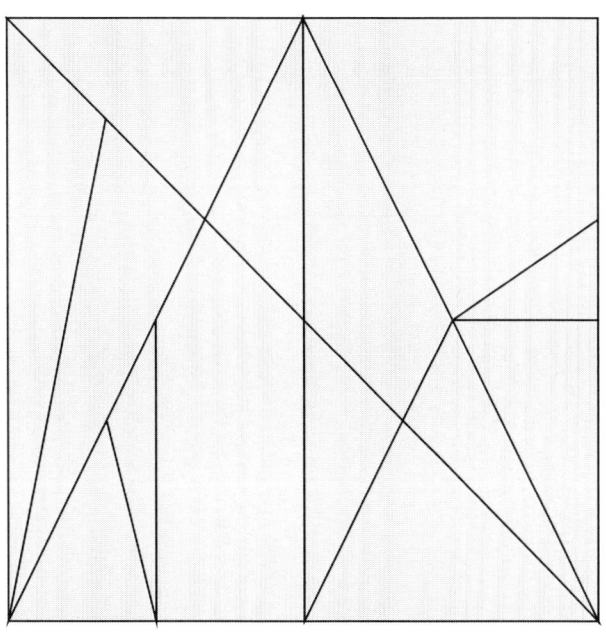

◆ 조각 관찰

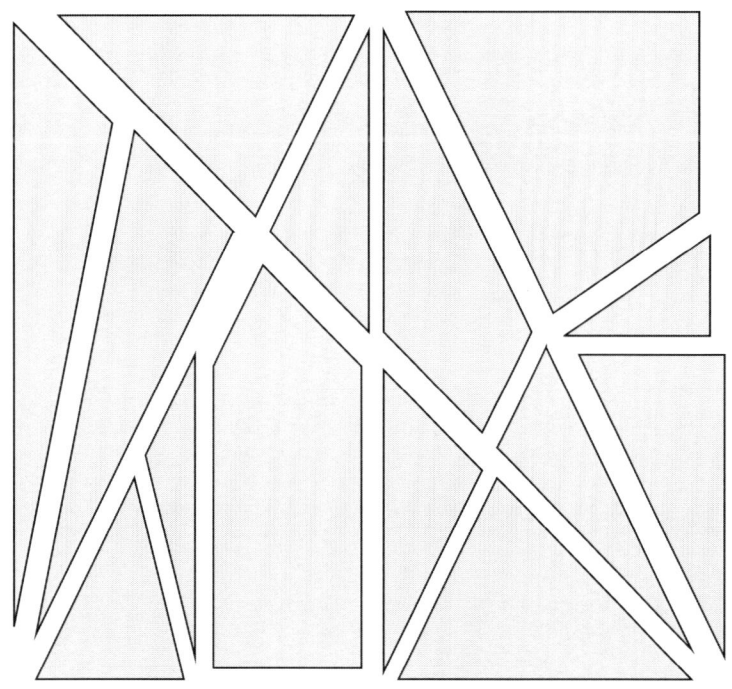

스토마키온 퍼즐 만드는 방법

① 정사각형을 그린다.

② 그림처럼 이등분한다.

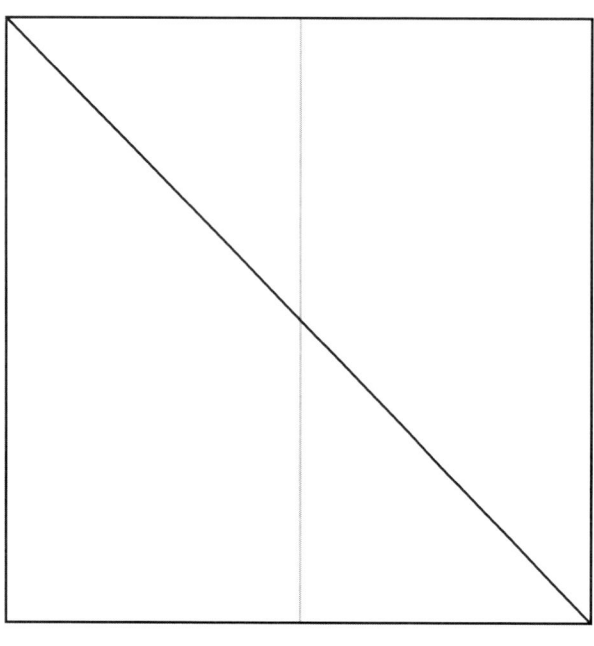

③ 대각선을 그린다.

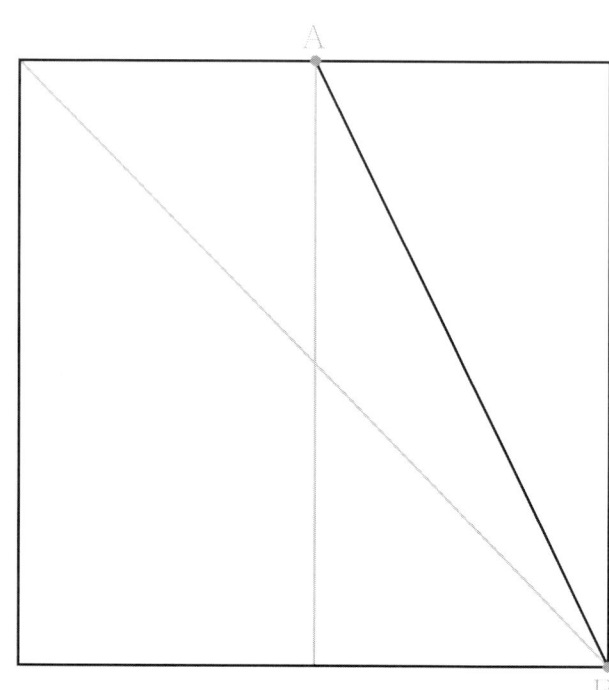

④ A와 B를 연결한다.

스토마키온 퍼즐

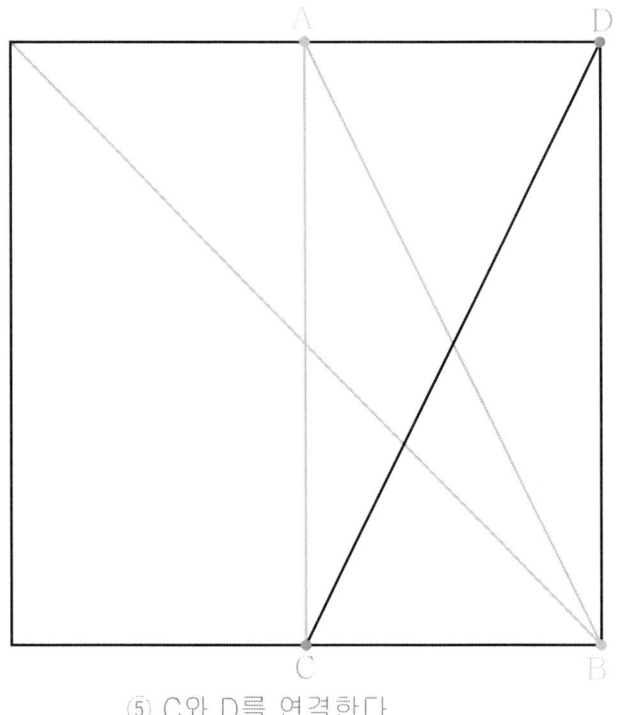

⑤ C와 D를 연결한다.

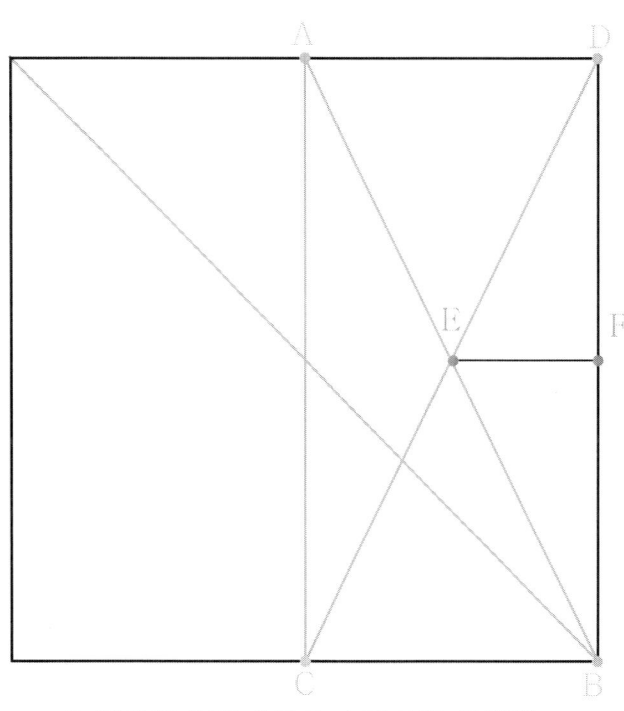

⑥ 그림과 같이 E에서 수평선을 그린다.

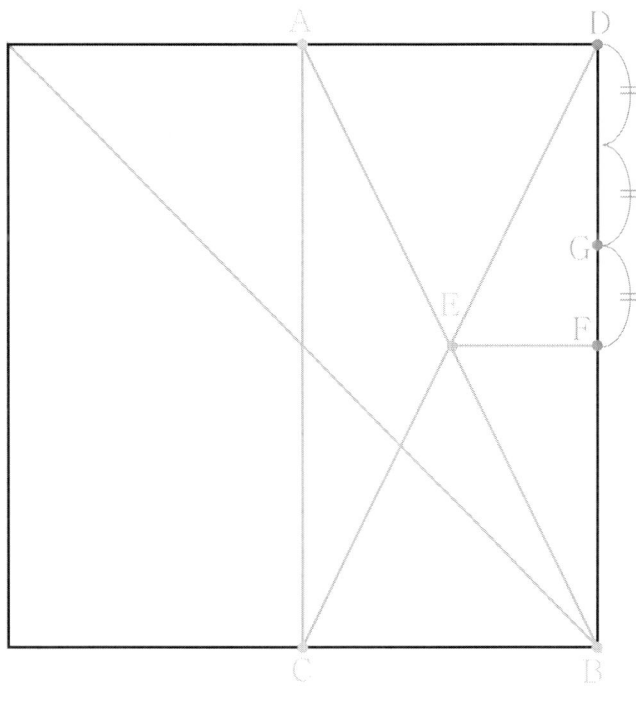

⑦ 그림과 같이 D와 F를 3등분한 점 G를 정한다.

⑧ E와 G를 연결한다.

스토마키온 퍼즐
만드는 방법

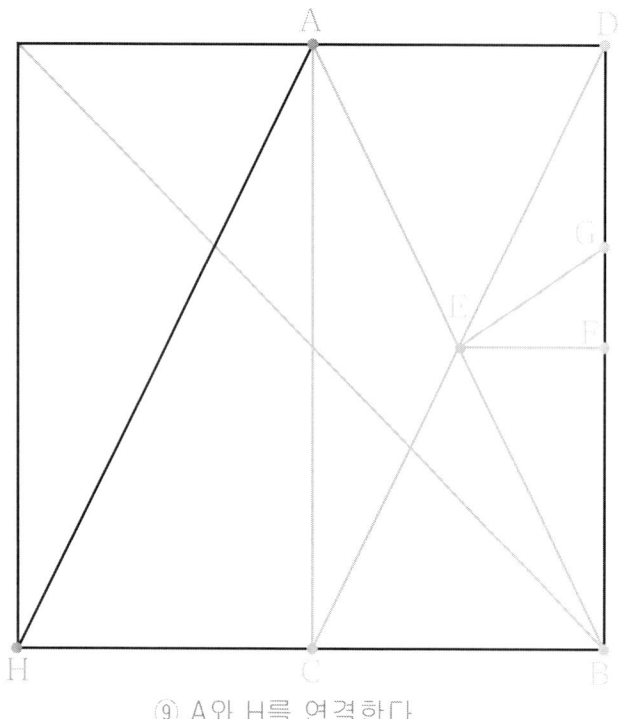
⑨ A와 H를 연결한다.

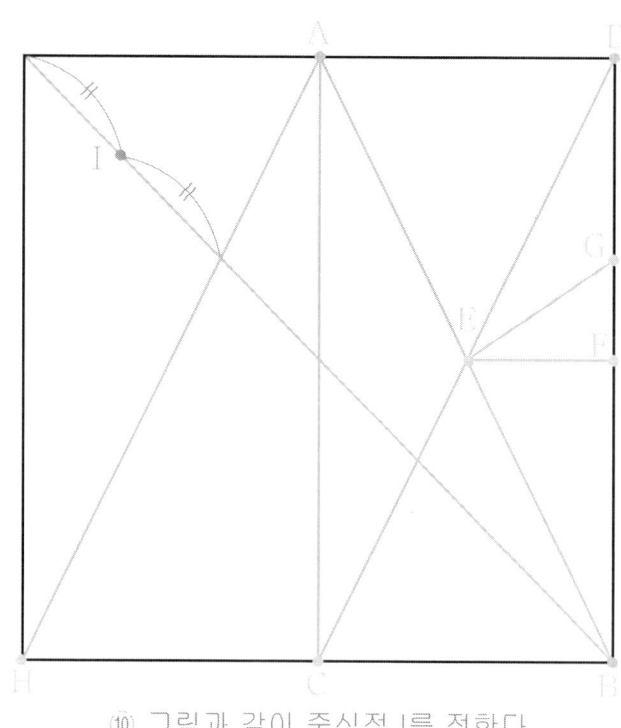
⑩ 그림과 같이 중심점 I를 정한다.

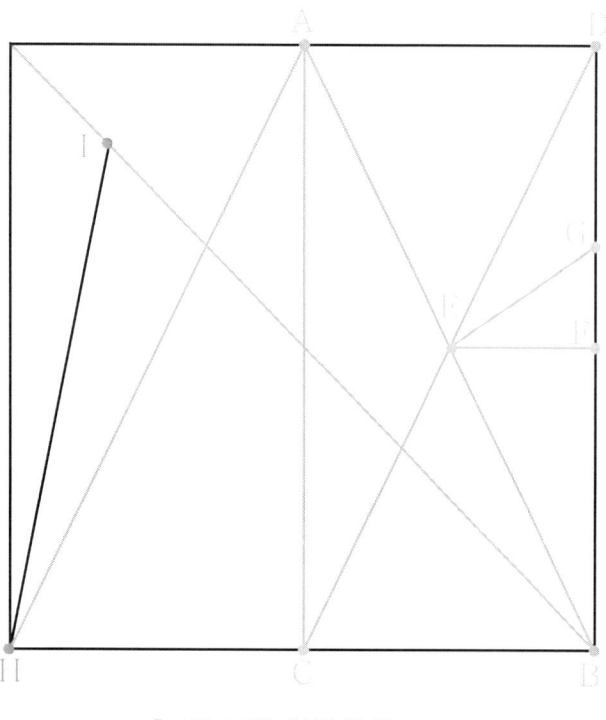
⑪ I와 H를 연결한다.

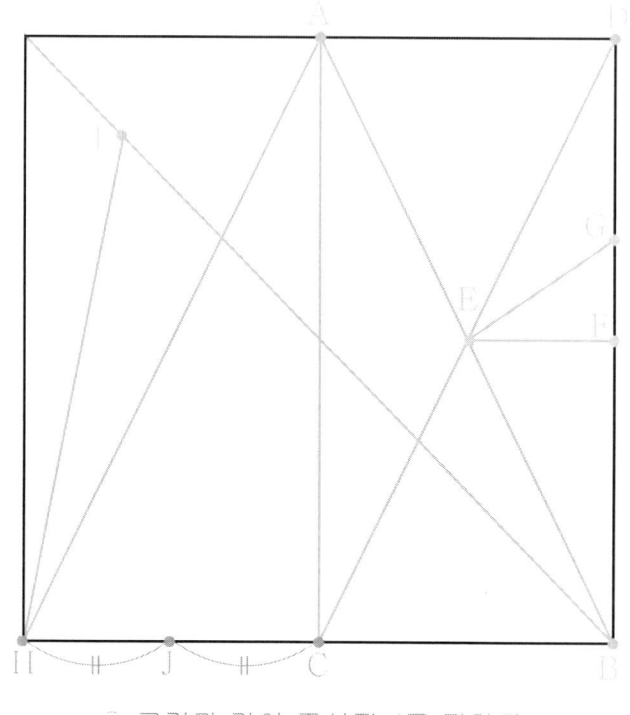
⑫ 그림과 같이 중심점 J를 정한다.

스토마키온 퍼즐

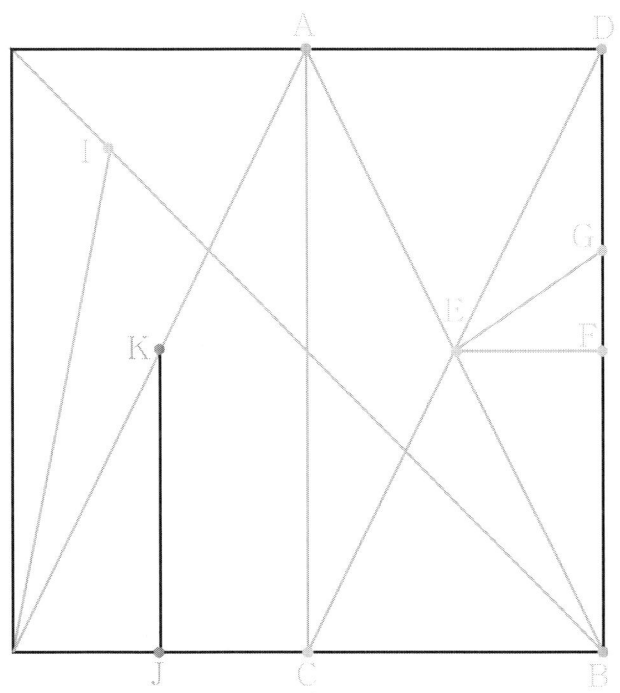

⑬ 그림과 같이 J에서 수직선을 그어 K와 연결한다.

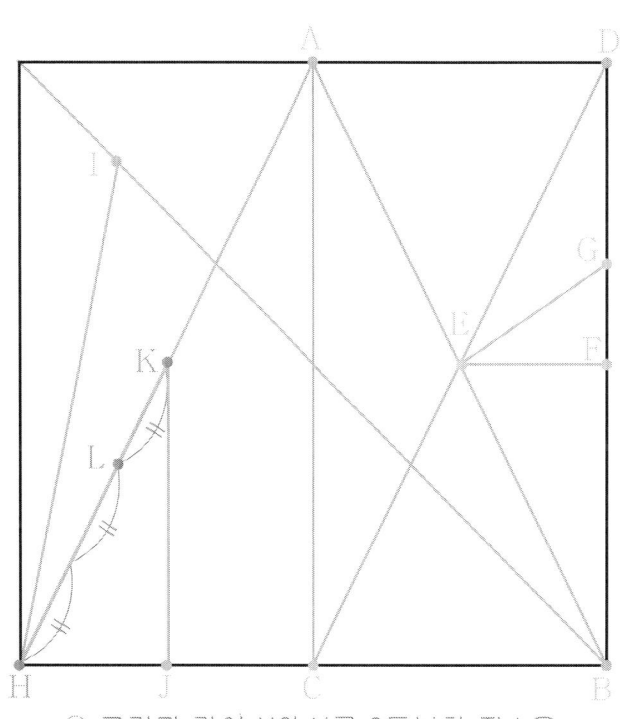

⑭ 그림과 같이 K와 H를 3등분한 점 L을 정한다.

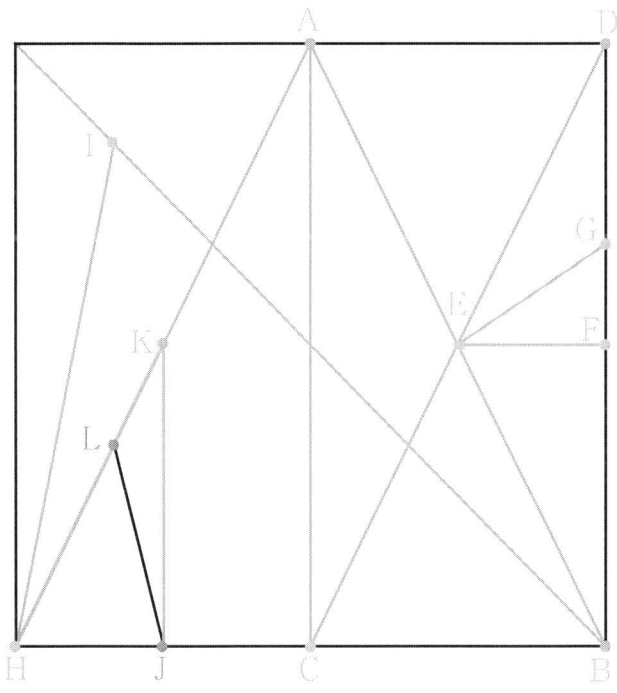

⑮ J와 L을 연결한다.

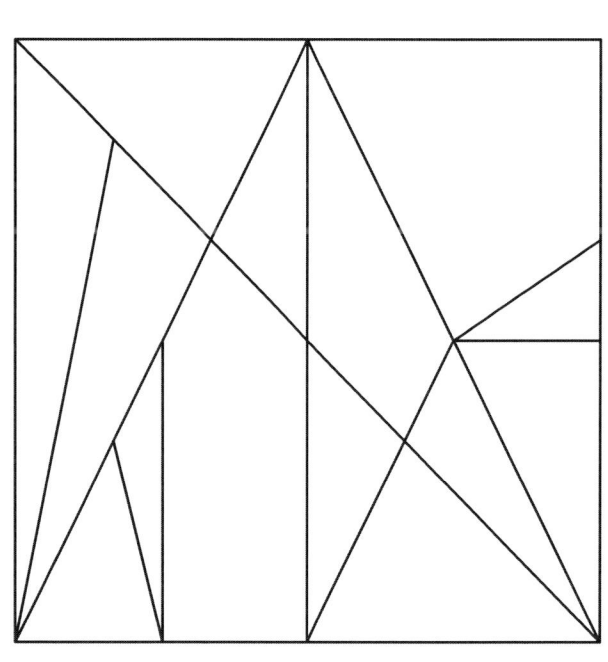

14조각으로 완성되었다.

27

스토마키온 퍼즐

놀이의 예

◆ 스토마키온 퍼즐 조각 전부를 조합한 모양을 각 조각의 특징에 맞게 구별하여 똑같이 맞춰봅니다.

문제유형

스토마키온 퍼즐 조각으로 아래의 모양을 만들어 보시오.

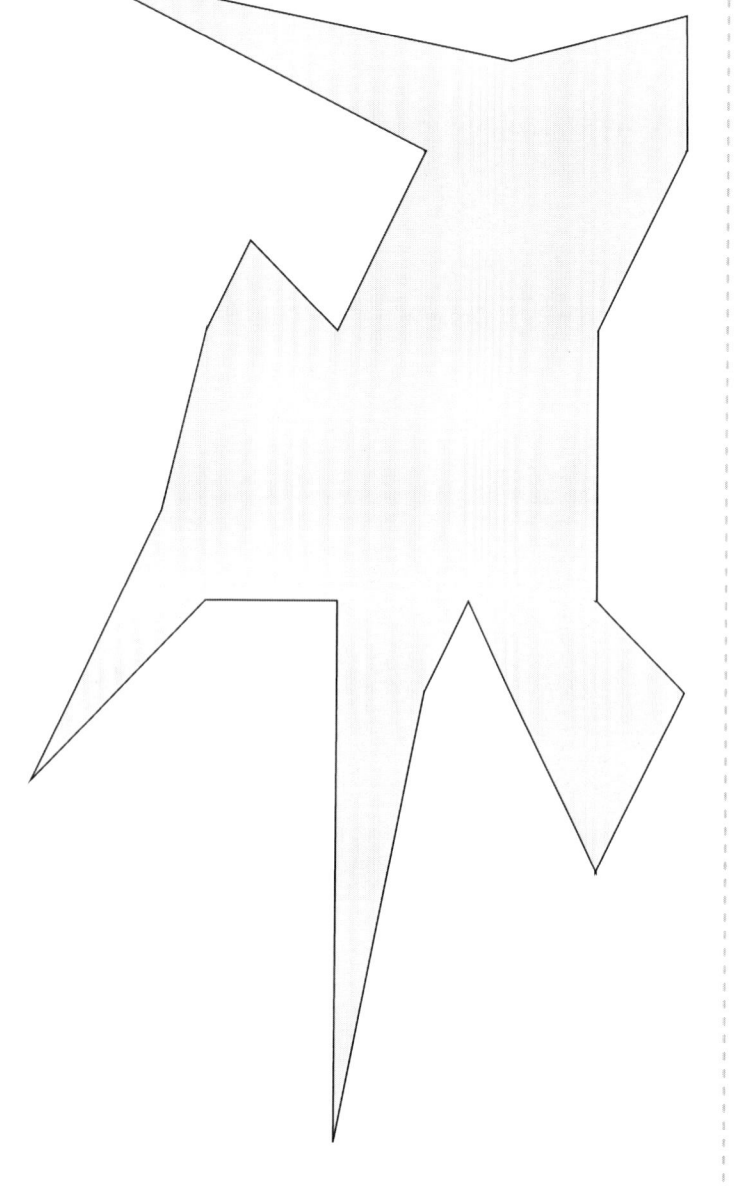

해답예시

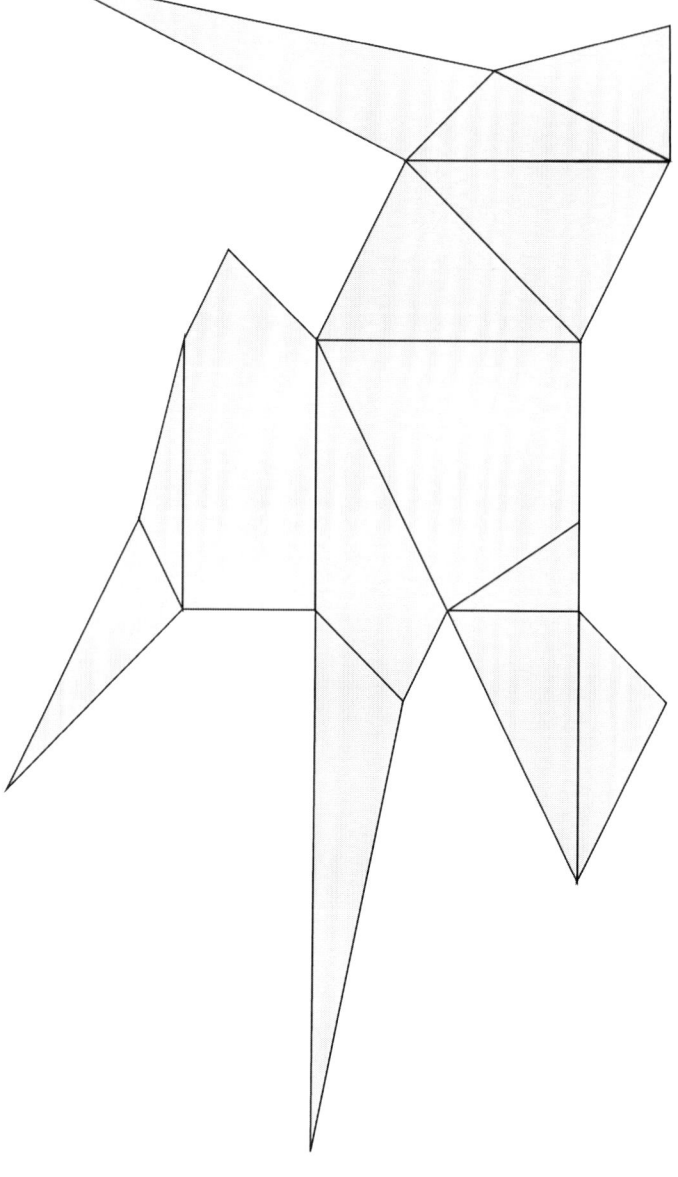

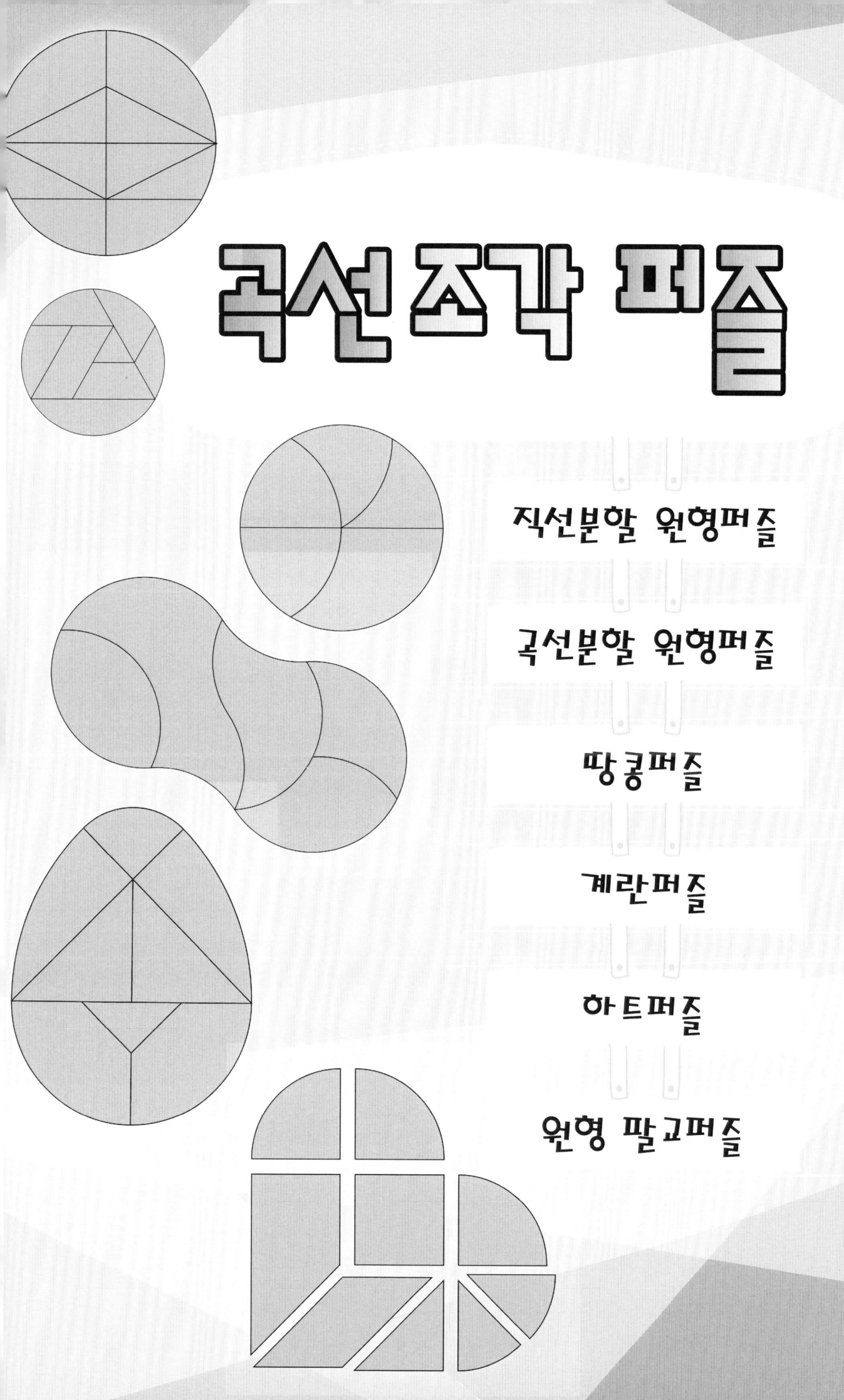

곡선조각 퍼즐

직선분할 원형퍼즐

곡선분할 원형퍼즐

땅콩퍼즐

계란퍼즐

하트퍼즐

원형 팔교퍼즐

곡선조각 퍼즐

곡선조각 퍼즐은 원이나 원의 호를 부드럽게 연결한 도형을 4에서 10조각으로 분할하여 만든다. 원의 곡선과 원을 자른 직선 등이 나타나는데 곡선을 포함하고 있어 만들어진 모양이 둥근 모습이 많다. 그러나 퍼즐을 맞추는데는 직선조각 퍼즐보다는 수월하다.

직선분할 원형퍼즐
원을 10조각으로 분할해서 퍼즐을 만들었다. 원형 때문에 곡선과 직선의 조화를 이루는 모양을 만들 수 있다.

곡선분할 원형퍼즐
직선 분할 원형퍼즐에 비해 원을 곡선으로 잘랐기 때문에 곡선으로만 이루어진 모양을 만들 수 있다.
조각 수가 적어 다양한 모양을 만드는 데는 한계가 있다.

땅콩퍼즐
엇갈린 원의 둘레를 부드럽게 연결하여 5조각으로 분할한 것이다.
곡선 모양의 표현이 쉬우나 조각이 5개라 그리 다양한 모양이 나오지는 않는다.

계란퍼즐
대표적인 곡선퍼즐이다. 크고 작은 원들을 조합하여 곡선의 조화를 이루는 퍼즐 조각이다. 땅콩퍼즐에 비해 직선 조각도 포함되어 있어 다양한 모양의 표현이 가능하다.

하트퍼즐
직선과 곡선의 조화를 이룬 조각 퍼즐이다. 여러 곡선 퍼즐 중에서 쉬운 과정의 퍼즐에 해당한다.

원형 팔교퍼즐
정육각형 팔교퍼즐에서 육각형 대신에 원으로 대체한 것이다.
비교적 같은 길이의 조각이 많아 다양한 모양 표현이 가능하다.

직선분할 원형퍼즐

◆ 직선분할 원형퍼즐은 10개의 조각으로 이루어져 있습니다.

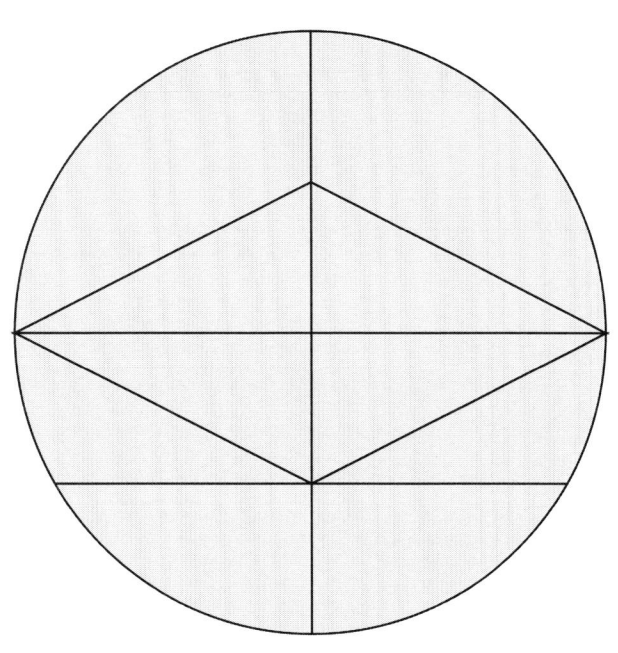

◆ 조각 관찰

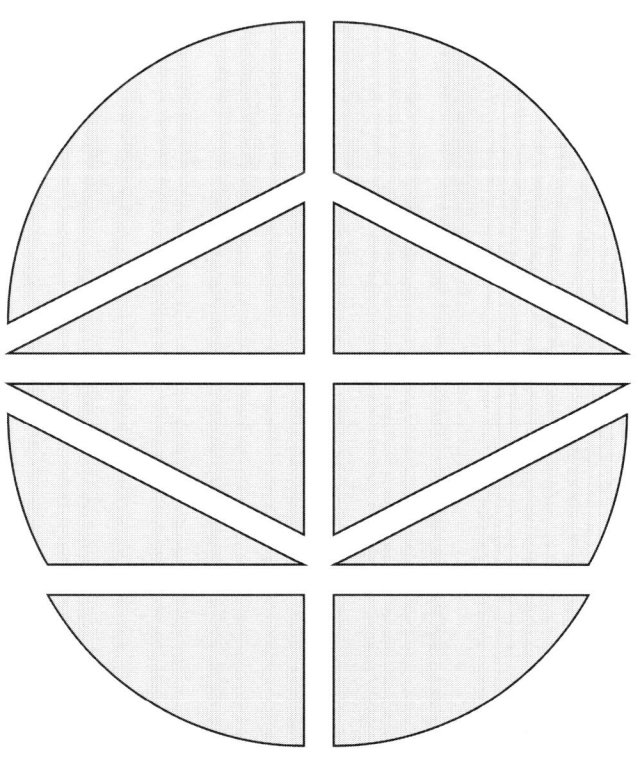

직선분할 원형퍼즐
만드는 방법

① 원을 그린다.

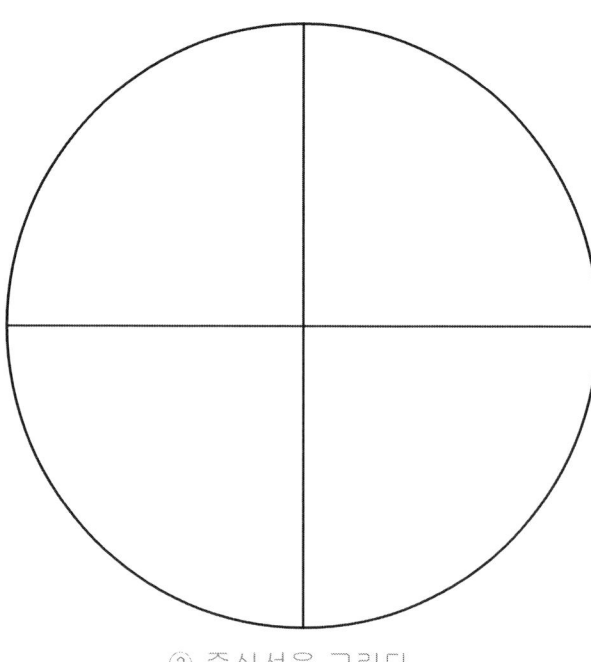

② 중심선을 그린다.

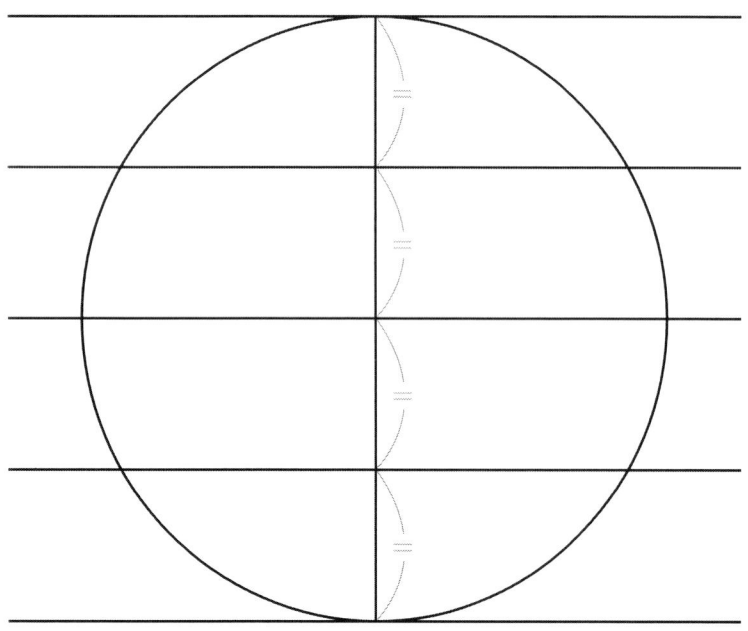

③ 세로축을 중심으로 4등분 하여 8조각을 만든다.

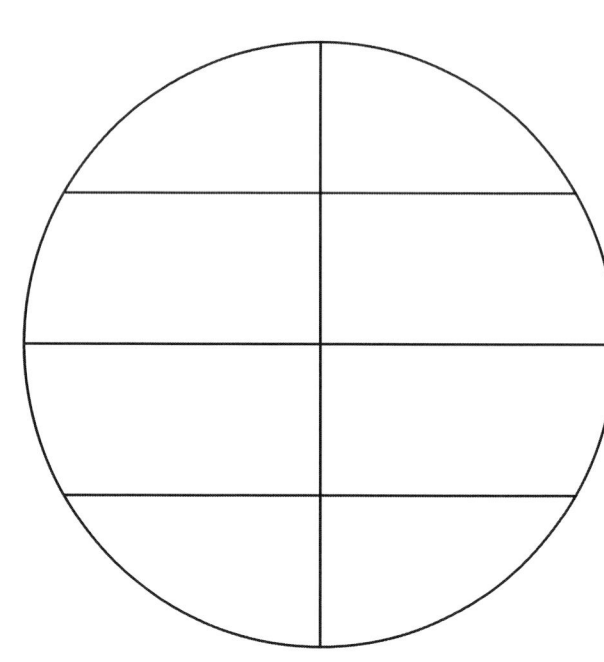

④ 8등분 된 모양이다.

직선분할 원형퍼즐

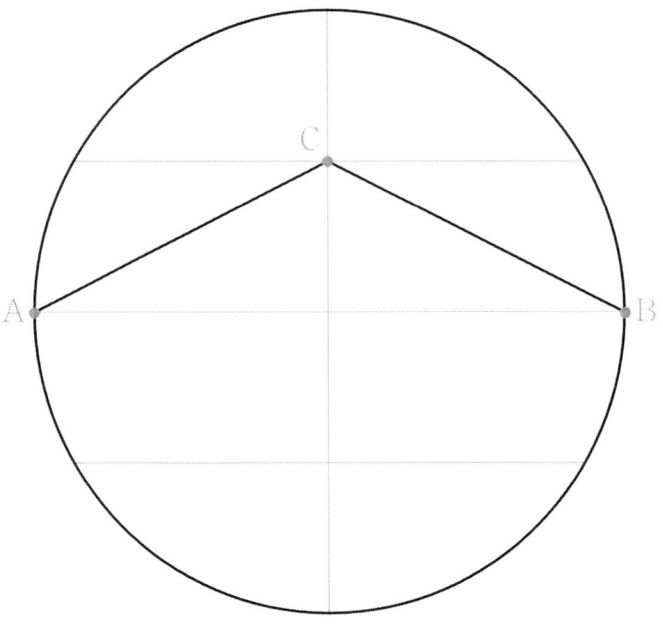

⑤ 그림과 같이 A와 C, B와 C를 연결한다.

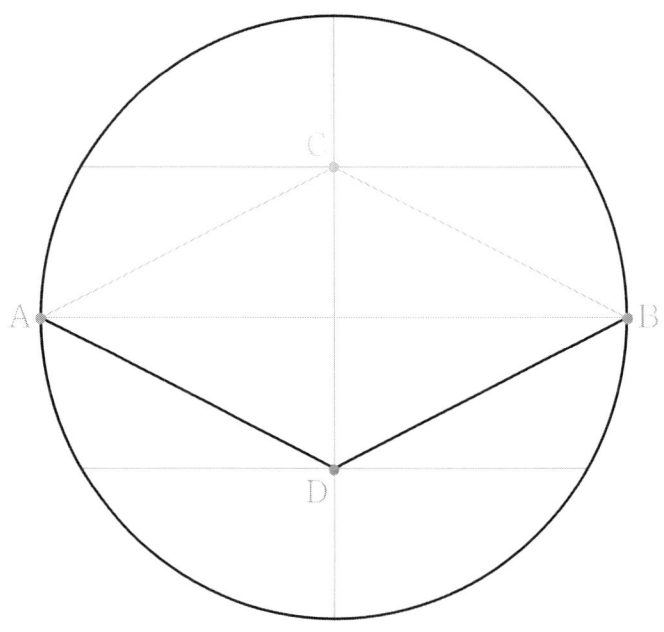

⑥ 그림과 같이 A와 D, B와 D를 연결한다.

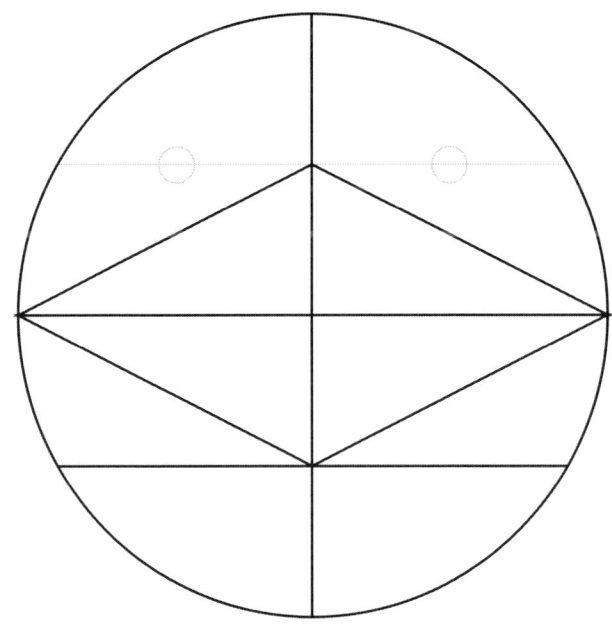

⑦ 동그라미로 표시된 선분을 없앤다.

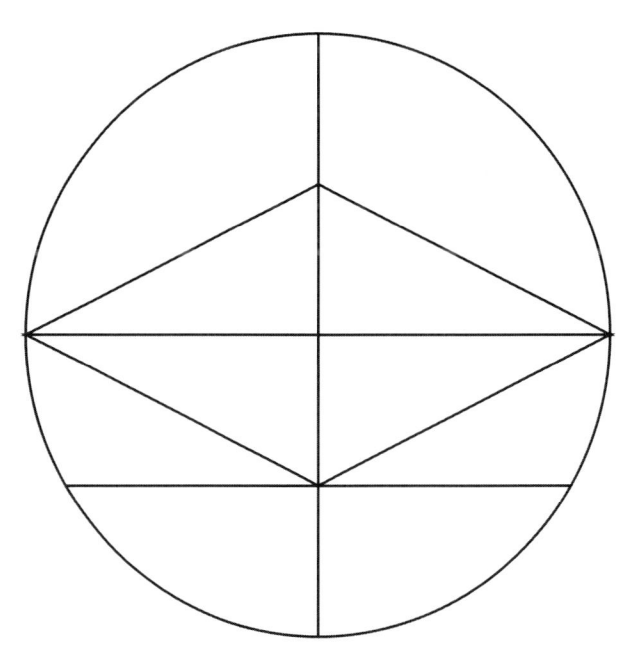

⑧ 10조각으로 완성되었다.

직선분할 원형퍼즐

놀이의 예

◆ 직선분할 원형퍼즐 조각 전부를 조합한 모양을 각 조각의 특징에 맞게 구별하여 똑같이 맞춰봅니다.

문제유형 직선분할원형퍼즐 조각으로 아래의 모양을 만들어 보시오.

해답예시

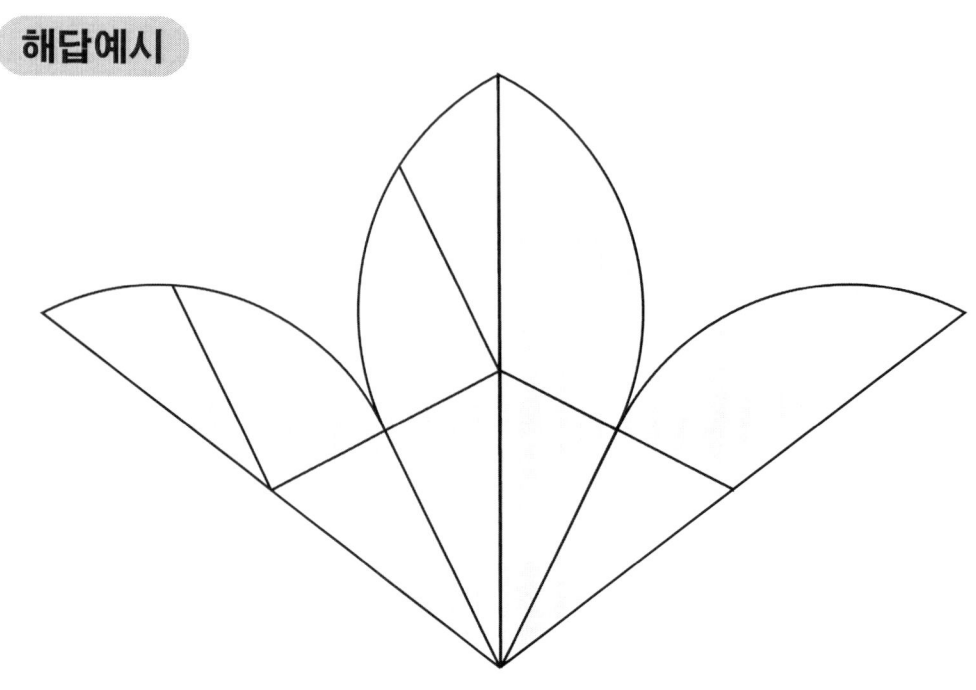

곡선분할 원형퍼즐

◆ 곡선분할 원형퍼즐은 5개의 조각으로 이루어져 있습니다.

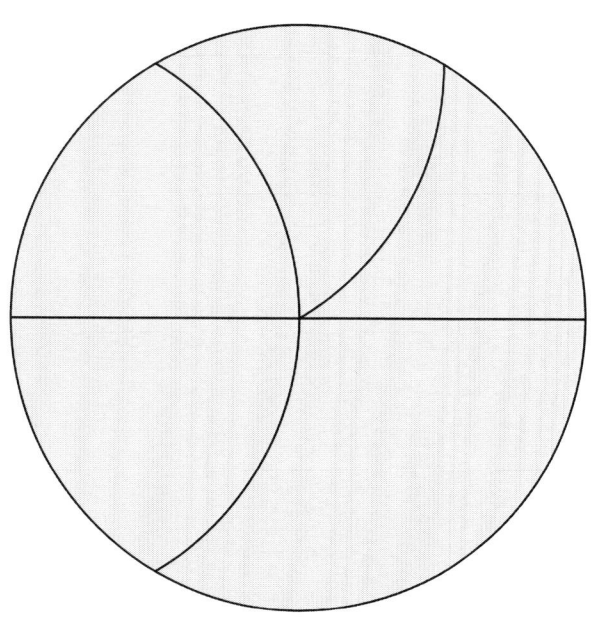

◆ 조각 관찰

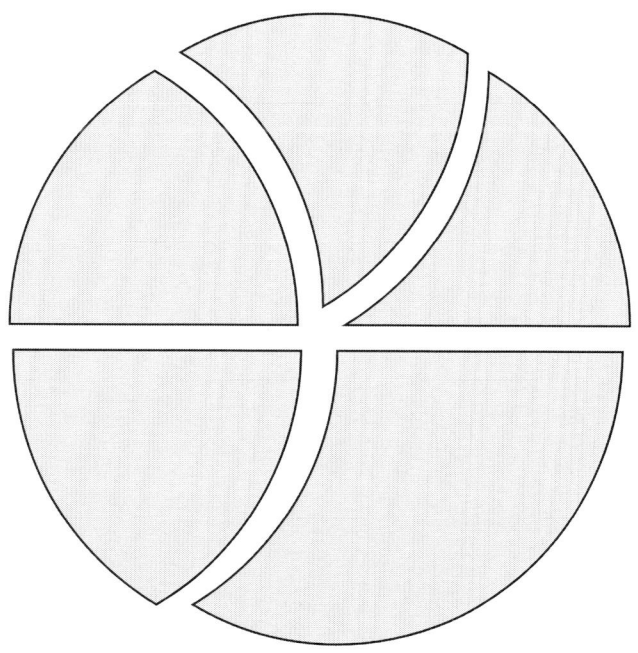

곡선분할 원형퍼즐
만드는 방법

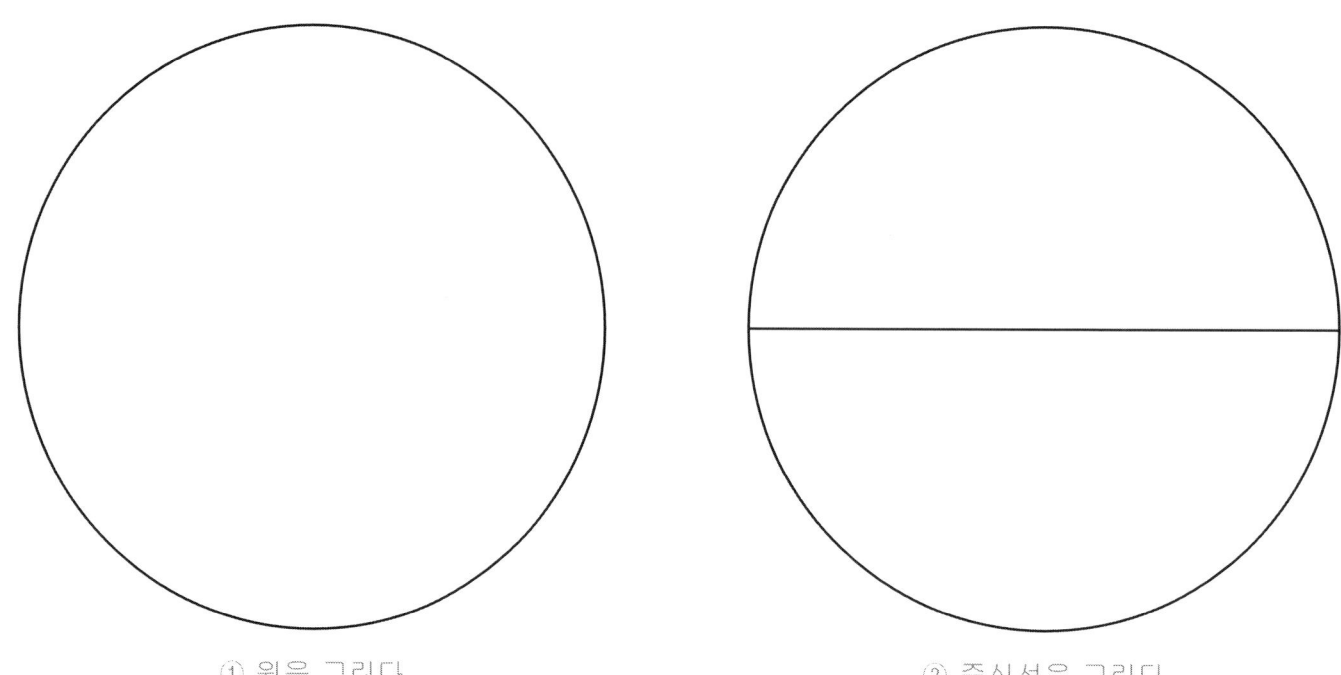

① 원을 그린다.

② 중심선을 그린다.

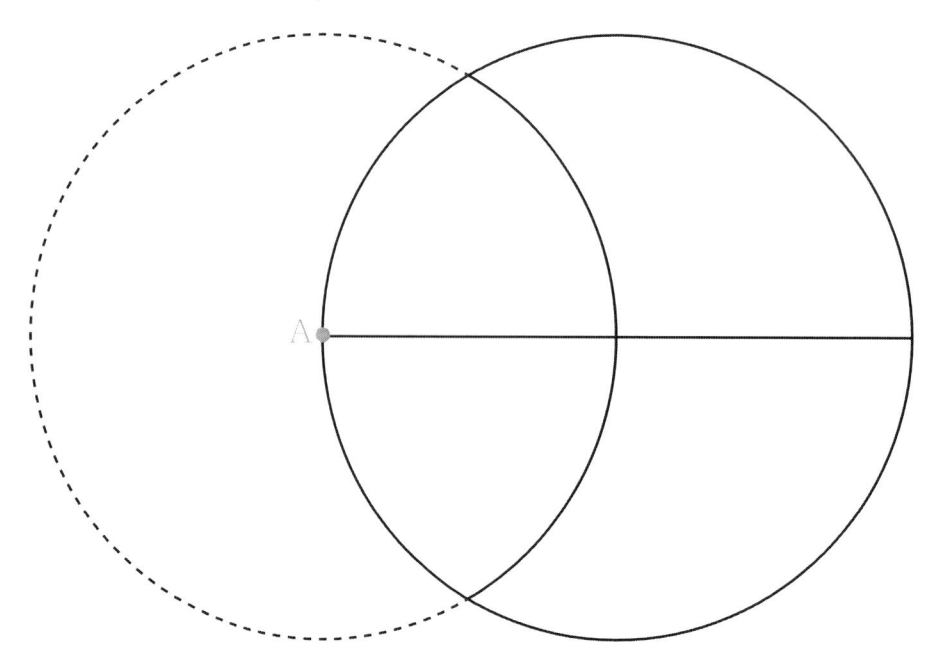

③ 그림과 같이 A를 중심으로 지름이 같은 원을 그린다.

곡선분할 원형퍼즐

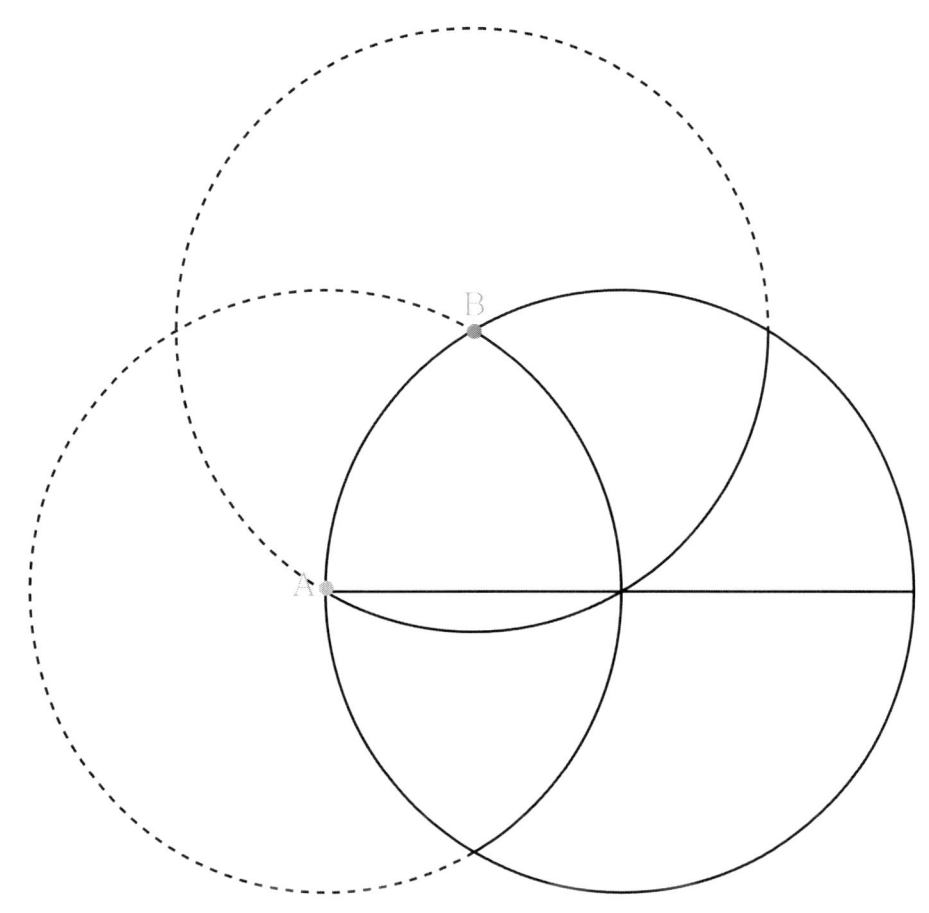

④ 그림과 같이 B를 중심으로 지름이 같은 원을 그린다.

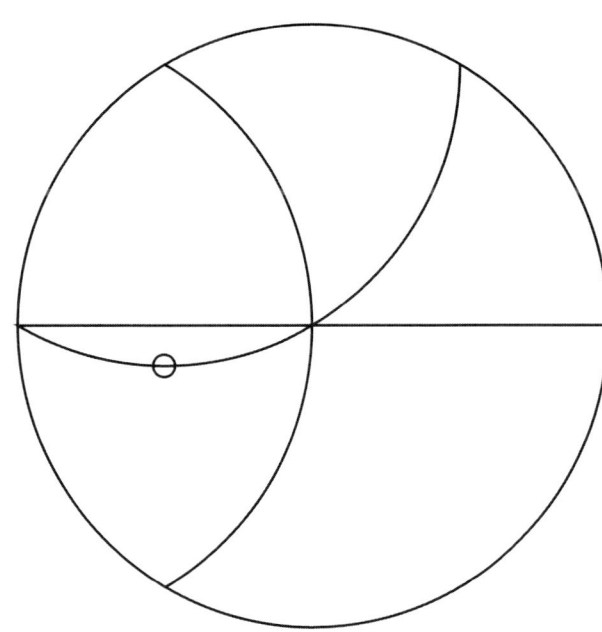

⑤ 동그라미로 표시된 선분을 없앤다.

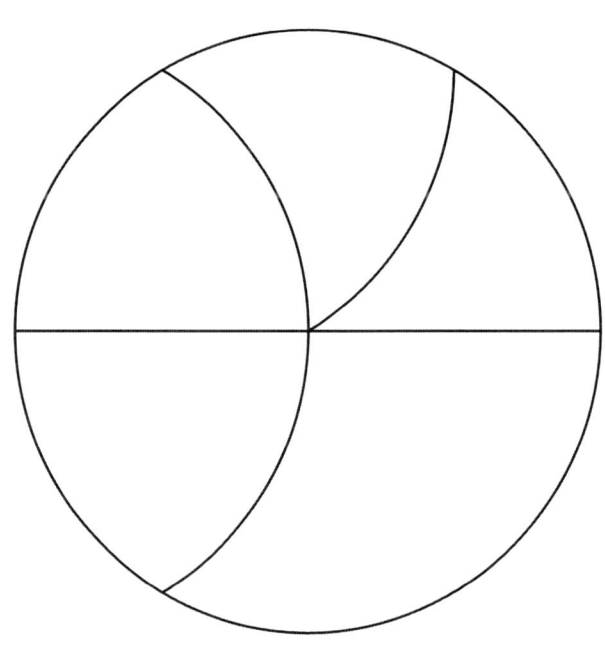

⑥ 5조각으로 완성되었다.

곡선분할 원형퍼즐

놀이의 예

◆ 곡선분할 원형퍼즐 조각 전부를 조합한 모양을 각 조각의 특징에 맞게 구별하여 똑같이 맞춰봅니다.

문제유형 곡선분할 원형퍼즐 조각으로 아래의 나비 모양을 만들어 보시오.

해답예시

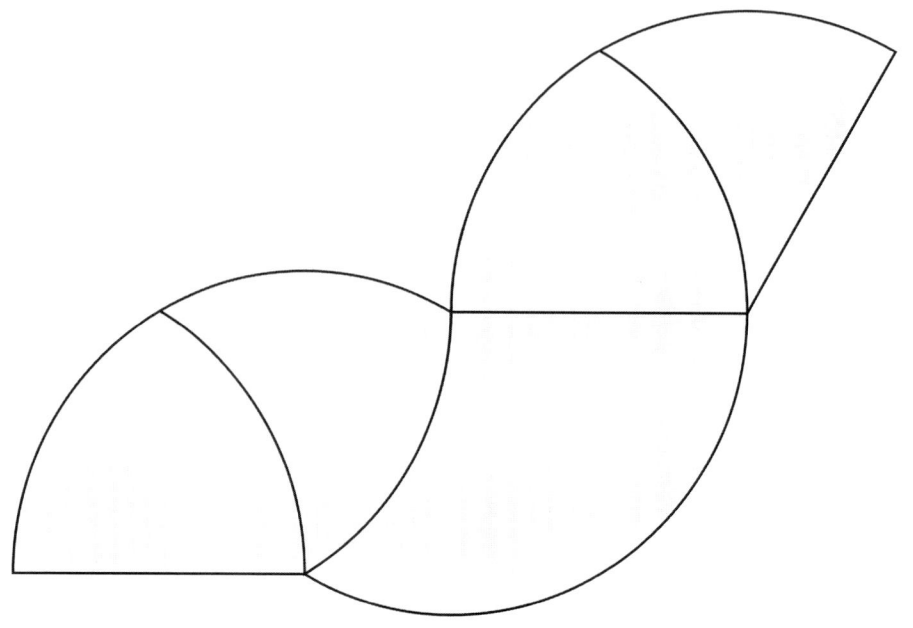

땅콩퍼즐

◆ 땅콩퍼즐은 5개의 조각으로 이루어져 있습니다.

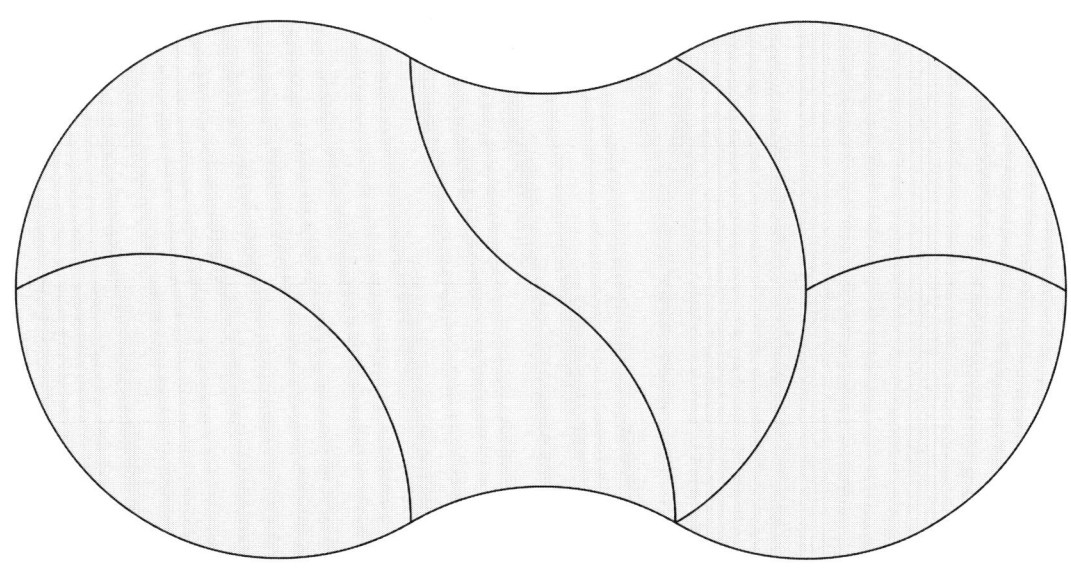

조각 관찰

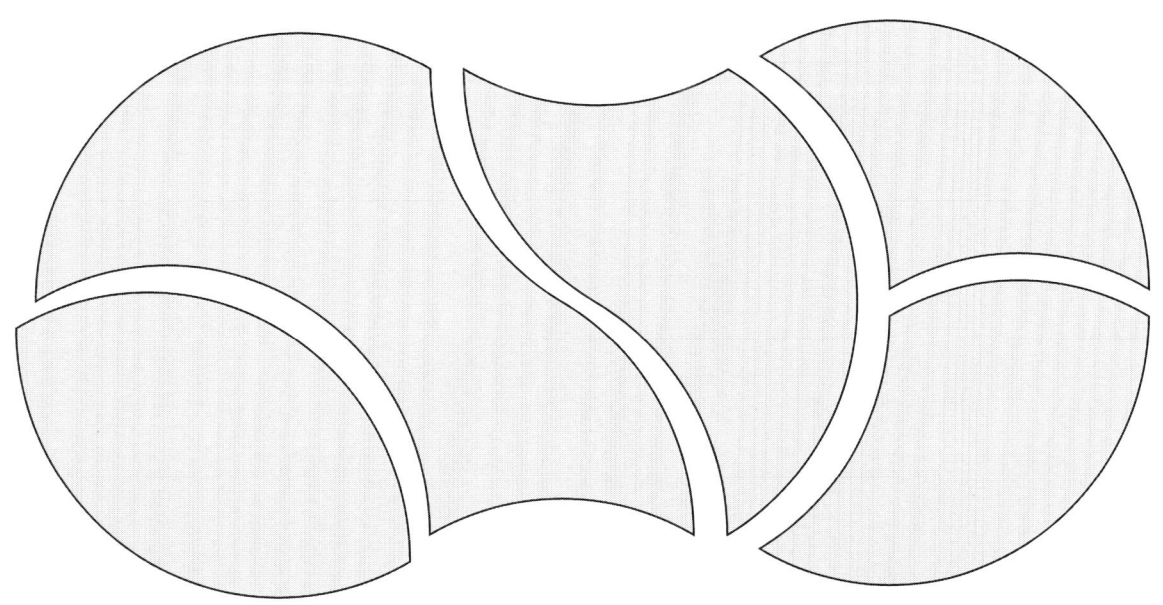

땅콩퍼즐 만드는 방법

① 원을 그린다.

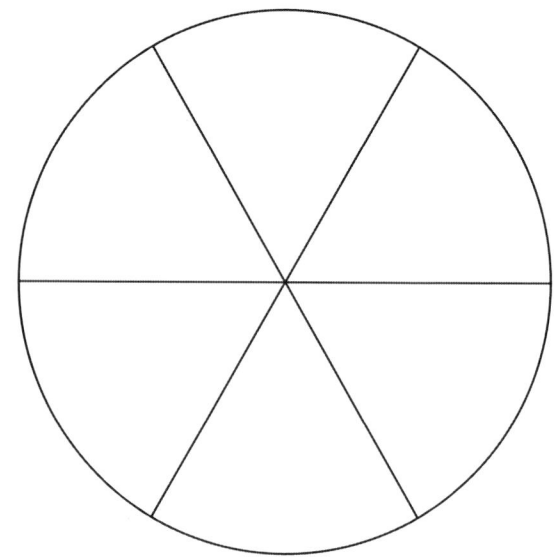

② 60도로 나누어 6등분하는 선을 그린다.

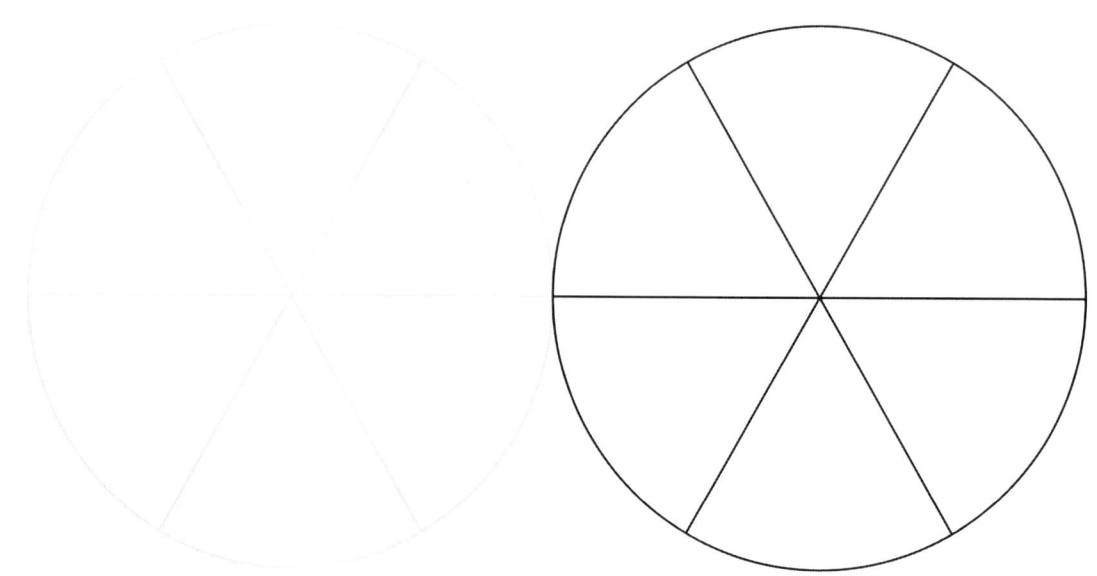

③ 같은 방법으로 똑같은 모양을 붙여서 그린다.

땅콩퍼즐

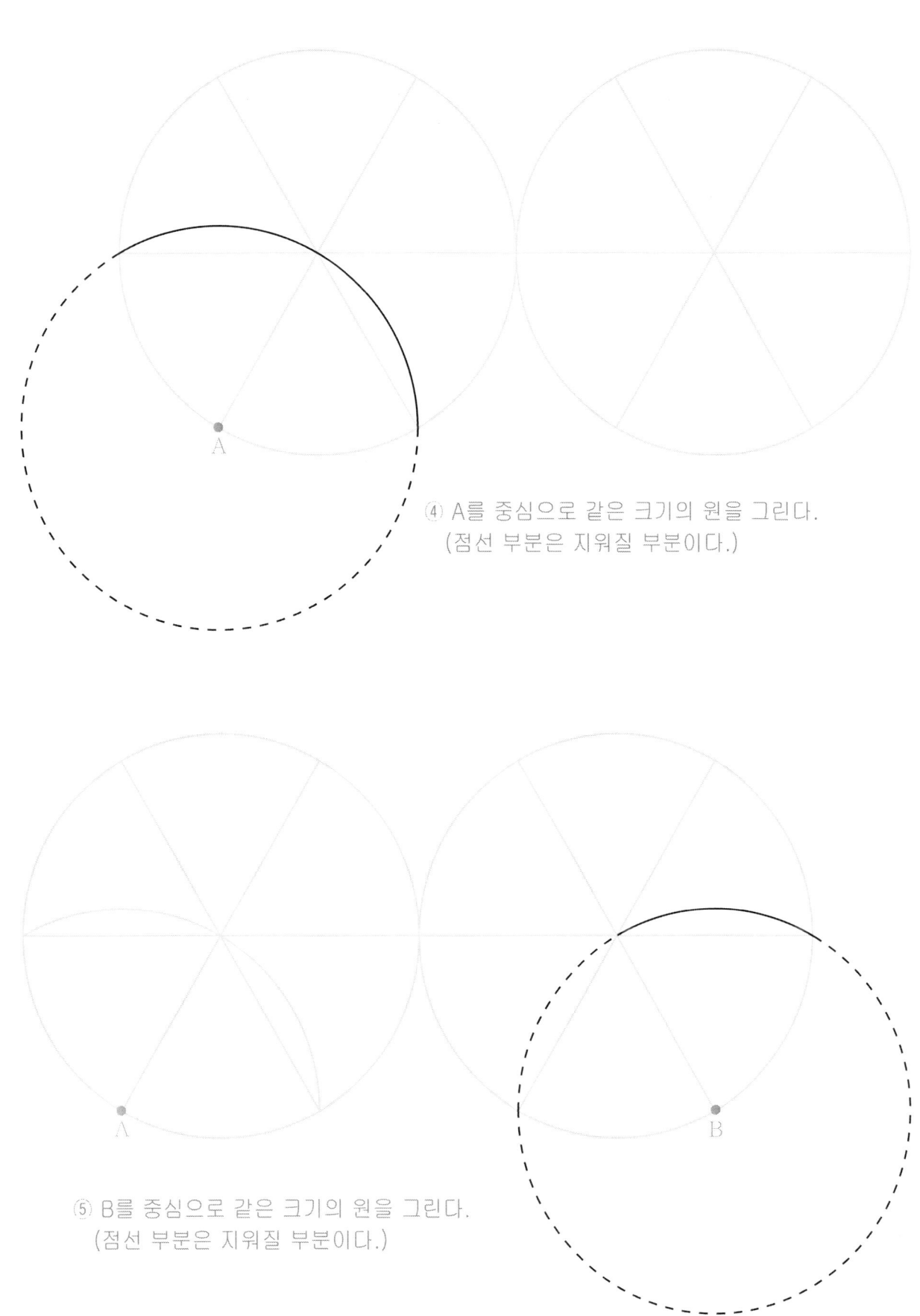

④ A를 중심으로 같은 크기의 원을 그린다.
(점선 부분은 지워질 부분이다.)

⑤ B를 중심으로 같은 크기의 원을 그린다.
(점선 부분은 지워질 부분이다.)

땅콩퍼즐 만드는 방법

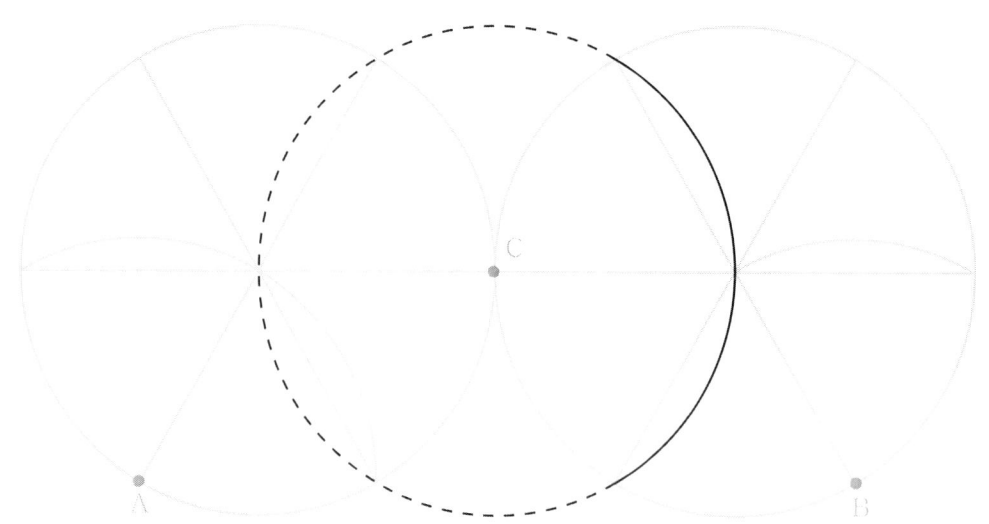

⑥ 그림과 같이 C를 중심으로 같은 크기의 원을 그린다.(점선 부분은 지워질 부분이다.)

⑦ 그림과 같이 두 원의 60도 분할선의 연장선이 만나는 점 D, E를 만든다.

땅콩퍼즐

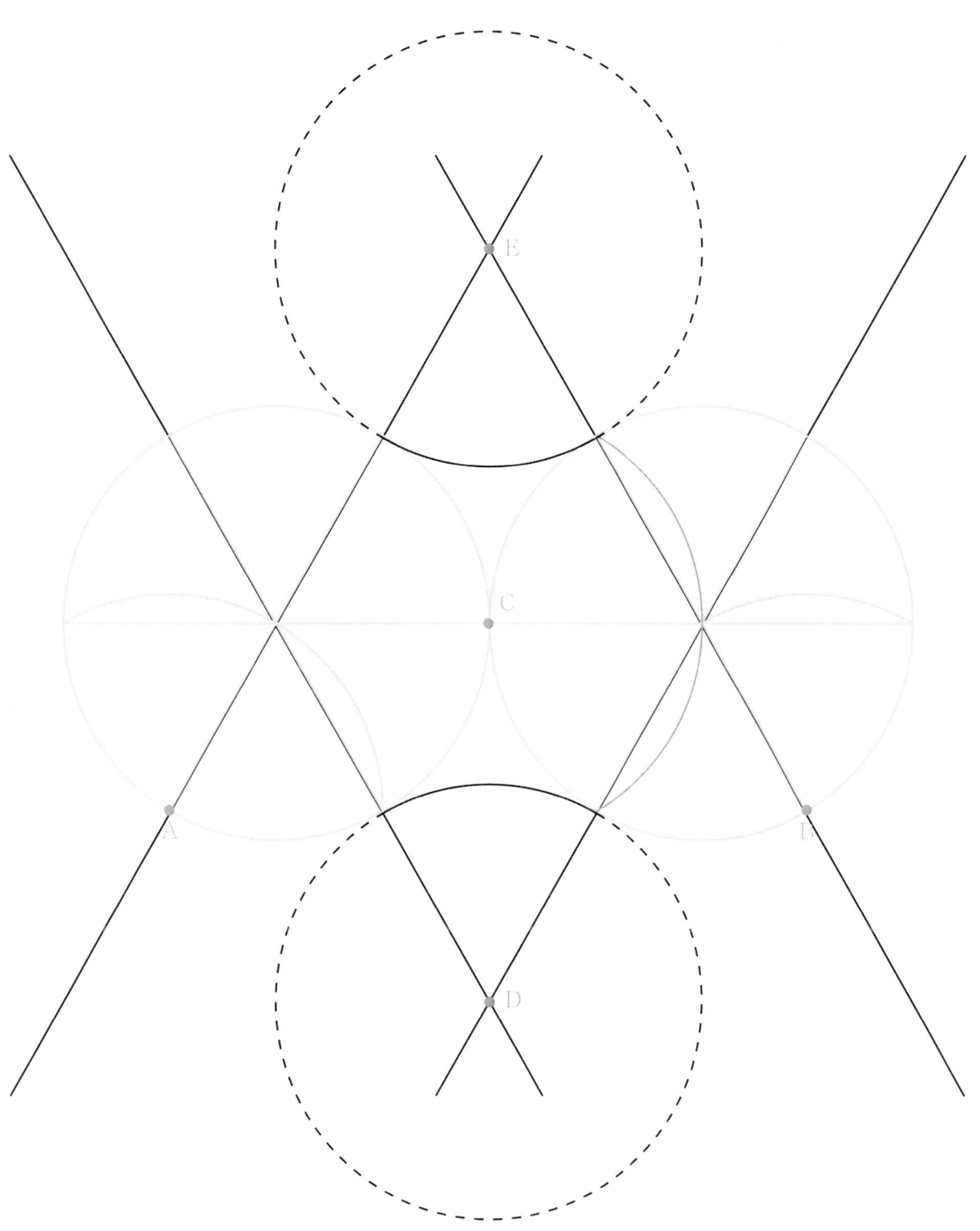

⑧ D와 E를 중심으로 그림과 같이 같은 크기의 원을 그린다.(점선은 지워질 부분이다.)

땅콩퍼즐
만드는 방법

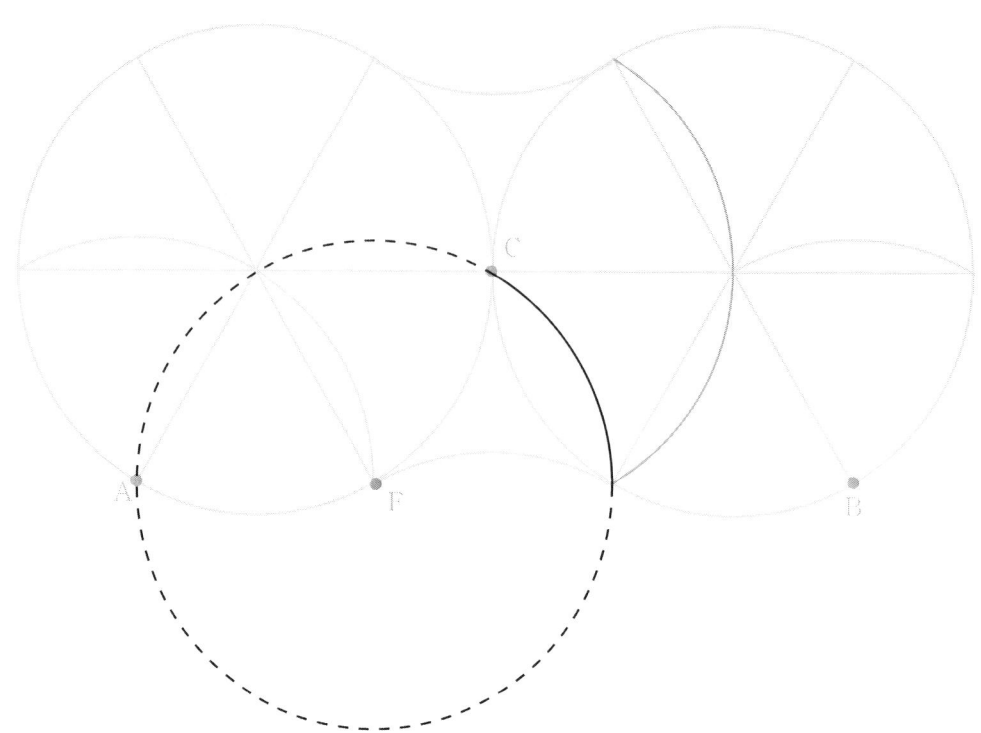

⑨ F를 중심으로 그림과 같이 같은 크기의 원을 그린다.(점선은 지워질 부분이다.)

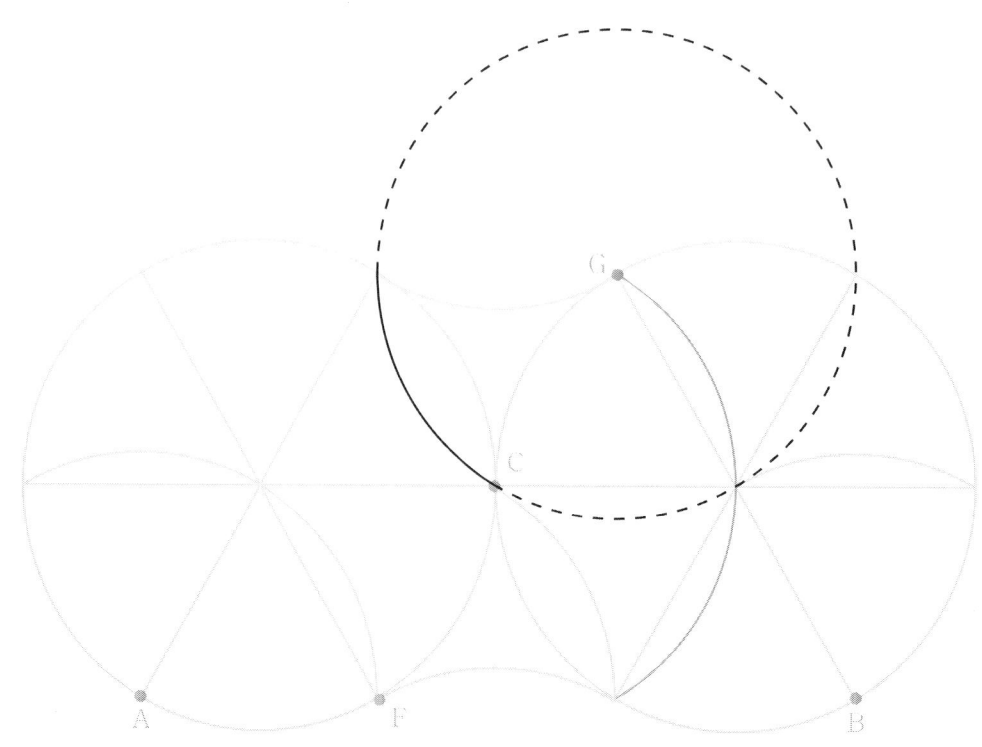

⑩ G를 중심으로 그림과 같이 같은 크기의 원을 그린다.(점선은 지워질 부분이다.)

땅콩퍼즐

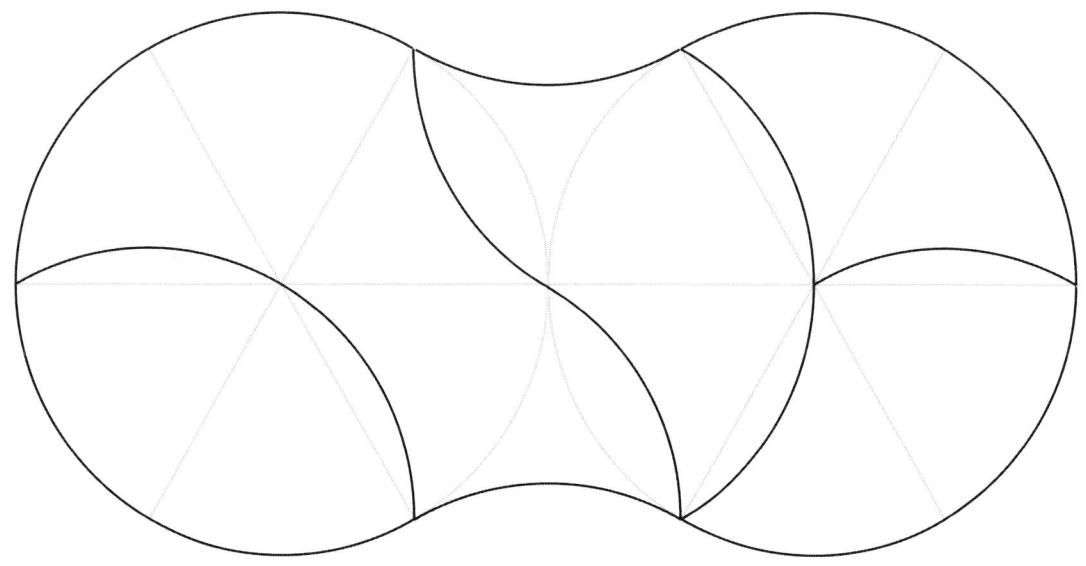

⑪ 그림과 같이 진한 선으로 조각을 나눈다.

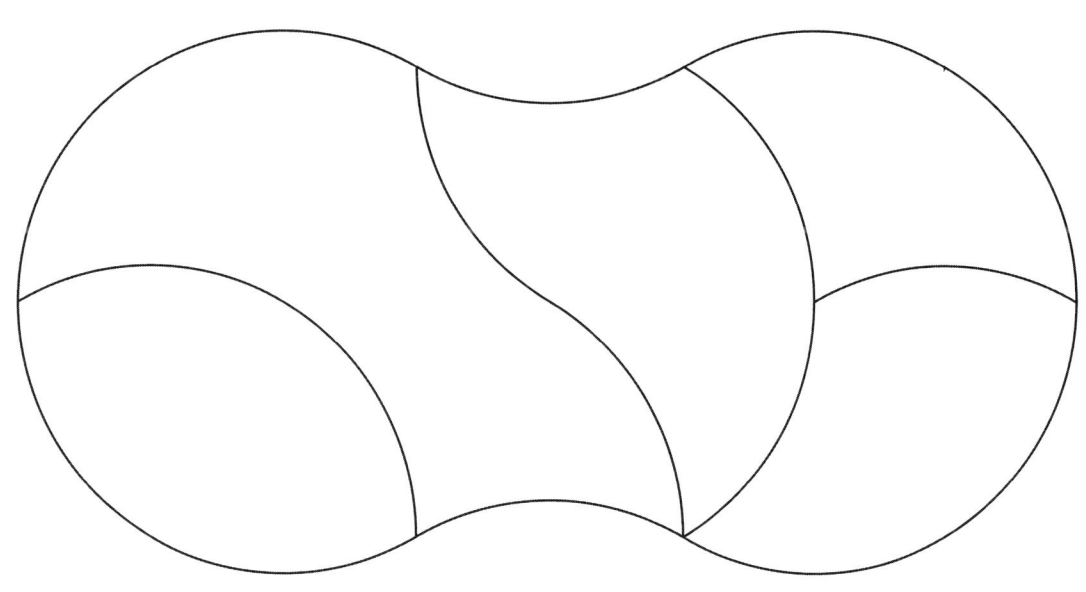

⑫ 모두 5조각의 땅콩퍼즐이 완성되었다.

땅콩퍼즐 놀이의 예

◆ 땅콩퍼즐 조각 전부를 조합한 모양을 각 조각의 특징에 맞게 구별하여 똑같이 맞춰봅니다.

문제유형 땅콩퍼즐 조각으로 아래의 하트 모양을 만들어 보시오.

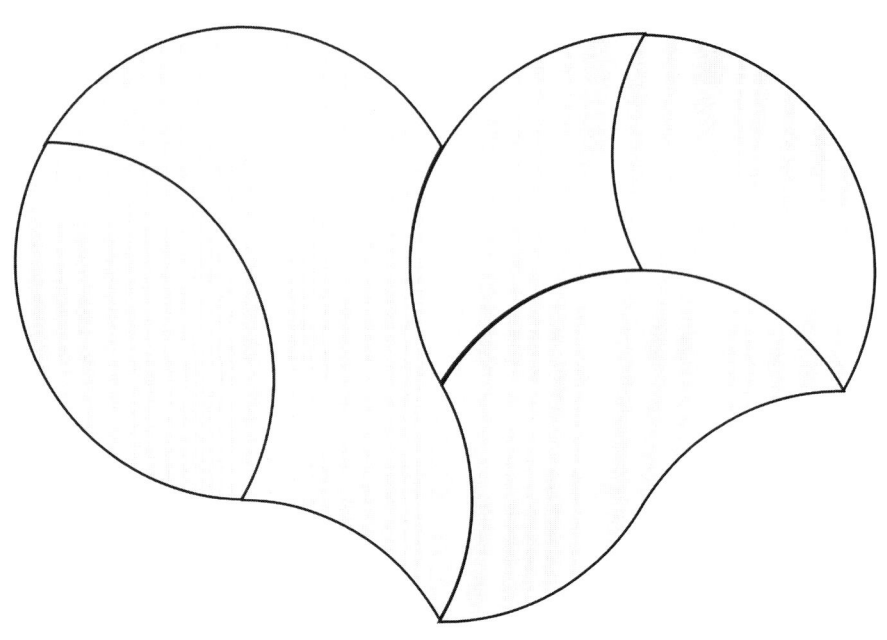

해답예시

계란퍼즐

◆ 계란퍼즐은 8개의 조각으로 이루어져 있습니다.

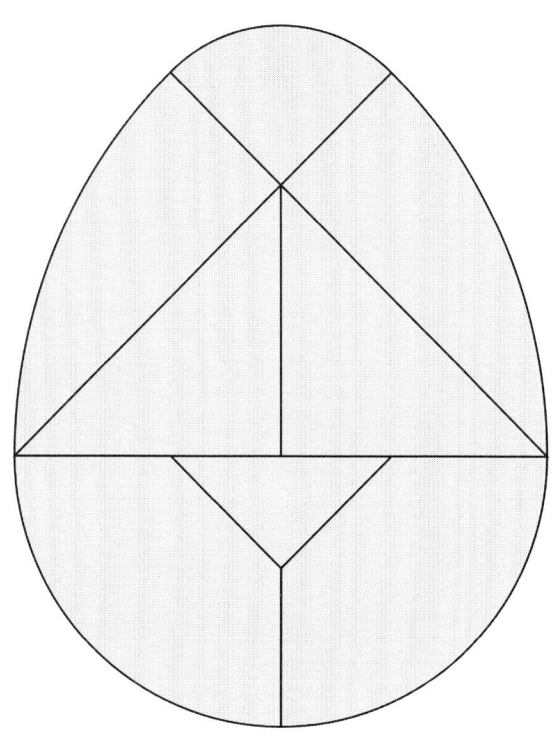

조각 관찰

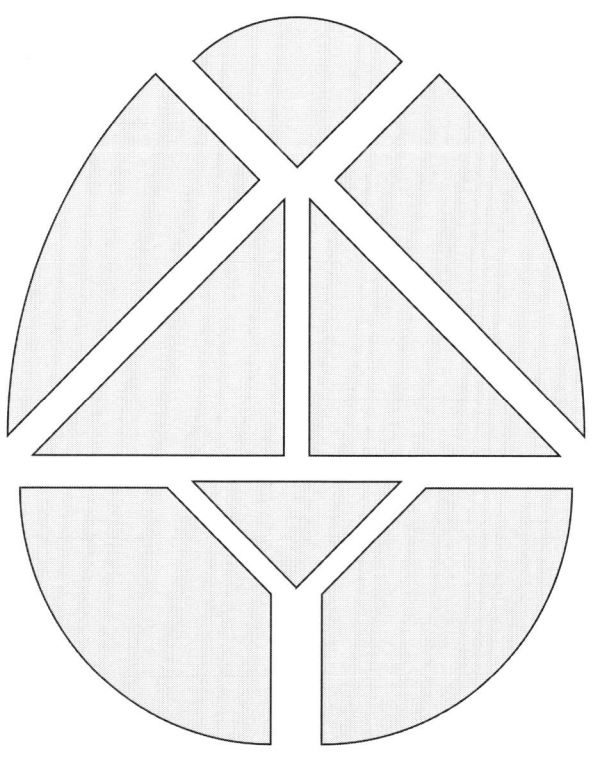

계란퍼즐
만드는 방법

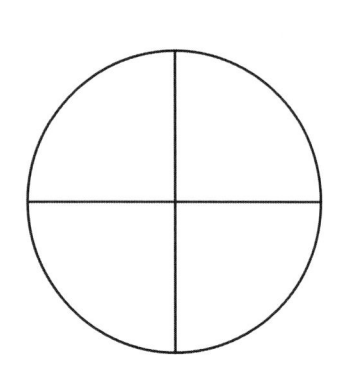

① 중심선을 그리고 원을 그린다.

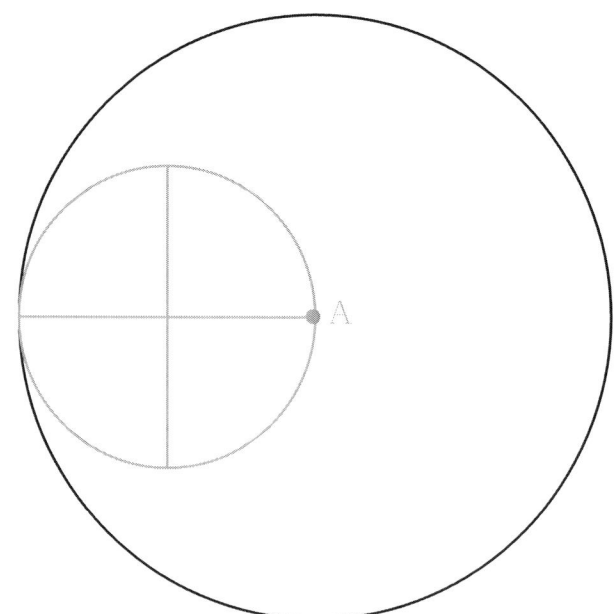

② A를 중심으로 작은 원의 지름을 반지름으로 하는 원을 그린다.

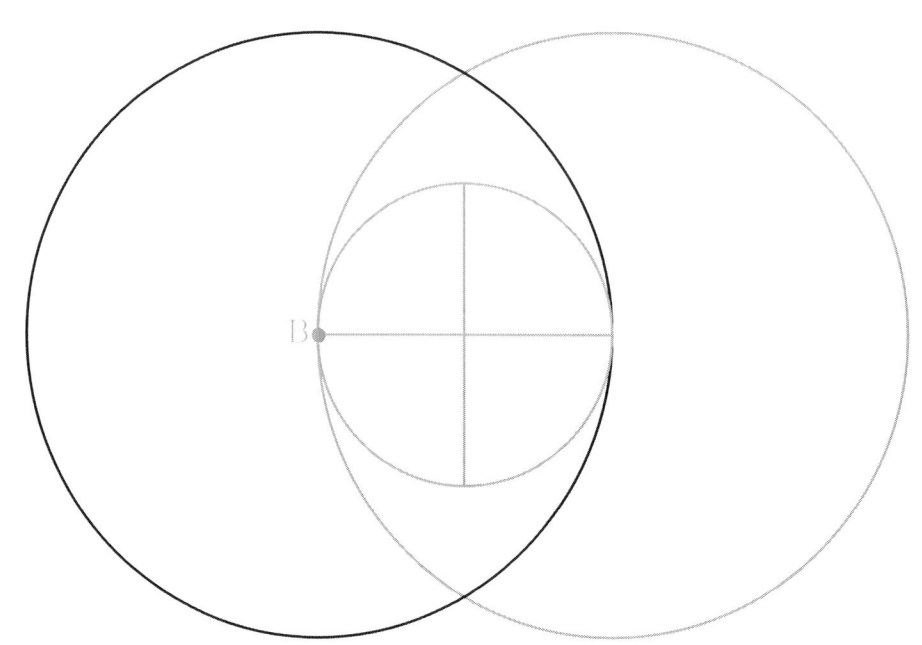

③ 앞의 방법과 같이 B를 중심으로 작은 원의 지름을 반지름으로 하는 원을 그린다.

④ 옆의 그림처럼 AC를
  연결하고 연장선을
  그린다.

⑤ 옆의 그림처럼 BC를
  연결하고 연장선을
  그린다.

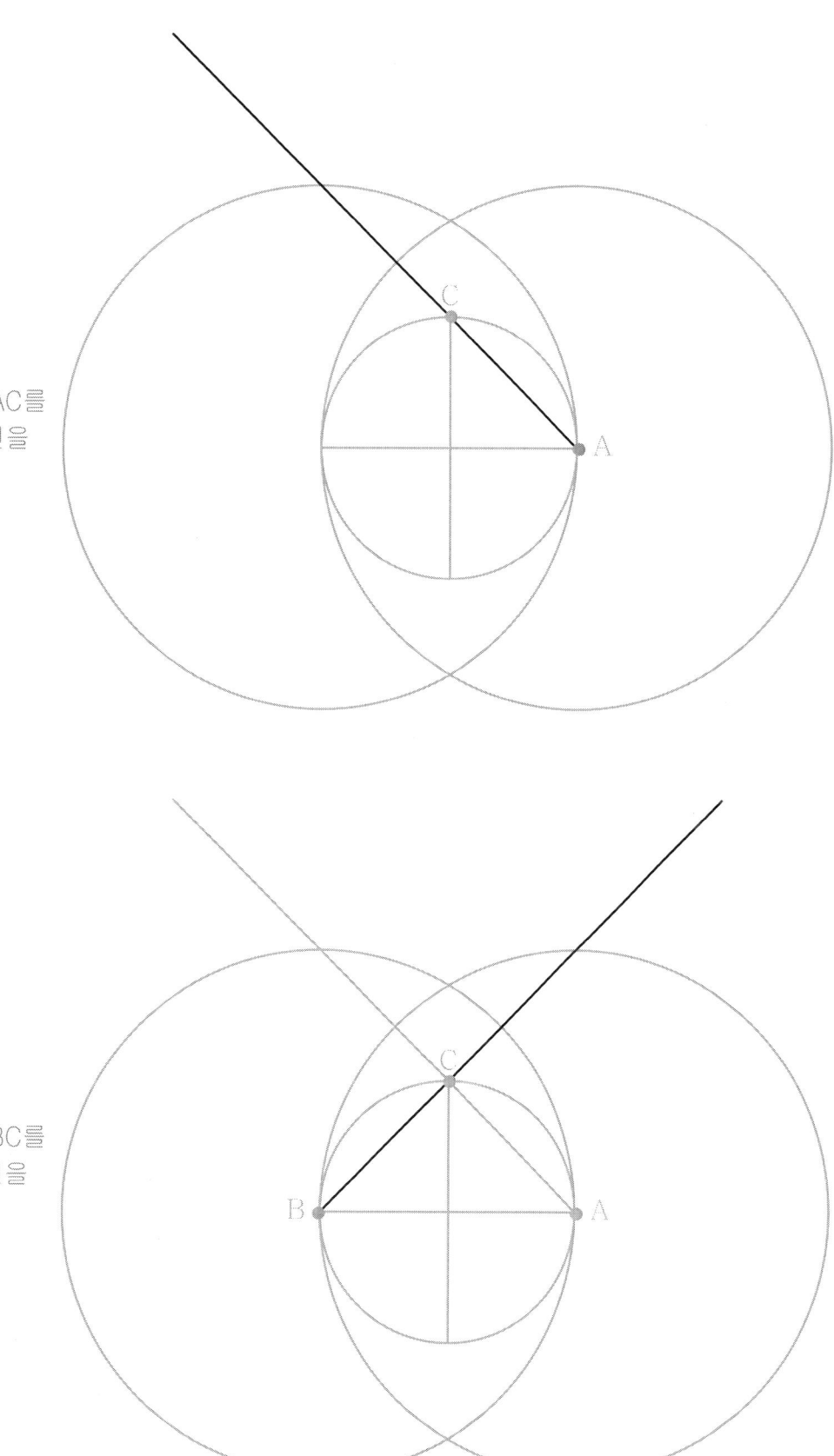

계란퍼즐
만드는 방법

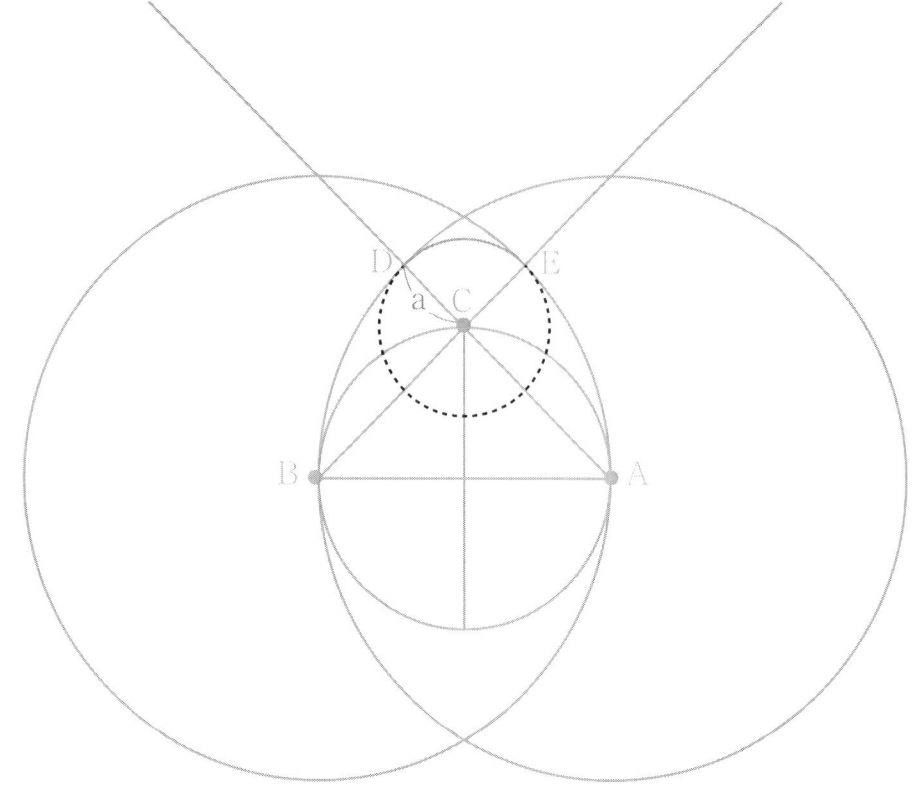

⑥ 그림과 같이 C를 중심으로 길이 (a)를 반지름으로 하는 원의 호 DE를 그린다.

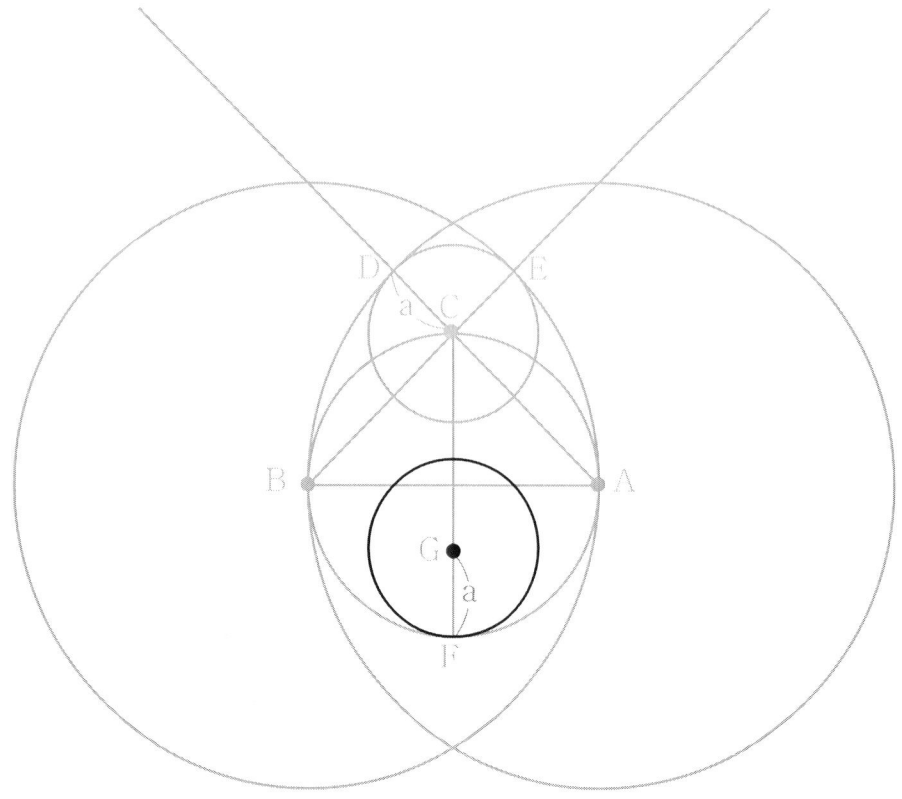

⑦ 원주 위의 수직선과 만나는 점 F를 찍고 G를 중심으로 (a)를 반지름으로 하는 원을 그린다.

⑧ 그림과 같이 작은원과
   만나는 점 H와 I를
   중심점 G와 연결한다.

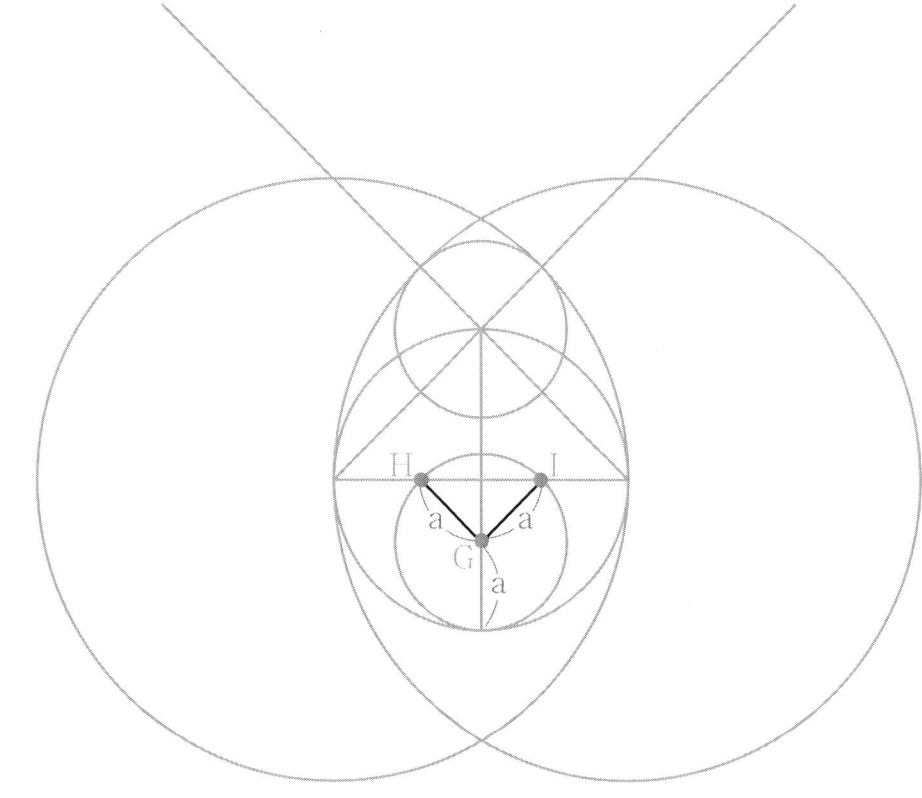

⑨ 그림과 같이 진하게
   표현된 선처럼 알파벳을
   연결하여 계란퍼즐을
   완성한다.

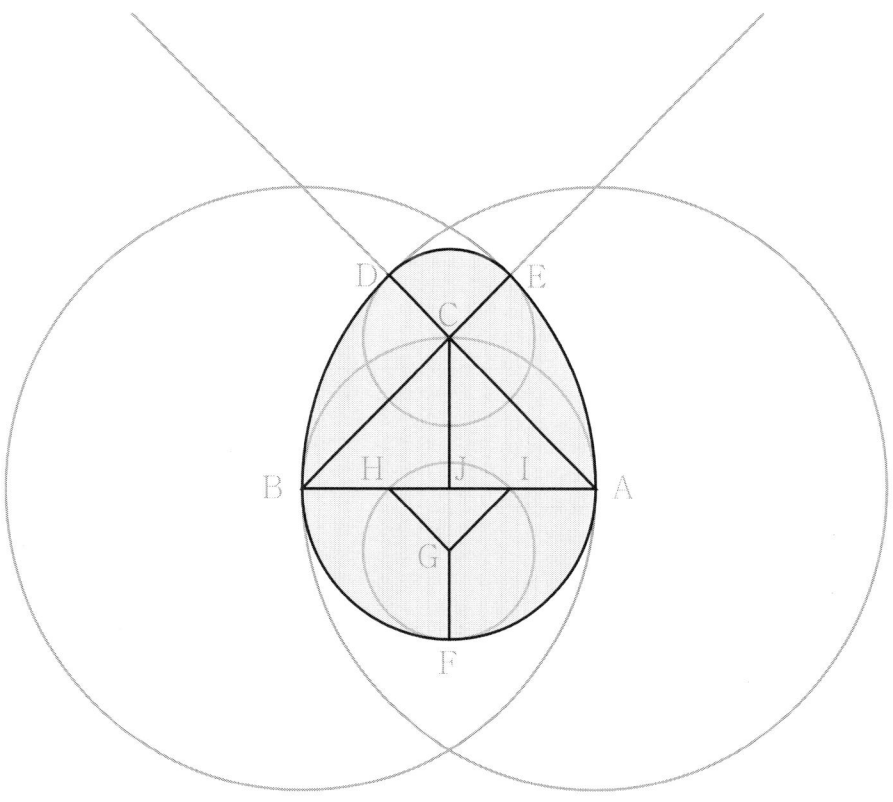

계란퍼즐

놀이의 예

◆ 계란퍼즐 조각 전부를 조합한 모양을 각 조각의 특징에 맞게 구별하여 똑같이 맞춰봅니다.

문제유형 계란퍼즐 조각으로 아래의 해파리 모양을 만들어 보시오.

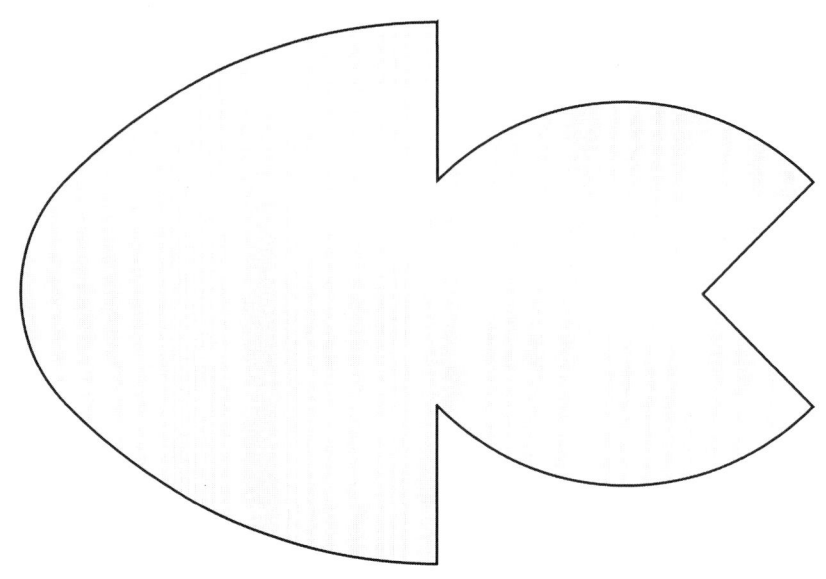

해답예시

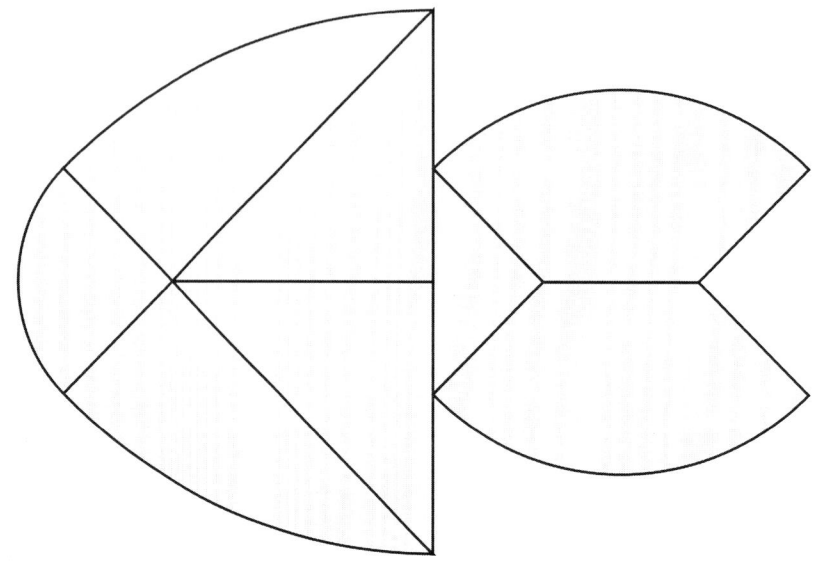

하트퍼즐

◆ 하트퍼즐 조각은 9개의 규칙을 가진 조각으로 이루어져 있습니다.

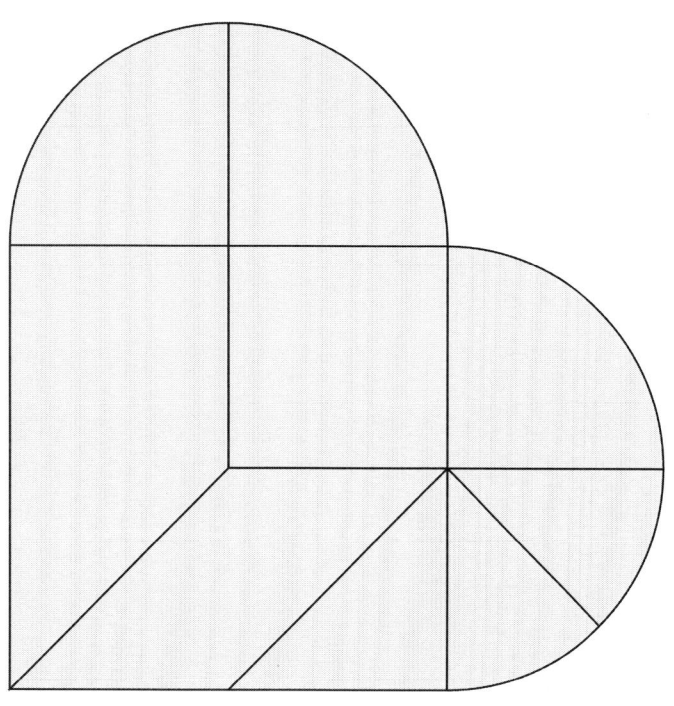

조각 관찰

하트퍼즐 만드는 방법

① 정사각형을 그린다.

② 정사각형의 한변을 지름으로 하는 반원을 그린다.

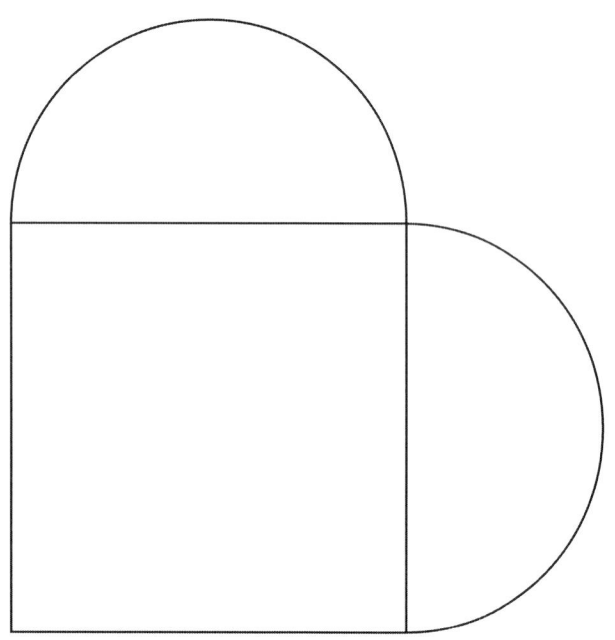

③ 오른쪽에도 앞과 같은 반원을 그린다.

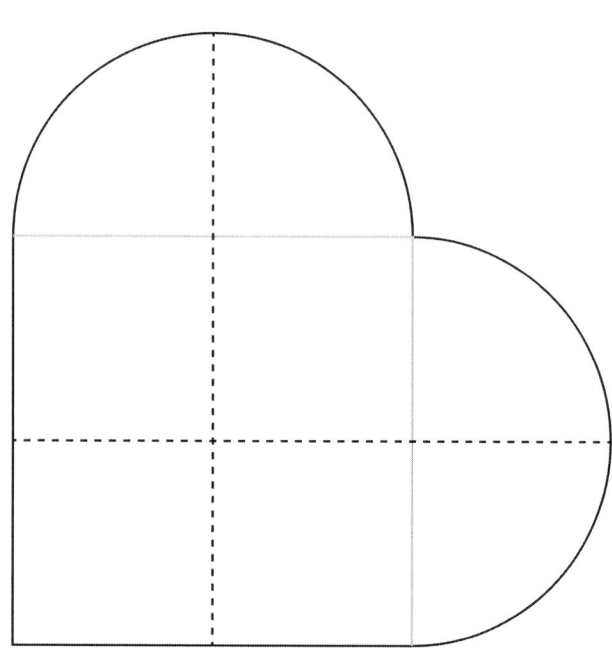

④ 정사각형의 중심을 지나는 가상선을 그린다.

하트퍼즐

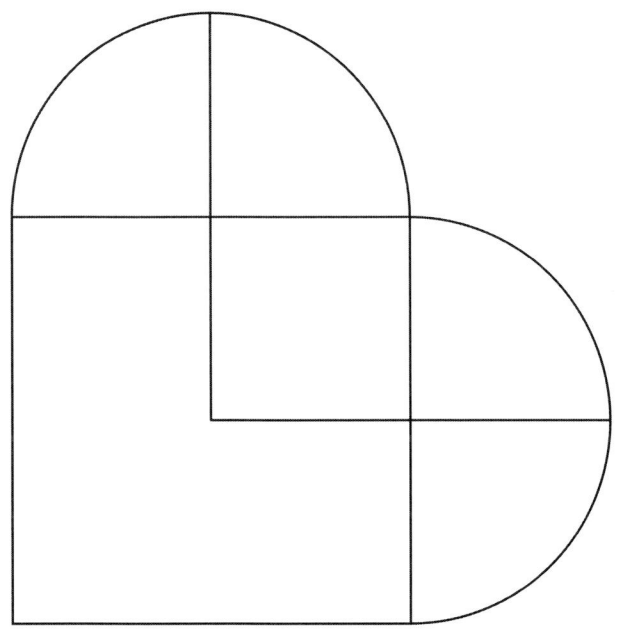

⑤ 그림과 같이 위와 오른쪽만 그린다.

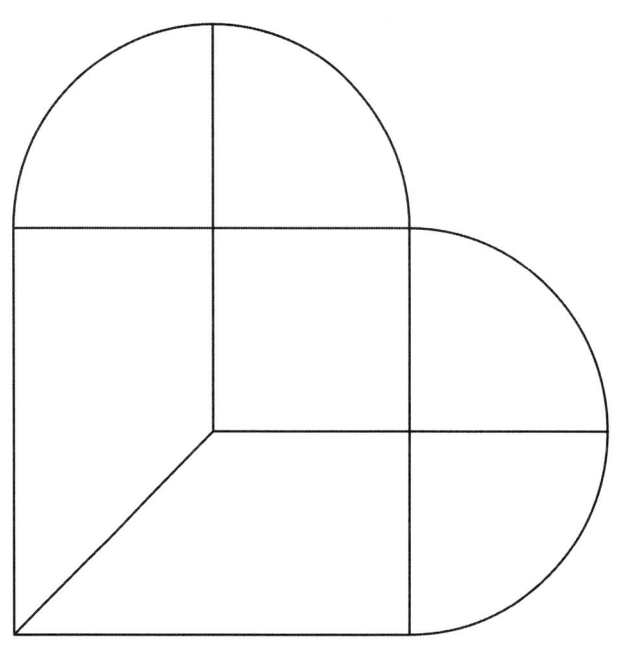

⑥ 그림과 같이 큰정사각형과 작은 정사각형의 두 꼭짓점을 연결한다.

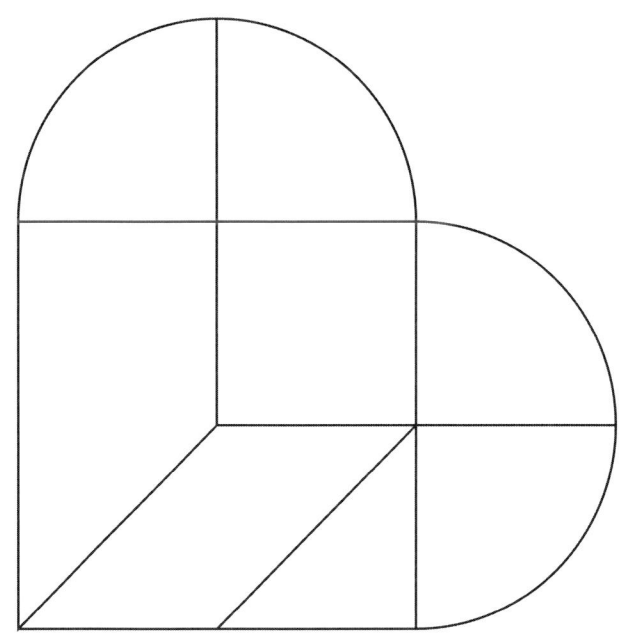

⑦ 큰정사각형의 밑변의 중심과 오른쪽 원의 중심을 연결한다.

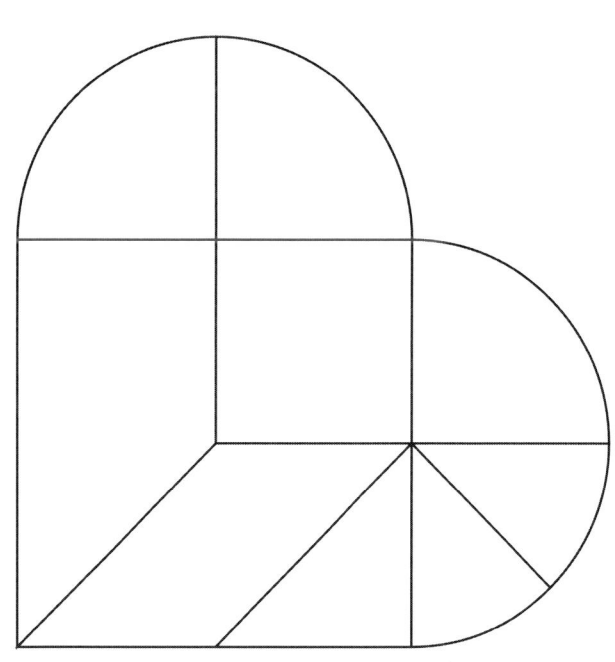

⑧ 오른쪽 원의 중심에서 45도로 직선을 그려 완성한다.

55

하트퍼즐

놀이의 예

◆ 하트퍼즐 조각 전부를 조합한 모양을 각 조각의 특징에 맞게 구별하여 똑같이 맞춰봅니다.

문제유형 하트퍼즐 조각으로 아래의 별모양을 만들어 보시오.

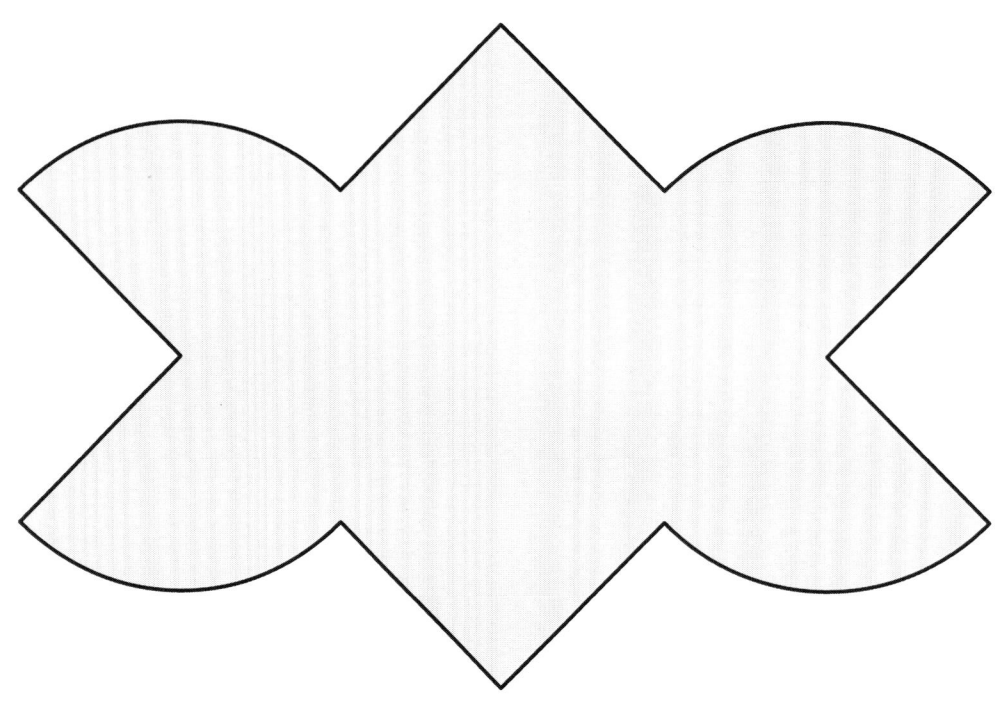

해답예시

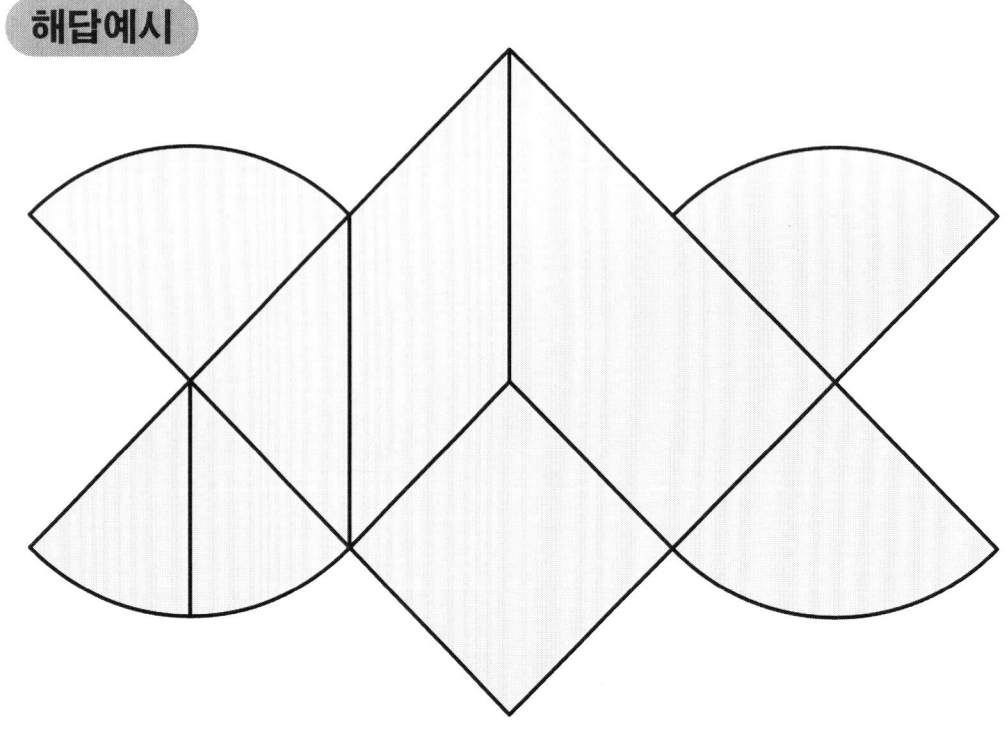

원형 팔교퍼즐

◆ 원형 팔교퍼즐은 8개의 조각으로 이루어져 있습니다.

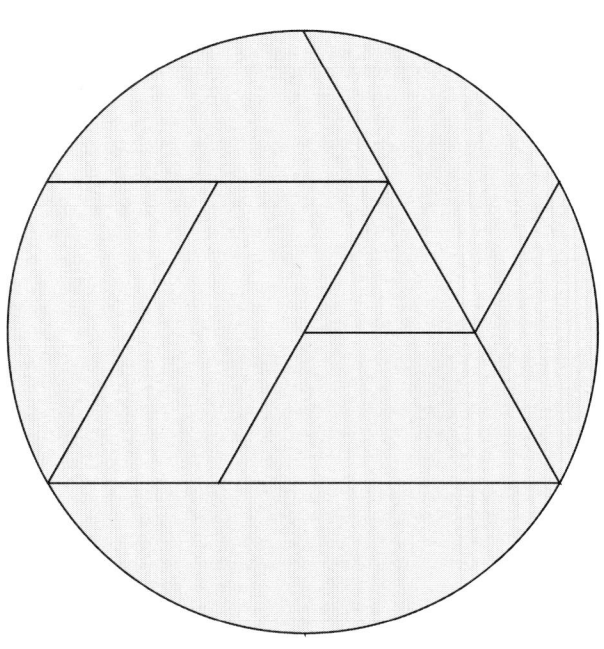

◆ 조각 관찰

원형 팔교퍼즐 만드는 방법

① 원을 그린다.

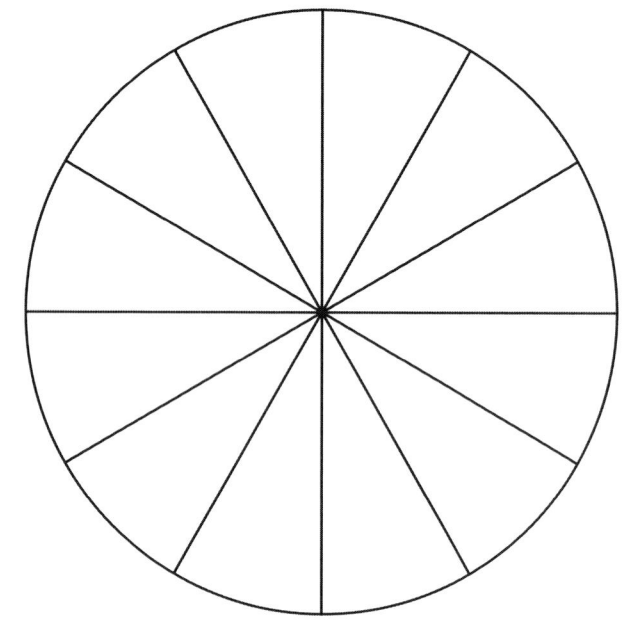
② 12등분을 한다.

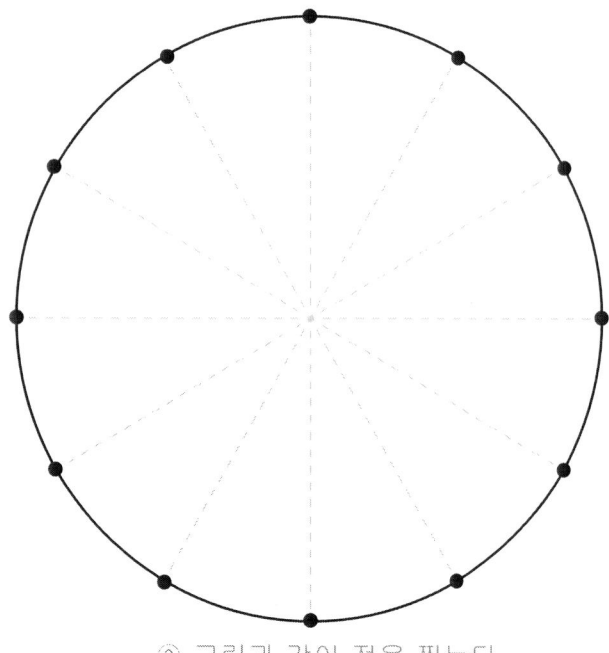
③ 그림과 같이 점을 찍는다.

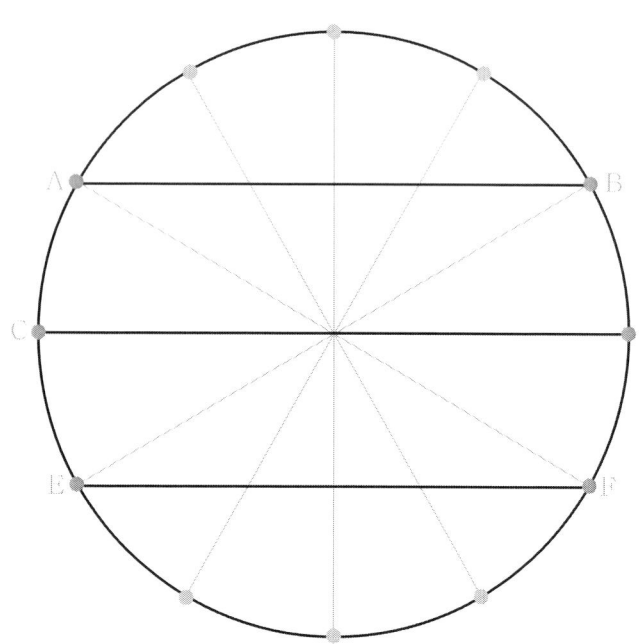
④ 그림과 같이 가로의 세개 선분을 연결한다.

원형 팔교퍼즐

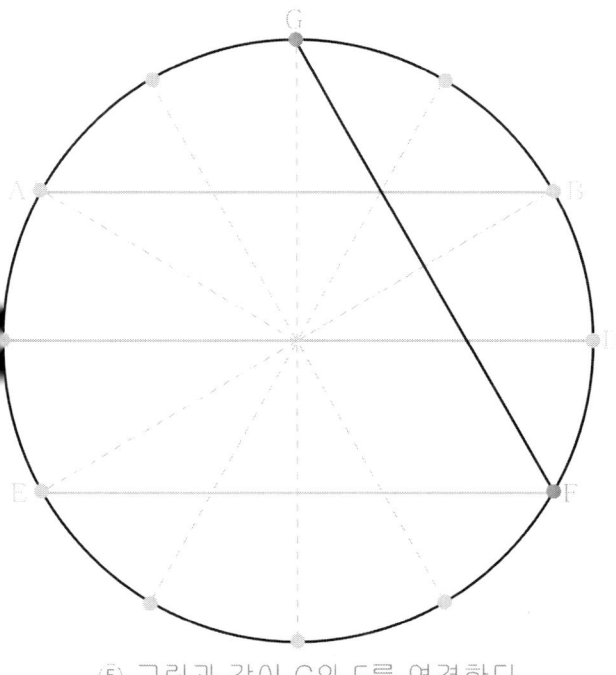

⑤ 그림과 같이 G와 F를 연결한다.

⑥ 그림과 같이 E와 H를 연결한다.

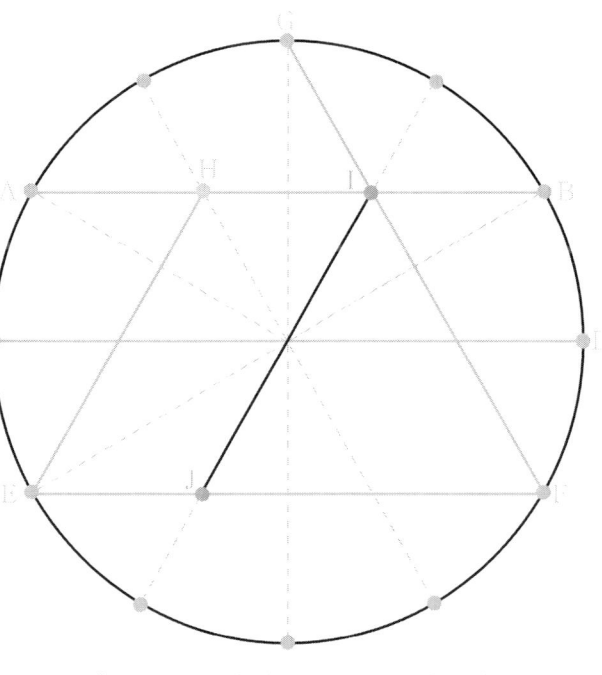

⑦ 그림과 같이 I와 J를 연결한다.

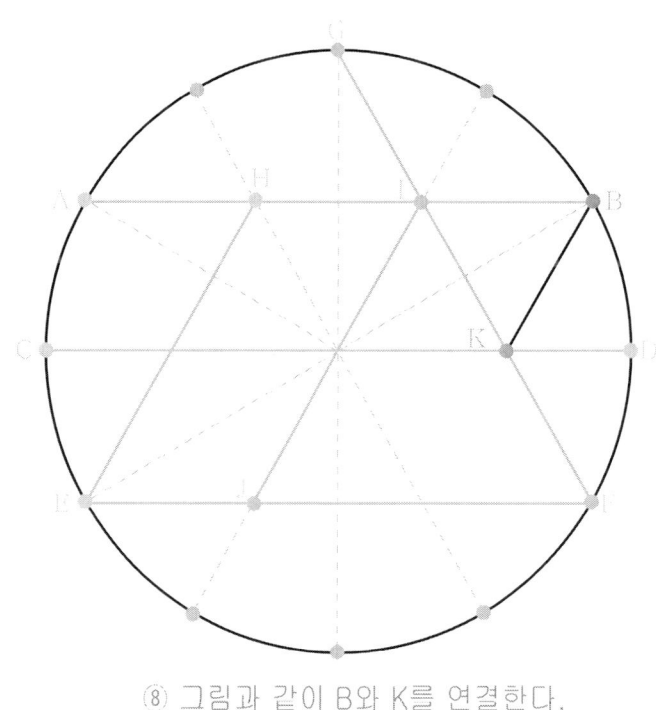

⑧ 그림과 같이 B와 K를 연결한다.

원형 팔교퍼즐
만드는 방법

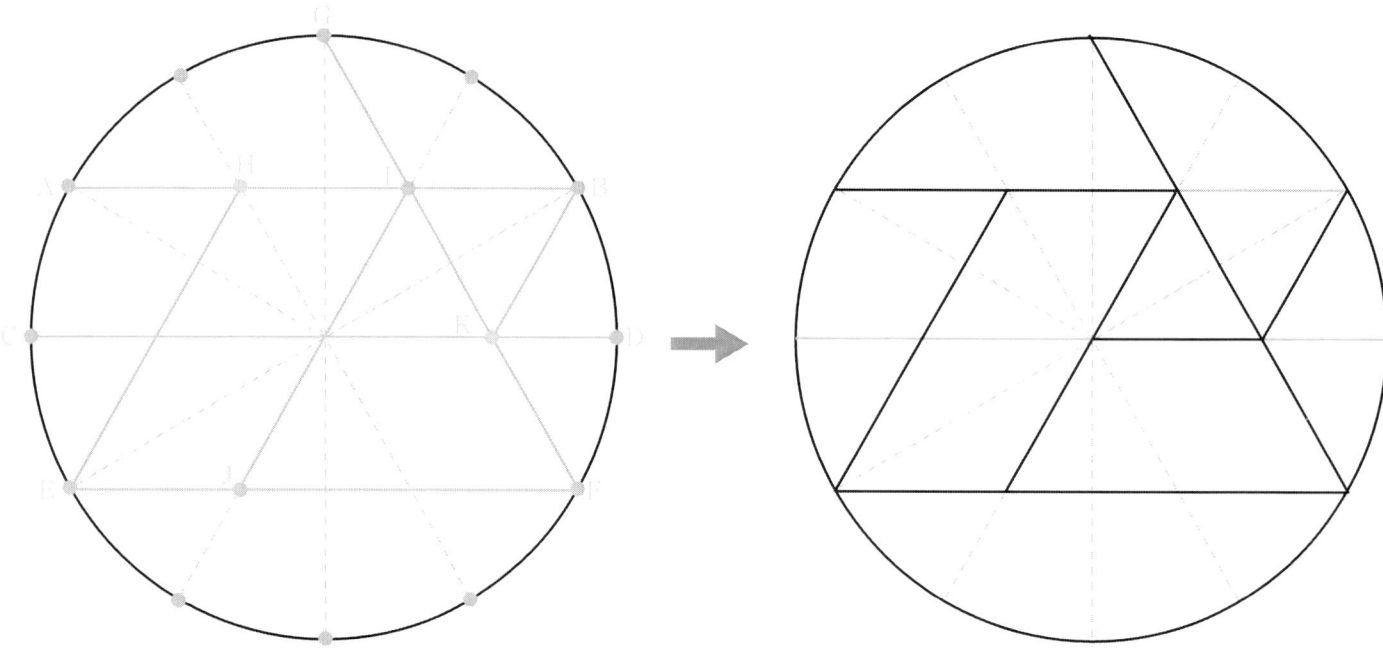

⑨ 그림과 같이 왼쪽의 선을 오른쪽처럼 진하게 표시한 선대로 나눈다.

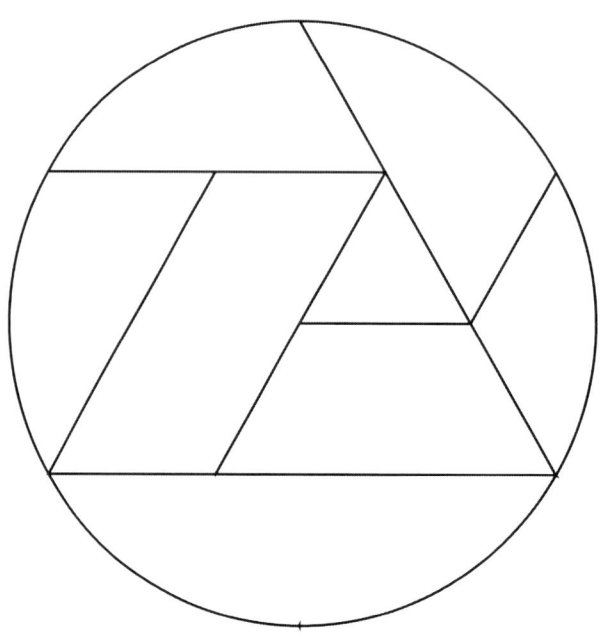

⑩ 모두 8조각으로 완성되었다.

원형 팔교퍼즐
놀이의 예

◆ 원형 팔교퍼즐 조각 전부를 조합한 모양을 각 조각의 특징에 맞게 구별하여 똑같이 맞춰봅니다.

문제유형 원형 팔교퍼즐 조각으로 아래의 모양을 만들어 보시오.

해답예시

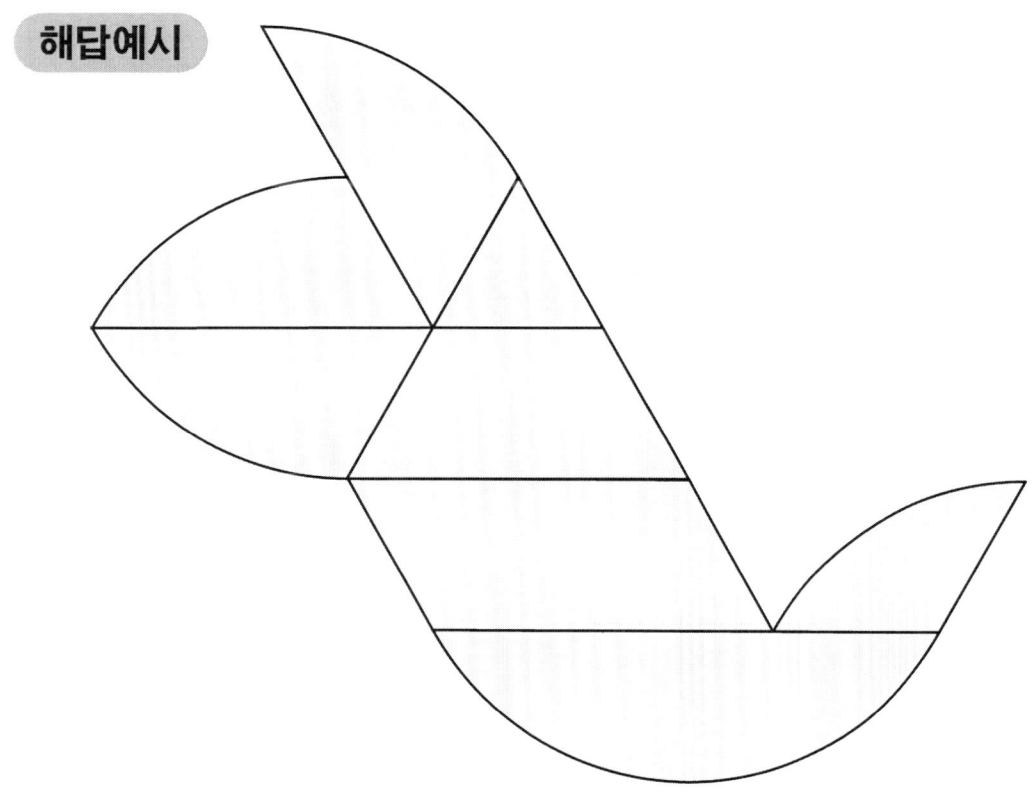

원형 팔교퍼즐

놀이의 예

◆ 원형 팔교 퍼즐 조각 전부를 조합한 모양을 각 조각의 특징에 맞게 구별하여 똑같이 맞춰봅니다.

문제유형 원형 팔교퍼즐 조각으로 아래의 원 모양을 만들어 보시오.

해답예시

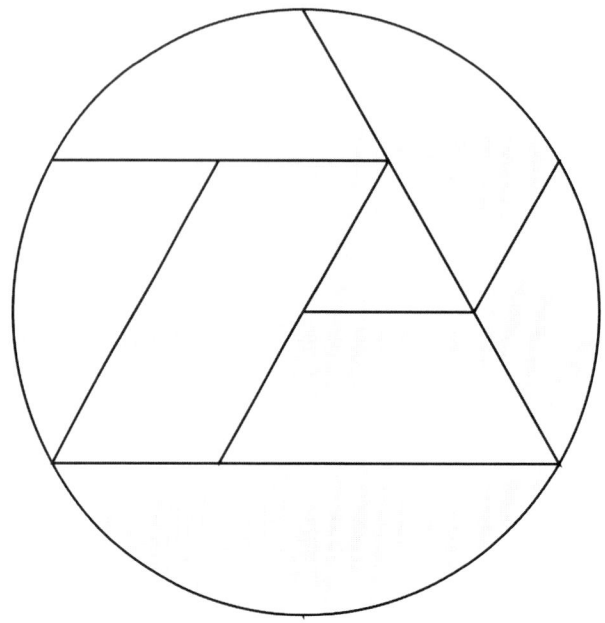

자기복제 퍼즐

사다리꼴 퍼즐

스핑크스 퍼즐

"L" 자 퍼즐

직각사다리꼴 퍼즐

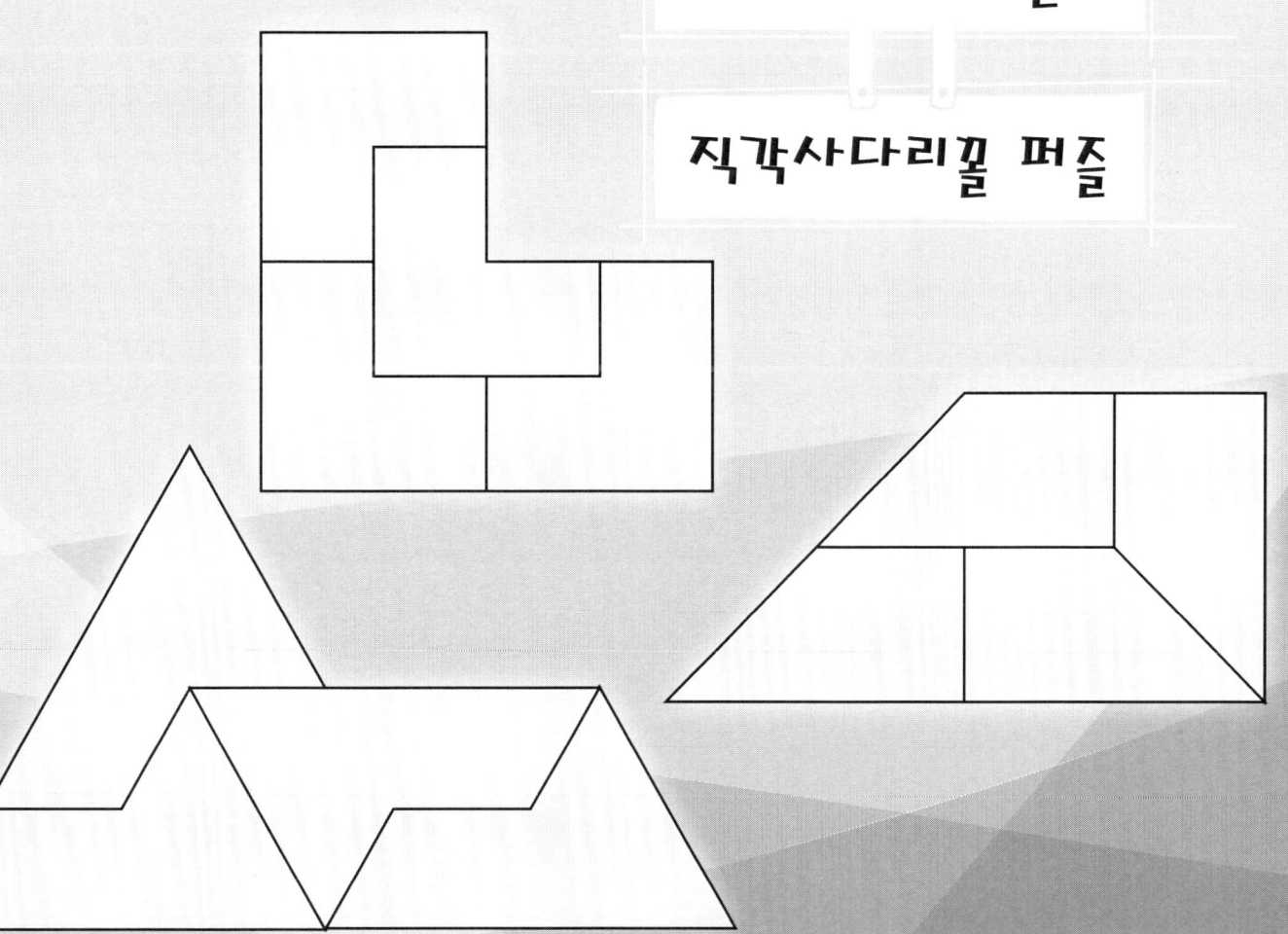

자기복제 퍼즐

일반적으로 자기복제는 조각 4개를 결합해서 본래 모양과 같은 모양을 만드는 퍼즐이다. 가장 기본적인 자기복제 퍼즐로는 정삼각형 퍼즐과 정사각형 퍼즐이 있다. 그외 종류는 알려진 것이 몇가지 되지 않는다.

사다리꼴 퍼즐 — 정삼각형 3개를 연결하여 만든 사다리꼴 4개로 같은 모양의 4배 큰 사다리꼴을 만드는 퍼즐이다.

스핑크스 퍼즐 — 정삼각형 6개를 연결하여 만든 스핑크스 모양 4개로 같은 모양의 4배 큰 스핑크스 모양을 만드는 퍼즐이다. 자기복제 퍼즐 중에서 가장 복잡한 모양이다.

"L"자 퍼즐 — 자기복제 퍼즐 중 가장 단순하고 맞추기 쉬운 퍼즐이다. 커다란 직사각형 등 다른 모양으로 변형이 가능하다.

직각사다리꼴 퍼즐 — 사다리꼴 자기 복제퍼즐과 유사한 퍼즐이다. 자기복제 퍼즐의 종류가 많지 않다보니 이러한 유형도 종종 퍼즐관련 책에서 눈에 띈다.

사다리꼴 퍼즐

◆ 사다리꼴 퍼즐은 같은 모양 4개의 조각으로 이루어져 있습니다.

◆ 조각 관찰

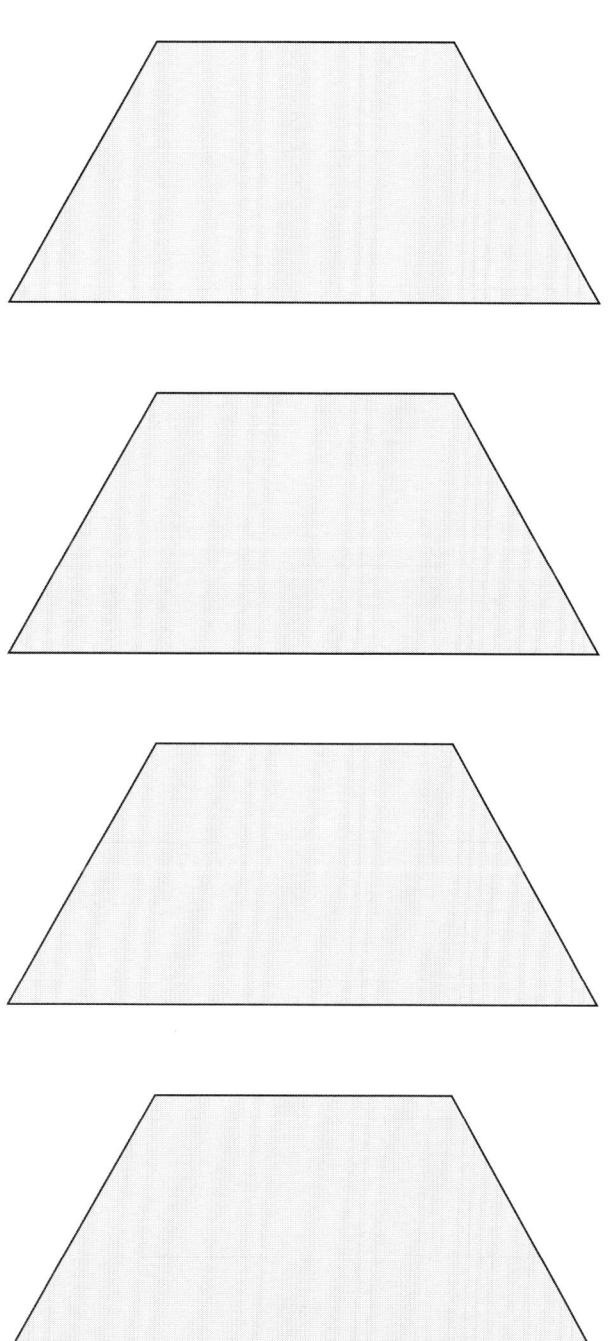

사다리꼴 퍼즐

만드는 방법

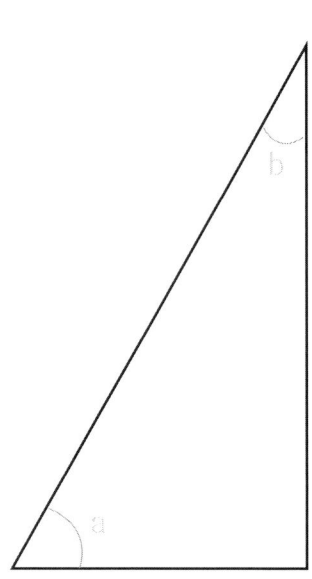

① a는 60도 b는 30도인 직각삼각형을 그린다.

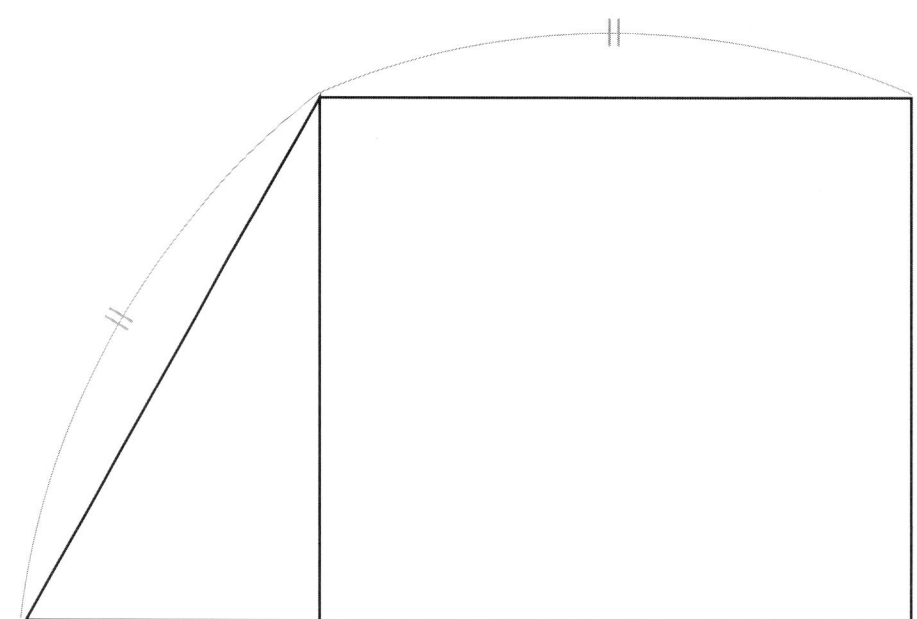

② 그림과 같이 직각삼각형의 대각선의 길이를 가로로 하고 직각삼각형의 세로를 세로 길이로 하는 직사각형을 그린다.

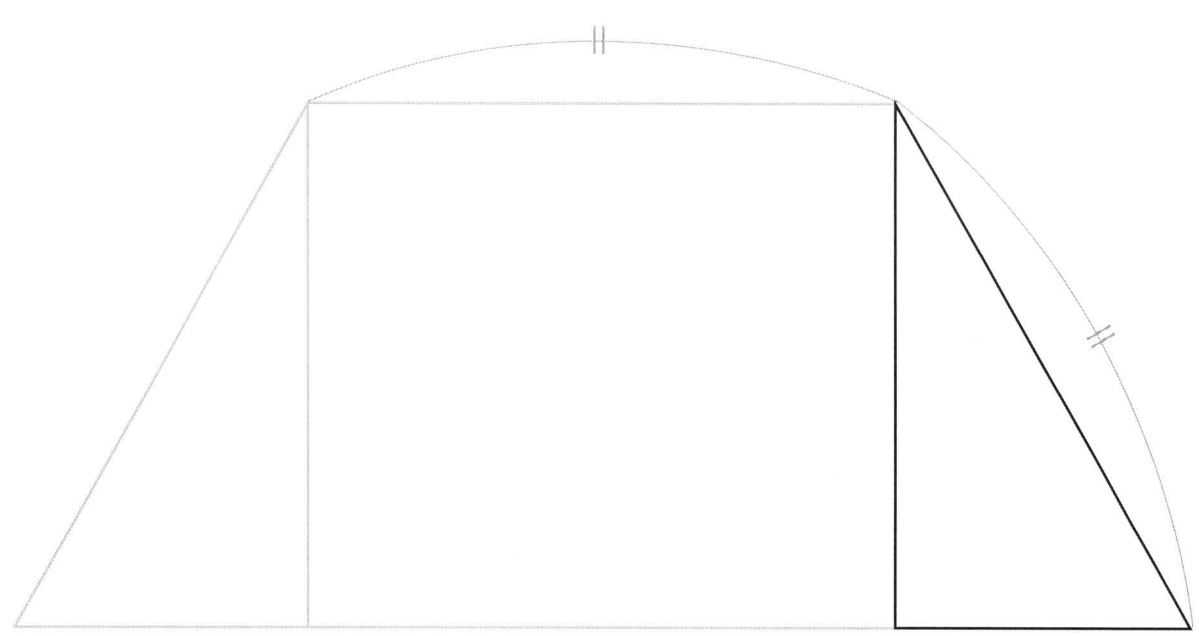

③ 반대편에 앞의 직각삼각형과 대칭이 되는 직각삼각형을 그린다.

사다리꼴 퍼즐

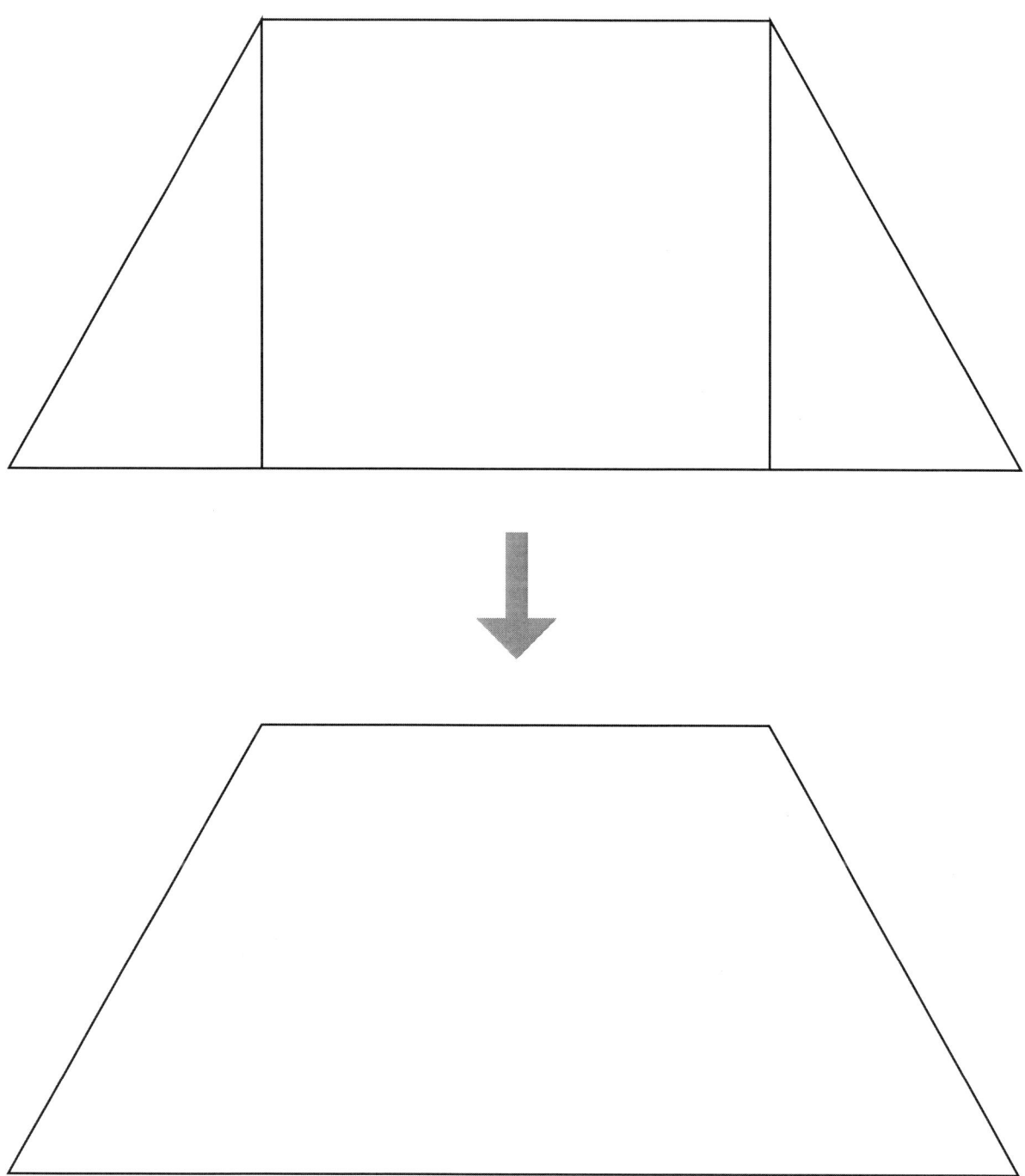

④ 세개의 도형을 합쳐 사다리꼴 모양이 완성되었다.

사다리꼴 퍼즐

놀이의 예

◆ 사다리꼴 퍼즐 조각 4개로 똑같이 맞춰봅니다.

문제유형 사다리꼴 자기복제 퍼즐 4조각으로 네 배 큰 사다리꼴 모양을 만들어 보시오.

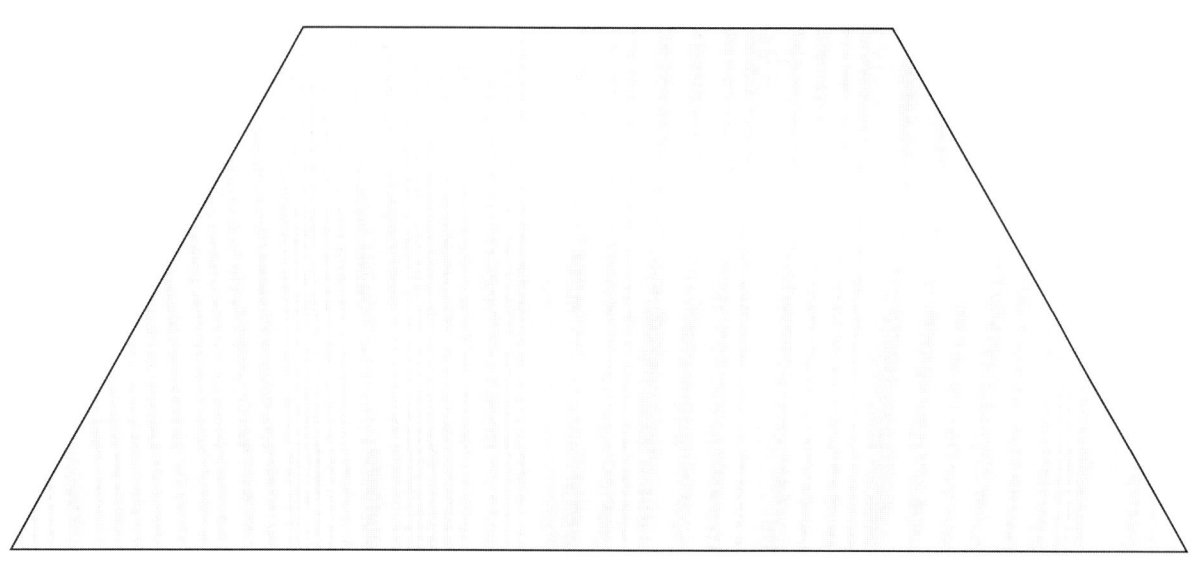

해답예시

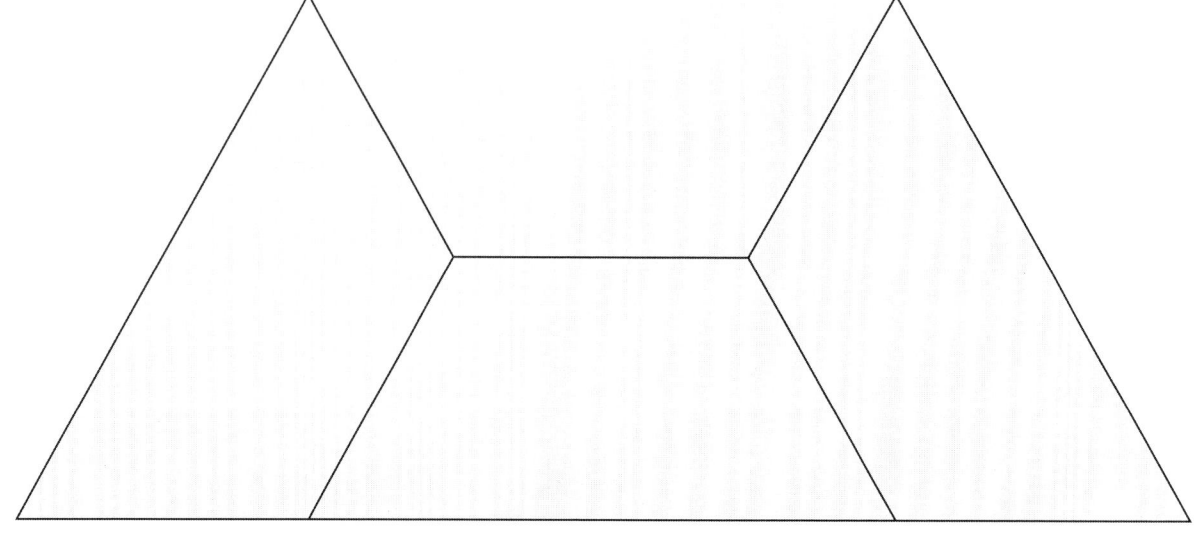

스핑크스 퍼즐

◆ 스핑크스 퍼즐은 4개의 같은 모양 조각으로 이루어져 있습니다.

◆

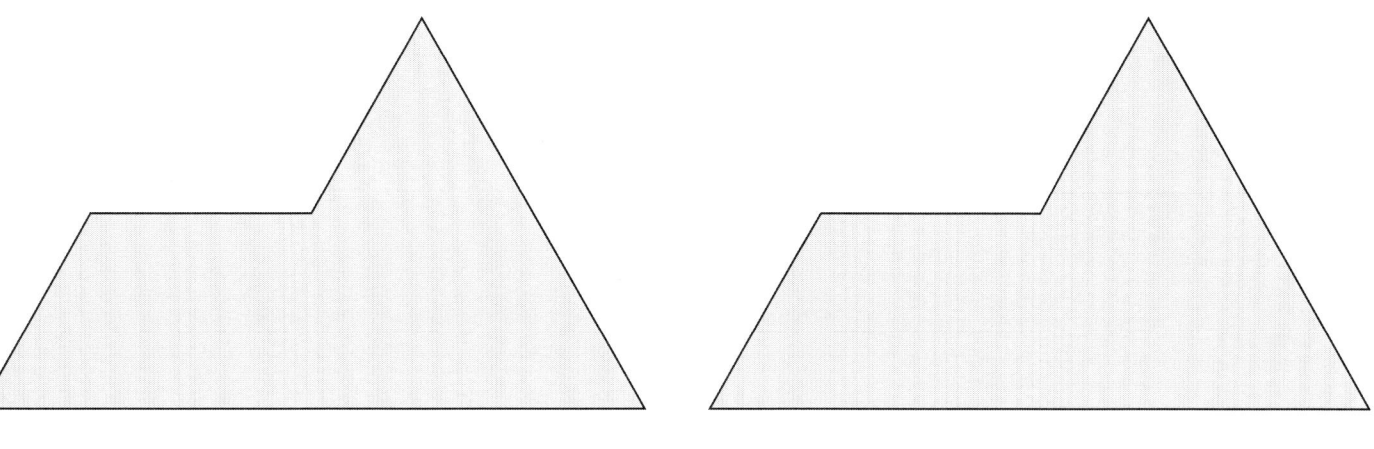

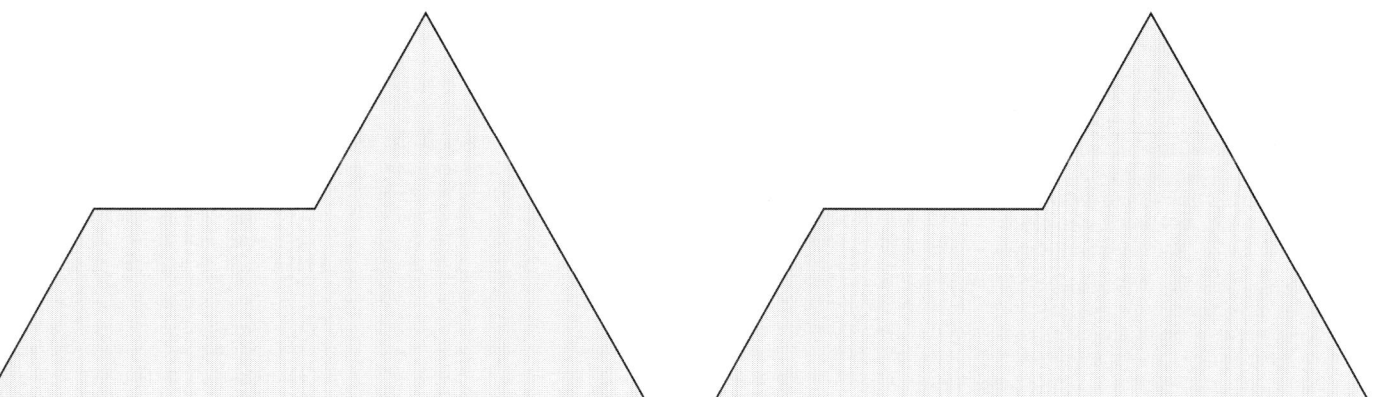

스핑크스 퍼즐 만드는 방법

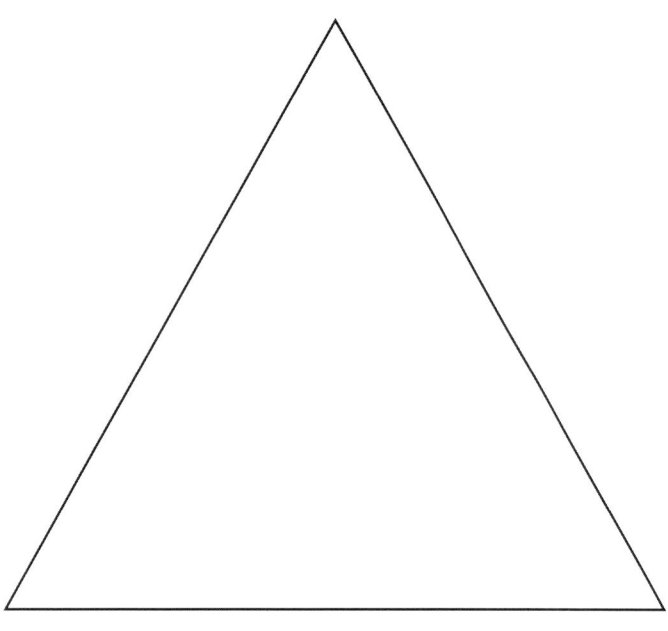

① 정삼각형을 그린다.

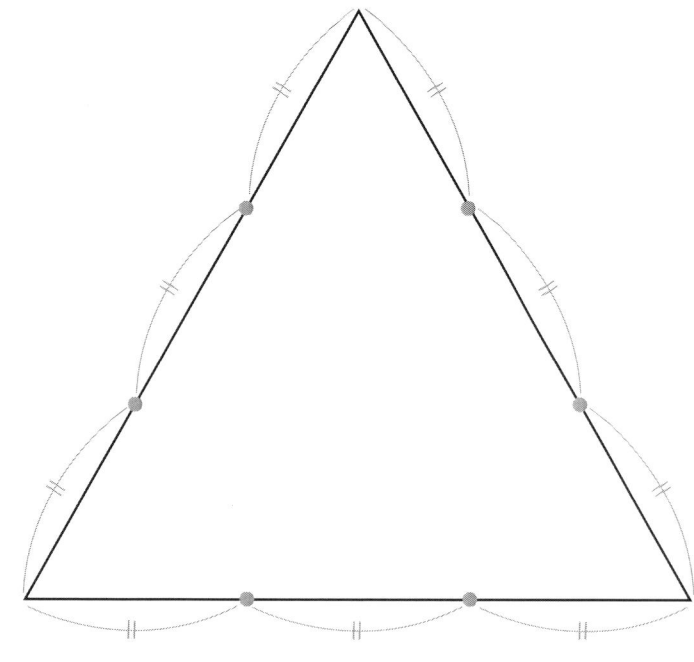

② 각 변을 삼등분하여 점을 찍는다.

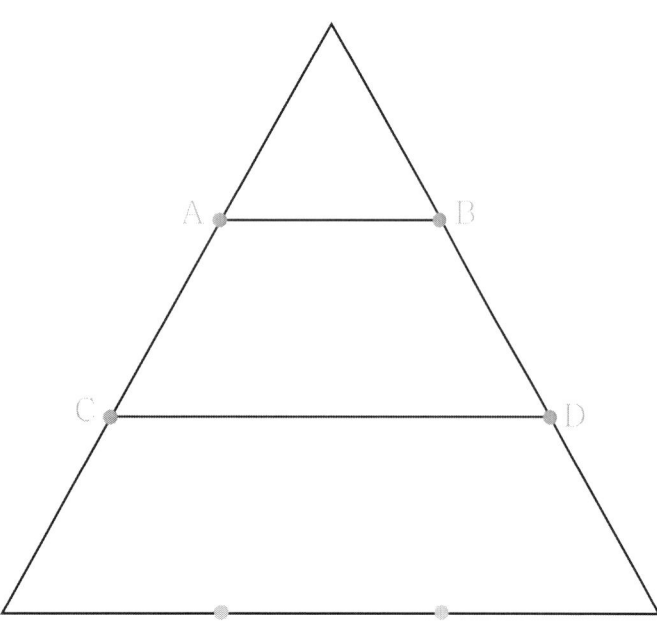

③ 그림과 같이 A와 B, C와 D를 연결한다.

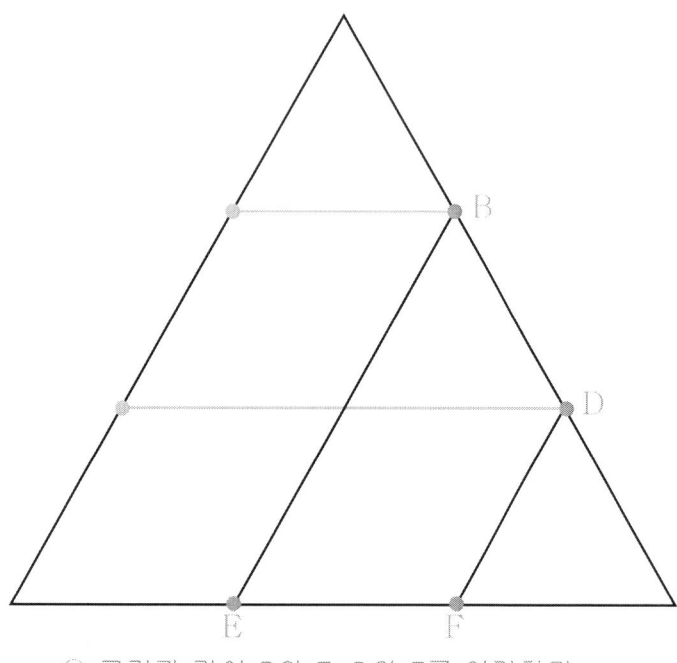

④ 그림과 같이 B와 E, D와 F를 연결한다.

스핑크스 퍼즐

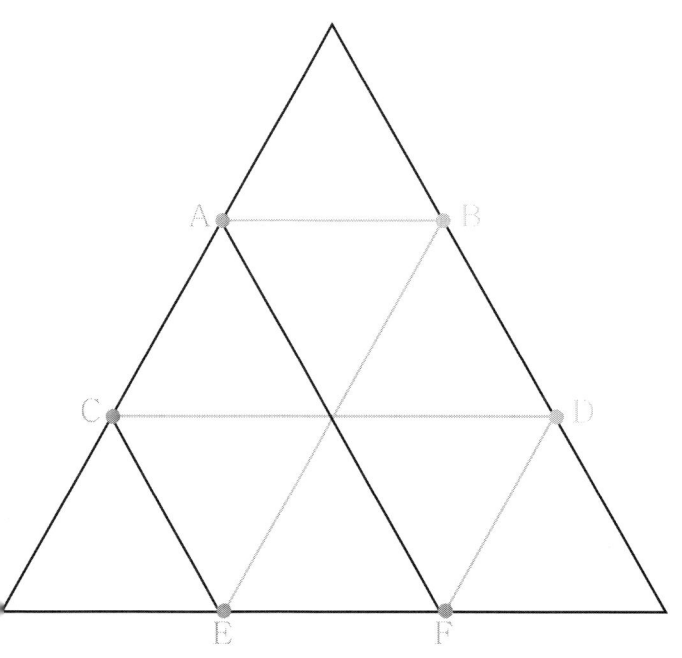

⑤ 그림과 같이 A와 F, C와 E를 연결한다.

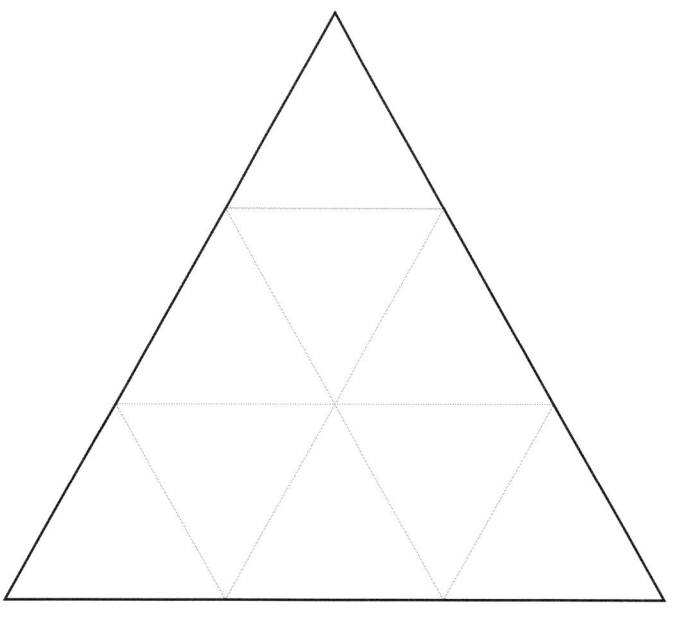

⑥ 큰 정삼각형이 작은 정삼각형으로 나뉘었다.

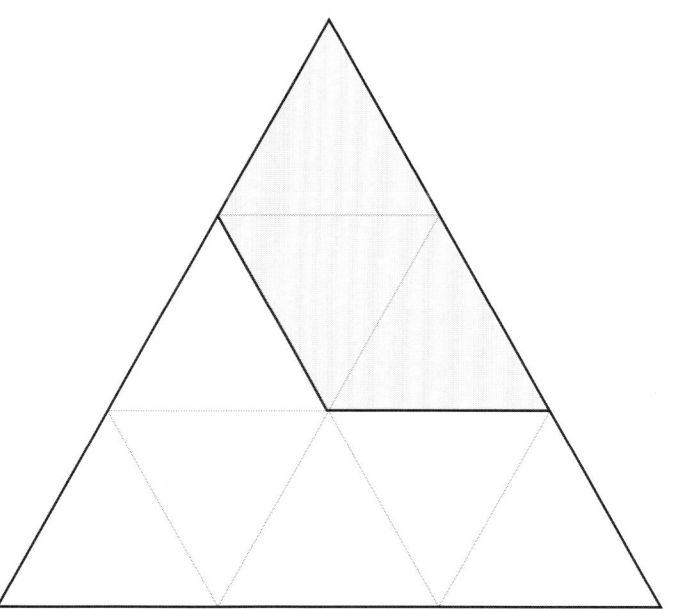

⑦ 그림과 같이 나눈 후 색칠된 부분을 버린다.

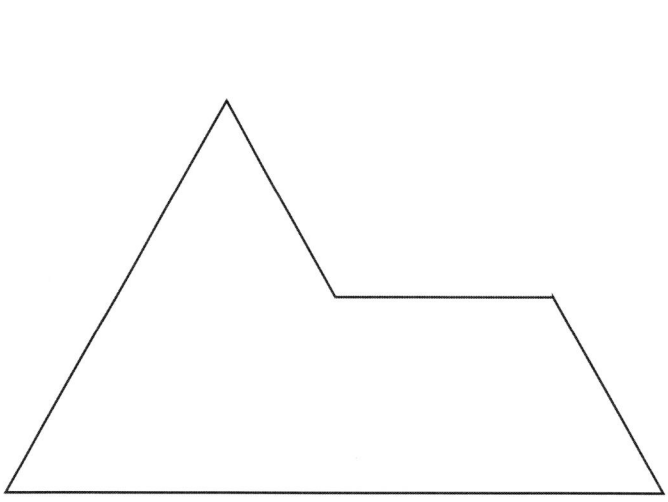

⑧ 스핑크스 모양으로 완성되었다.

스핑크스 퍼즐

놀이의 예

◆ 스핑크스 퍼즐 조각 4개로 똑같이 맞춰봅니다.

문제유형 스핑크스 퍼즐 4조각으로 네 배 큰 스핑크스 모양을 만들어 보시오.

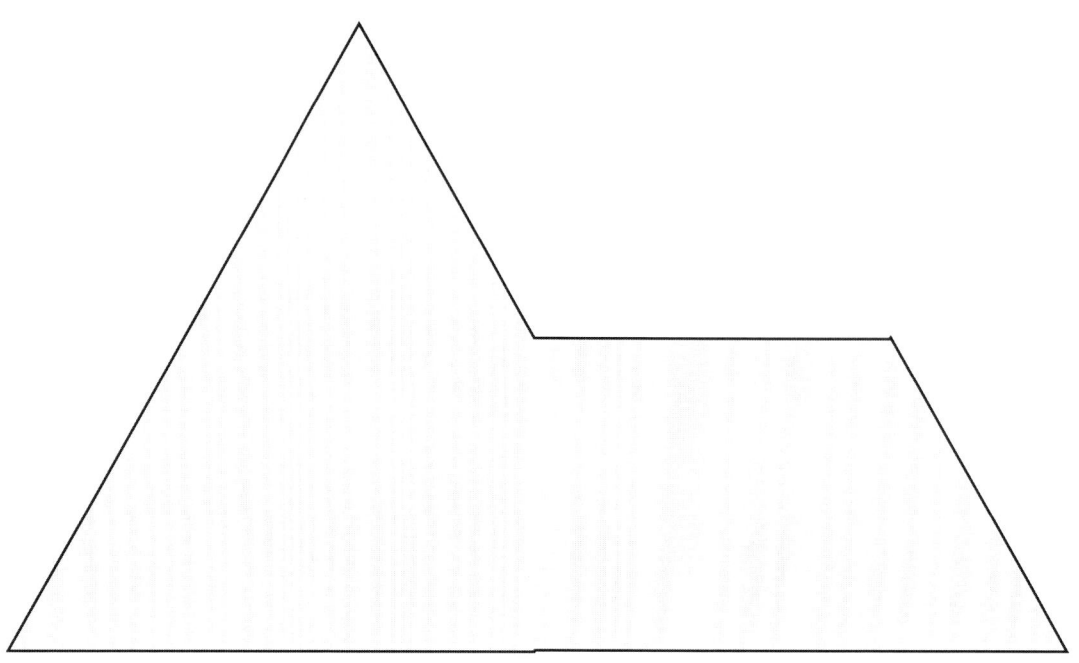

해답예시

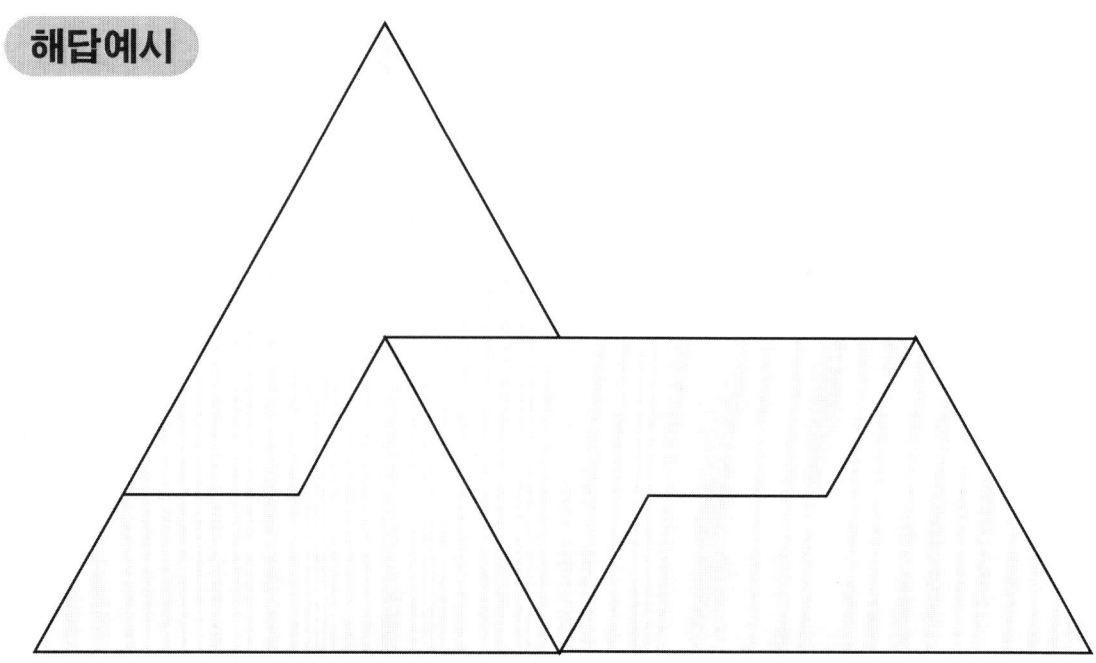

L자 퍼즐

◆ L자 퍼즐은 4개의 같은 모양 조각으로 이루어져 있습니다.

◆ 조각 관찰

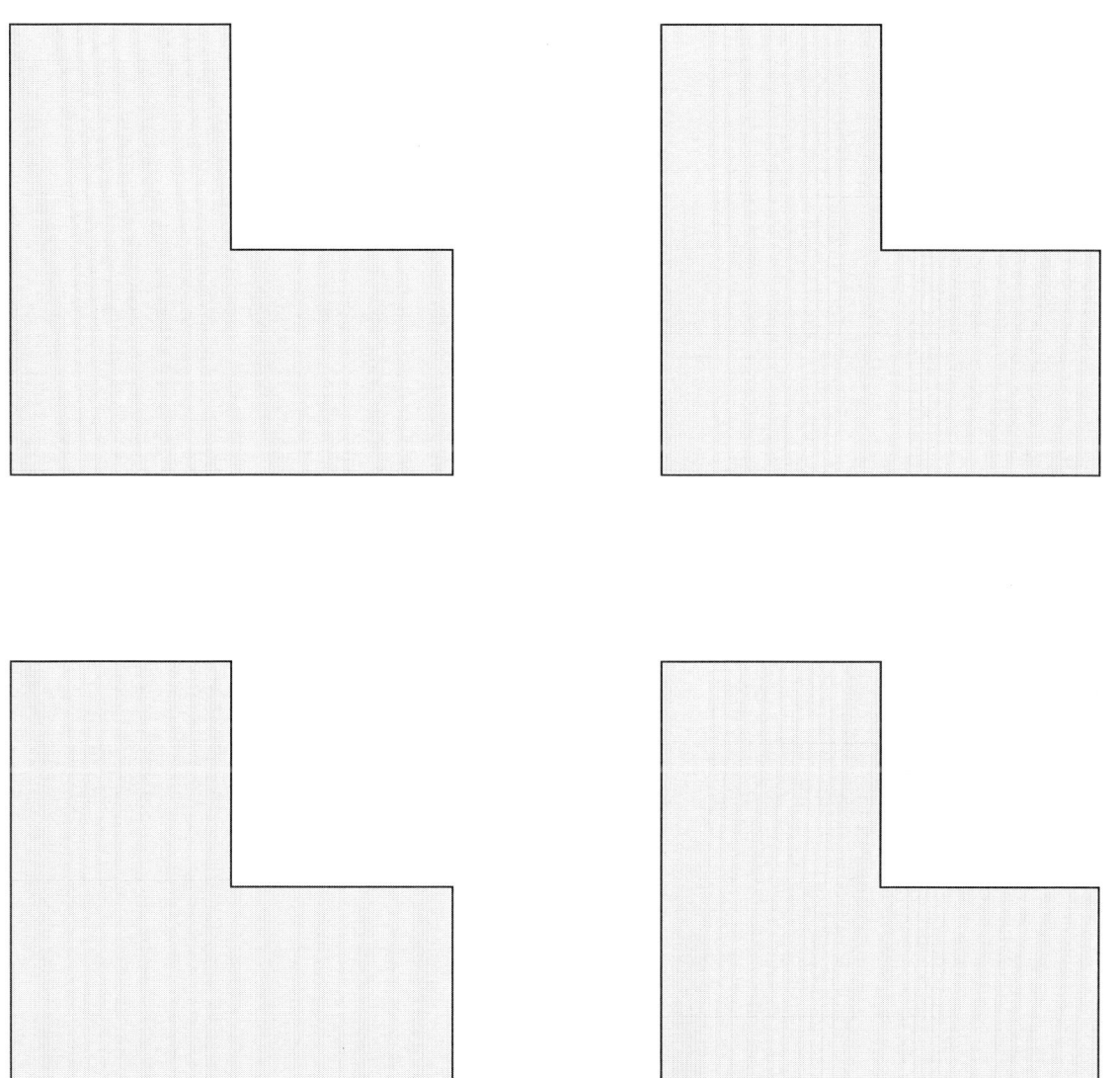

L자 퍼즐

만드는 방법

① 정사각형을 그린다.

② 각 변을 이등분한다.

③ 그림과 같이 나눈 후 색칠된 부분을 버린다.

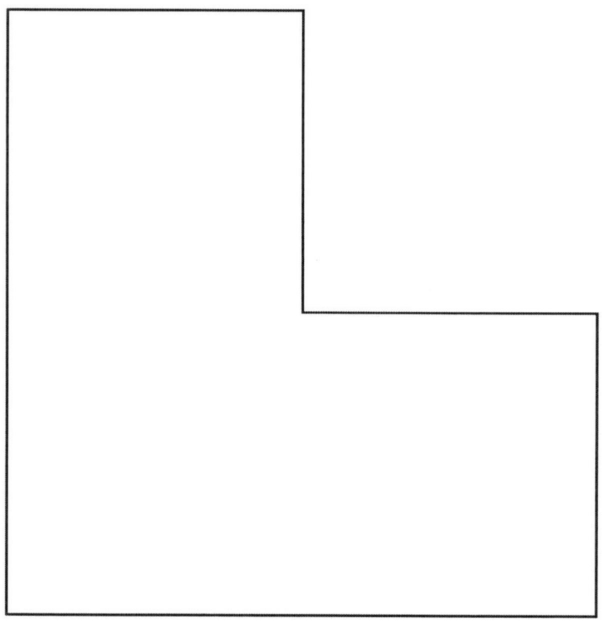

④ L자 모양이 완성되었다.

L자 퍼즐

놀이의 예

◆ L자 퍼즐 조각 4개로 똑같이 맞춰봅니다.

문제유형 L자 자기복제 퍼즐 4조각으로 직사각형 모양을 만들어 보시오.

해답예시

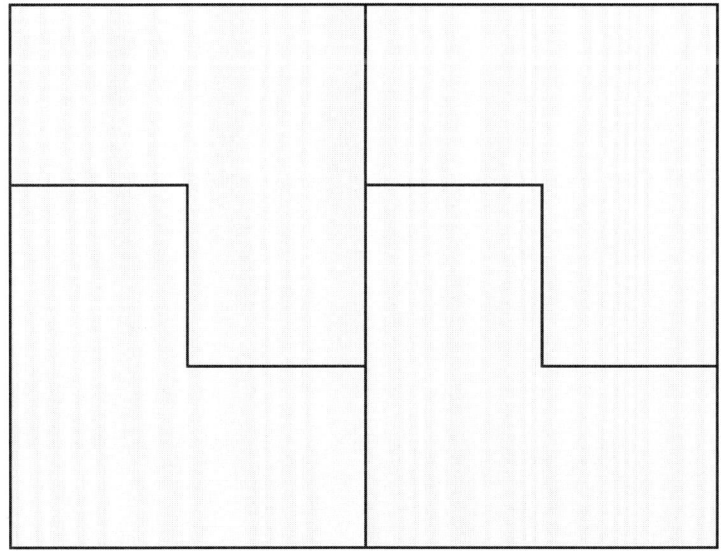

L자 퍼즐

놀이의 예

◆ L자 퍼즐 조각 4개로 똑같이 맞춰봅니다.

문제유형 L자 자기복제 퍼즐 4조각으로 네 배 큰 L자 모양을 만들어 보시오.

해답예시

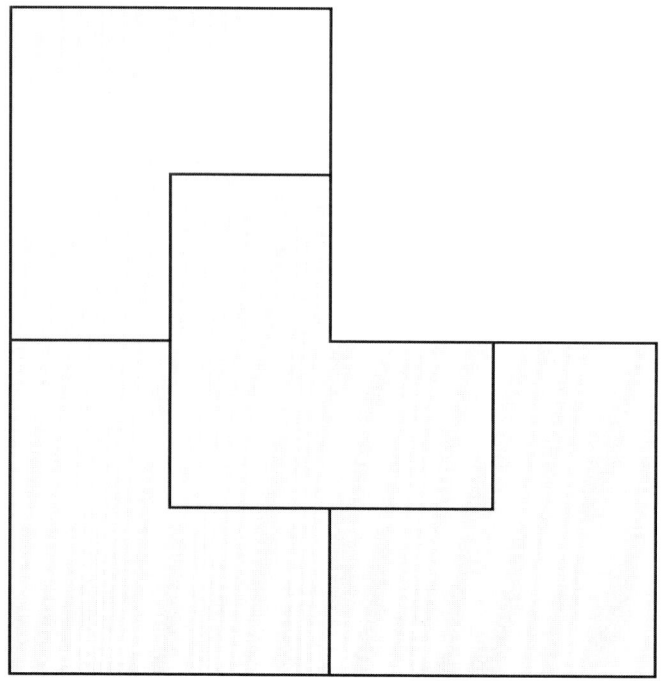

직각사다리꼴 퍼즐

◆ 직각사다리꼴 퍼즐은 4개의 같은 모양 조각으로 이루어져 있습니다.

◆ 조각 관찰

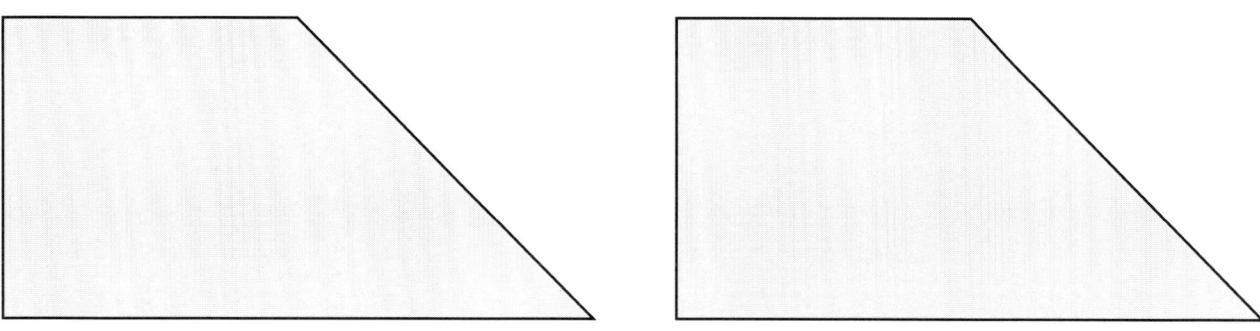

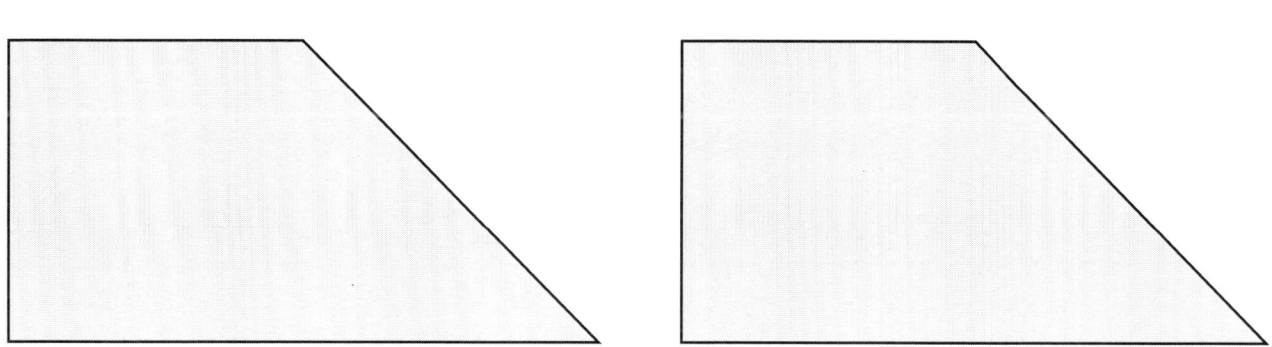

직각사다리꼴 퍼즐

만드는 방법

① 1대 2의 직사각형을 그린다.

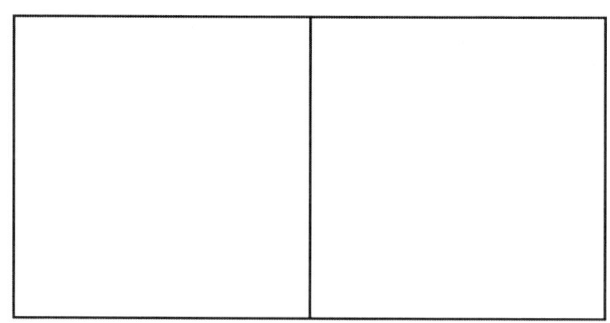

② 가로 변을 이등분한다.

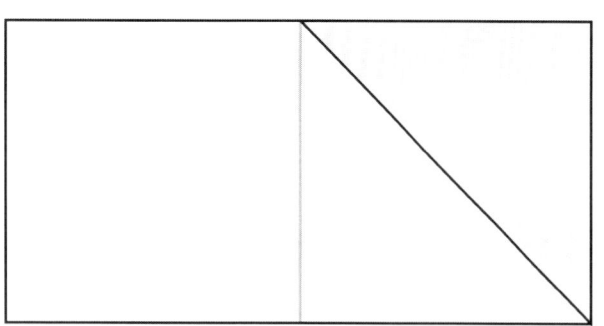

③ 그림과 같이 작은 정사각형을 나눈 후 색칠된 부분을 버린다.

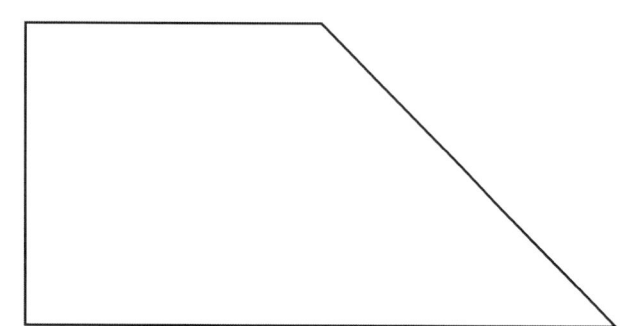

④ 직각사다리꼴 모양이 완성되었다.

직각사다리꼴 퍼즐

놀이의 예

◆ 직각사다리꼴 퍼즐 조각 4개로 똑같이 맞춰봅니다.

문제유형 직각사다리꼴 자기복제 퍼즐 4조각으로 직사각형 모양을 만들어 보시오.

해답예시

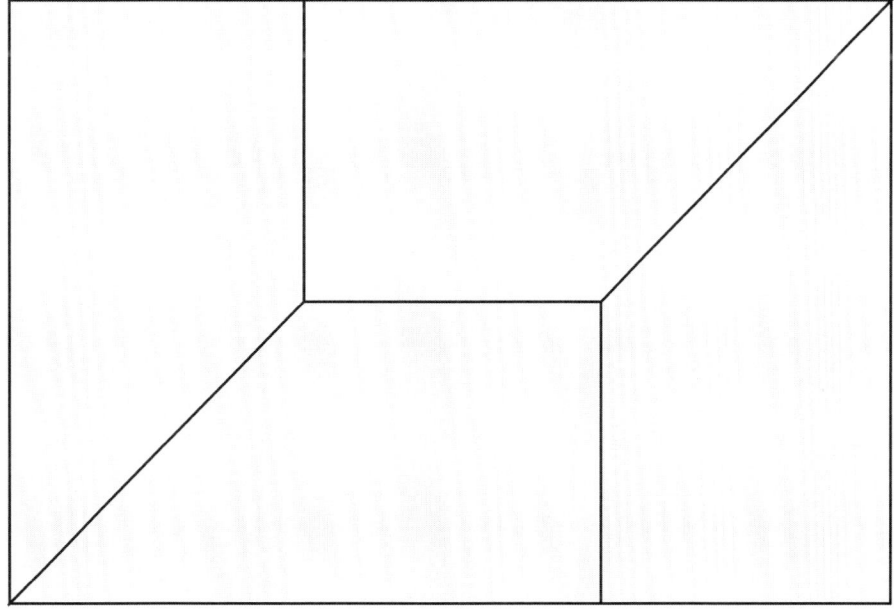

직각사다리꼴 퍼즐

놀이의 예

◆ 직각사다리꼴 퍼즐 조각 4개로 똑같이 맞춰봅니다.

문제유형 직각사다리꼴 자기복제 퍼즐 4조각으로 네 배 큰 직각사다리꼴 모양을 만들어 보시오.

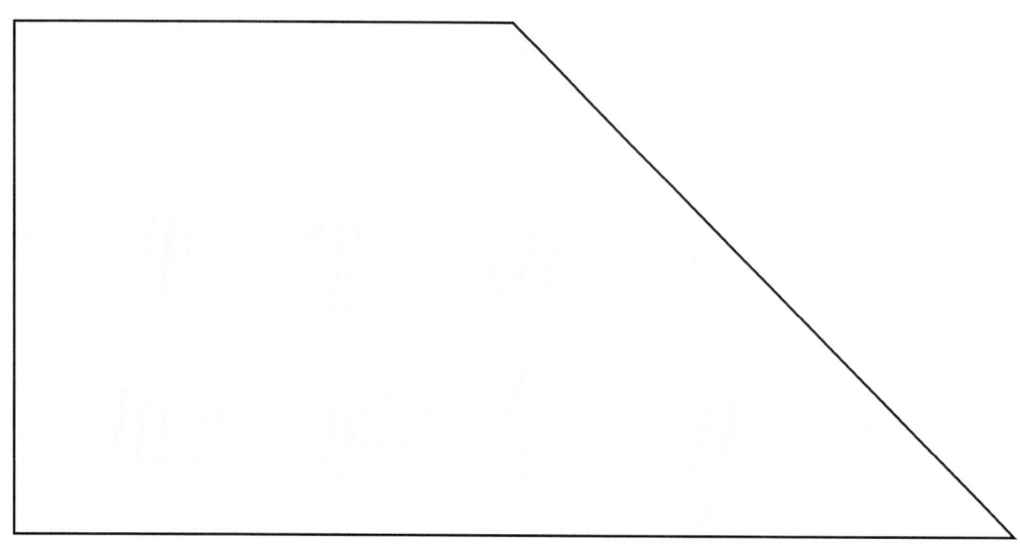

해답예시

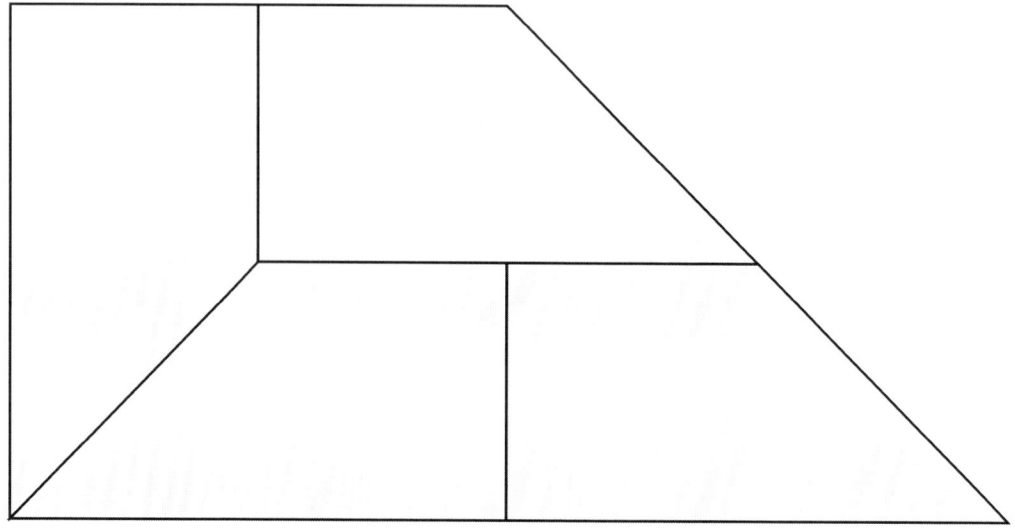

결합 퍼즐

- 테트로미노 퍼즐
- 펜토미노 퍼즐
- 펜티아몬드 퍼즐
- 헥사아몬드 퍼즐
- 트리아볼로 퍼즐
- 테트라헥스 퍼즐
- 정사각형 10고 퍼즐

결합 퍼즐

기본 도형 즉 정사각형이나 정삼각형 등을 연결하여 서로 다른 모양 몇 가지로 여러 다양한 모양을 맞추는 퍼즐이다. 조각수가 너무 많으면 조각 자체를 구분 하는 것도 어렵기 때문에 12개 이내의 조각퍼즐로 다양한 모양을 맞추는 것이 좋다.

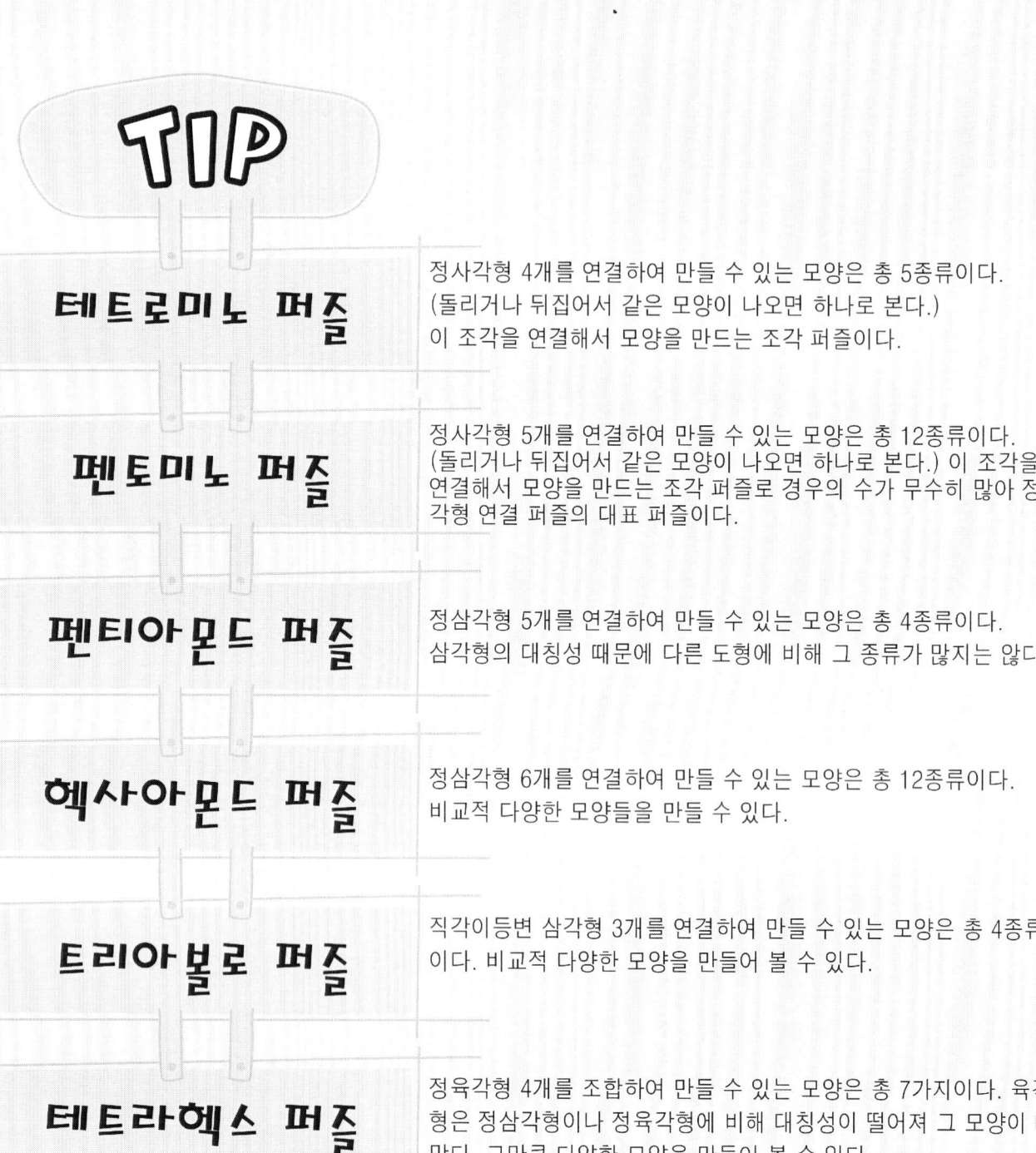

TIP

테트로미노 퍼즐
정사각형 4개를 연결하여 만들 수 있는 모양은 총 5종류이다. (돌리거나 뒤집어서 같은 모양이 나오면 하나로 본다.) 이 조각을 연결해서 모양을 만드는 조각 퍼즐이다.

펜토미노 퍼즐
정사각형 5개를 연결하여 만들 수 있는 모양은 총 12종류이다. (돌리거나 뒤집어서 같은 모양이 나오면 하나로 본다.) 이 조각을 연결해서 모양을 만드는 조각 퍼즐로 경우의 수가 무수히 많아 정사각형 연결 퍼즐의 대표 퍼즐이다.

펜티아몬드 퍼즐
정삼각형 5개를 연결하여 만들 수 있는 모양은 총 4종류이다. 삼각형의 대칭성 때문에 다른 도형에 비해 그 종류가 많지는 않다.

헥사아몬드 퍼즐
정삼각형 6개를 연결하여 만들 수 있는 모양은 총 12종류이다. 비교적 다양한 모양들을 만들 수 있다.

트리아볼로 퍼즐
직각이등변 삼각형 3개를 연결하여 만들 수 있는 모양은 총 4종류이다. 비교적 다양한 모양을 만들어 볼 수 있다.

테트라헥스 퍼즐
정육각형 4개를 조합하여 만들 수 있는 모양은 총 7가지이다. 육각형은 정삼각형이나 정육각형에 비해 대칭성이 떨어져 그 모양이 더 많다. 그만큼 다양한 모양을 만들어 볼 수 있다.

정사각형 10교 퍼즐
펜토미노 조각 12가지 중에서 3가지를 활용하여 만든 퍼즐이다. 펜토퍼즐이라고도 한다. 다른 퍼즐과 마찬가지로 정사각형을 만드는 것이 가장 어렵다.

테트로미노 퍼즐

◆ 테트로미노 퍼즐은 정사각형 4개를 조합하여 만든 모양으로 모두 5개의 모양으로 이루어져 있습니다.

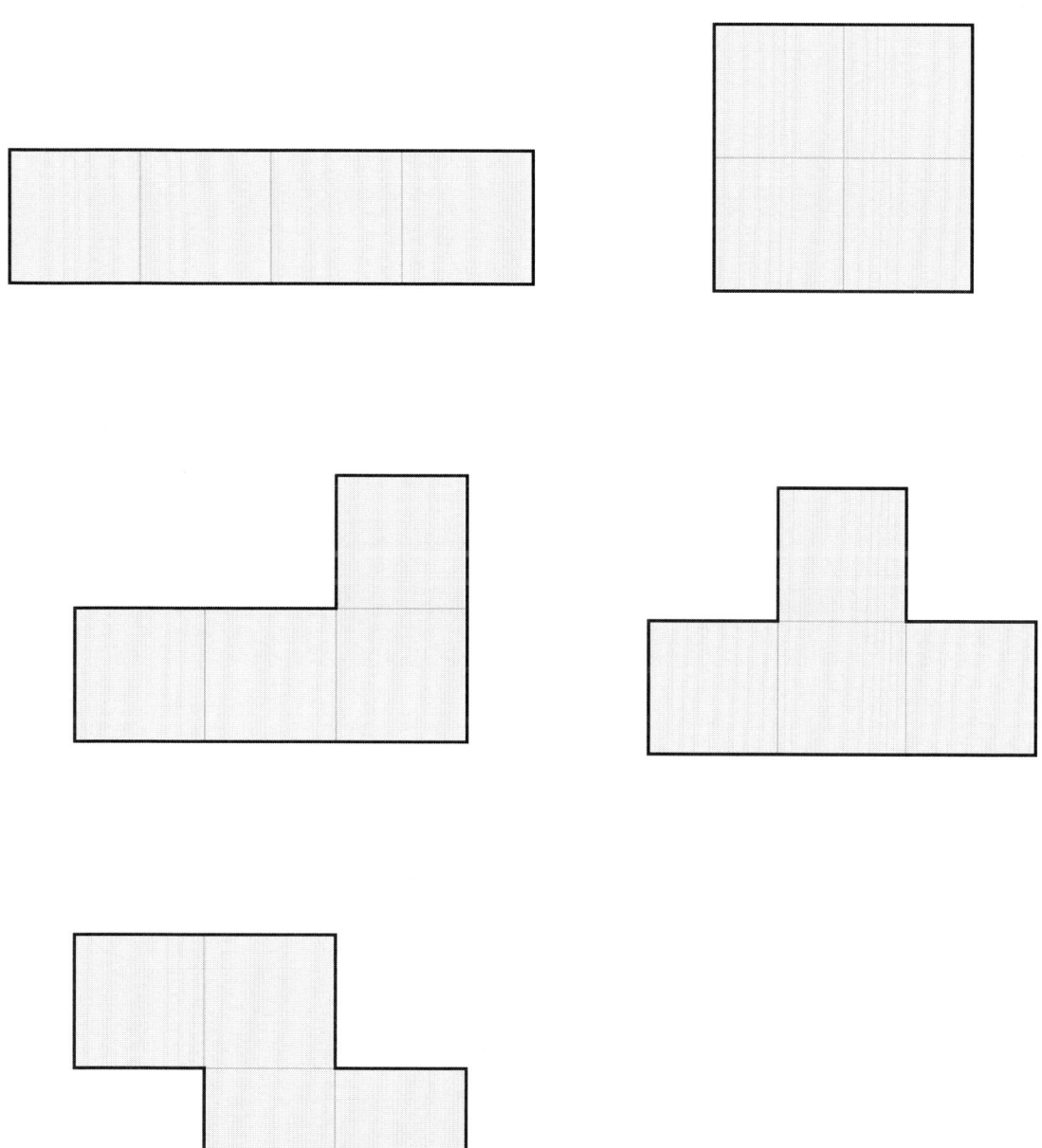

테트로미노 퍼즐

놀이의 예

◆ 테트로미노 조각을 적게는 2개부터 많게는 5개 전부를 사용하여 조합한 모양을 각각의 조각을 구별하여 만들어 볼 수 있습니다.

문제유형 **2조각 연결** 제시된 테트로미노 2 조각으로 아래 모양을 만들어 보시오.

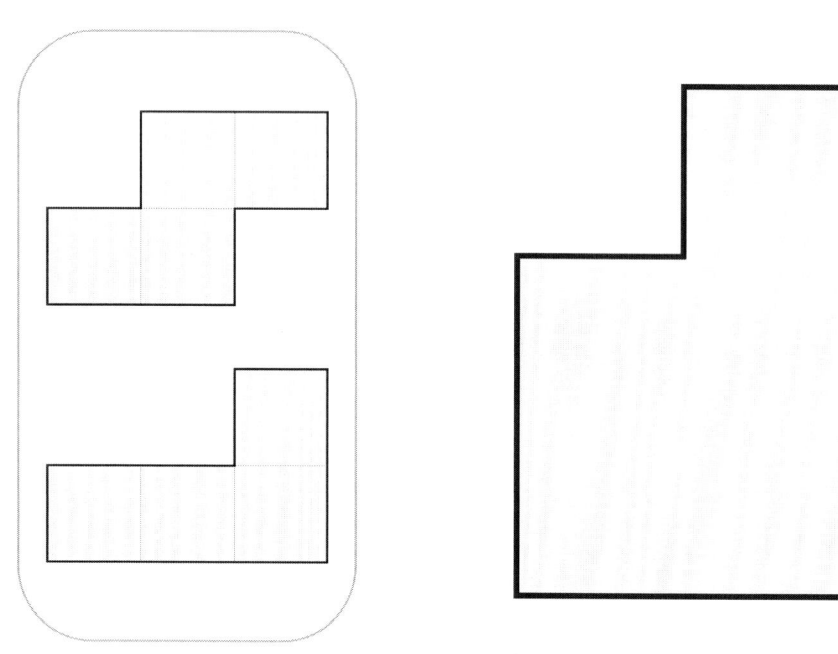

해답예시 **2조각 연결**

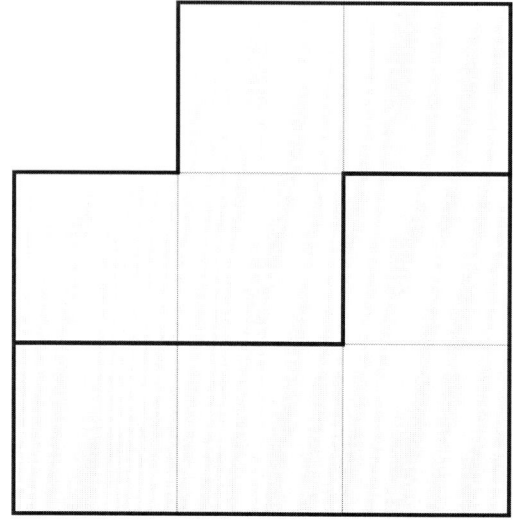

테트로미노 퍼즐

문제유형 5조각 연결 제시된 테트로미노 5 조각으로 아래 모양을 만들어 보시오.

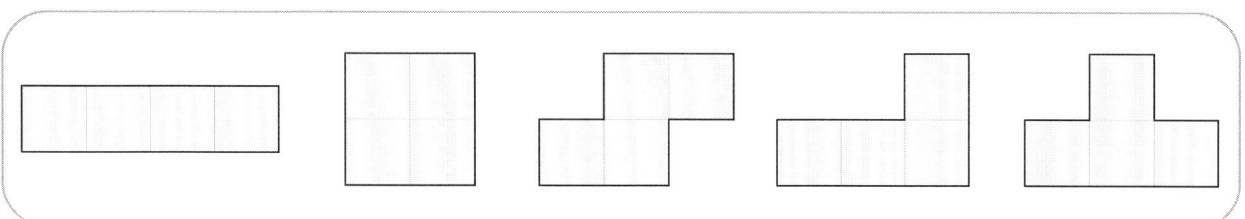

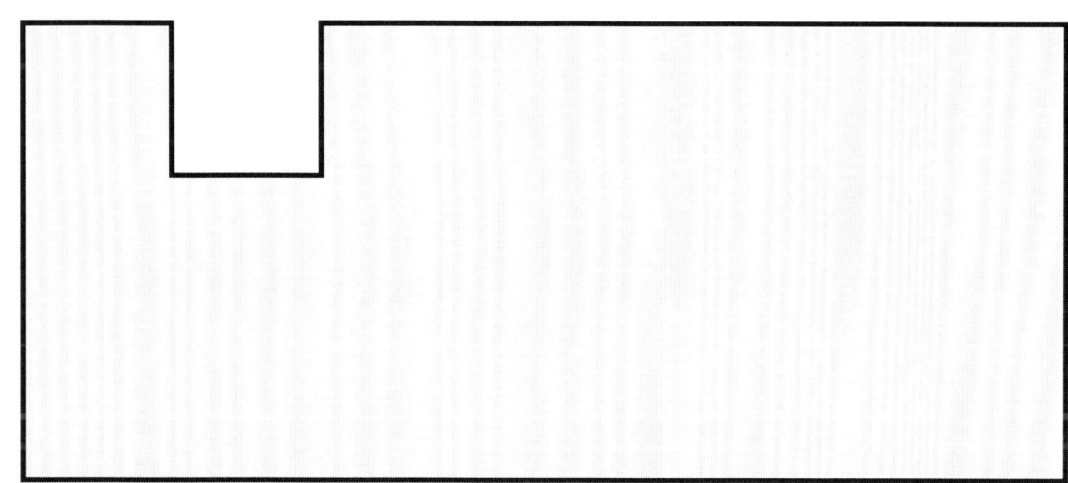

해답예시 5조각 연결

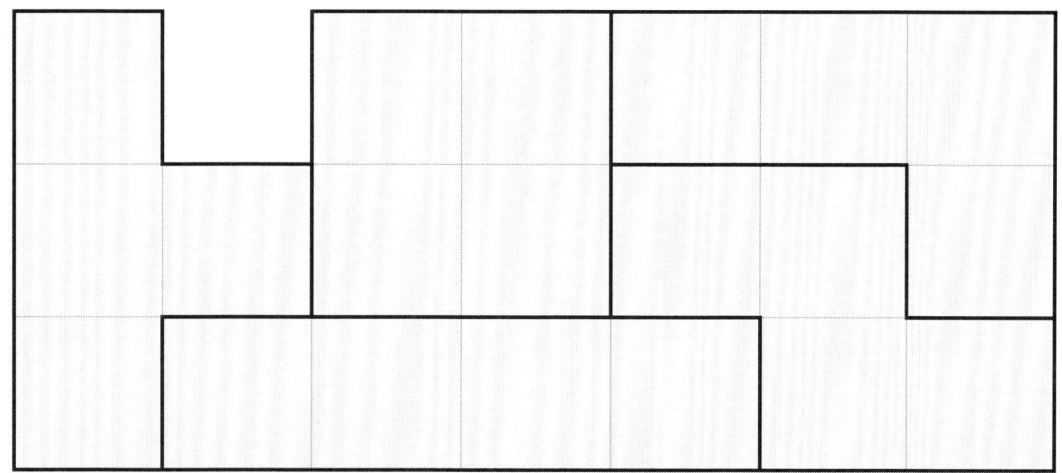

테트로미노 퍼즐

알아둘 것

◆ 테트로미노 퍼즐 조각을 돌리거나 뒤집어서 나온 모양은 서로 한가지 모양으로 간주합니다.

예시

어느 쪽으로 돌려도 모양이 같다.

펜토미노 퍼즐

◆ 펜토미노퍼즐은 정사각형 5개를 조합하여 만든 모양으로 모두 12개의 모양으로 이루어져 있습니다.

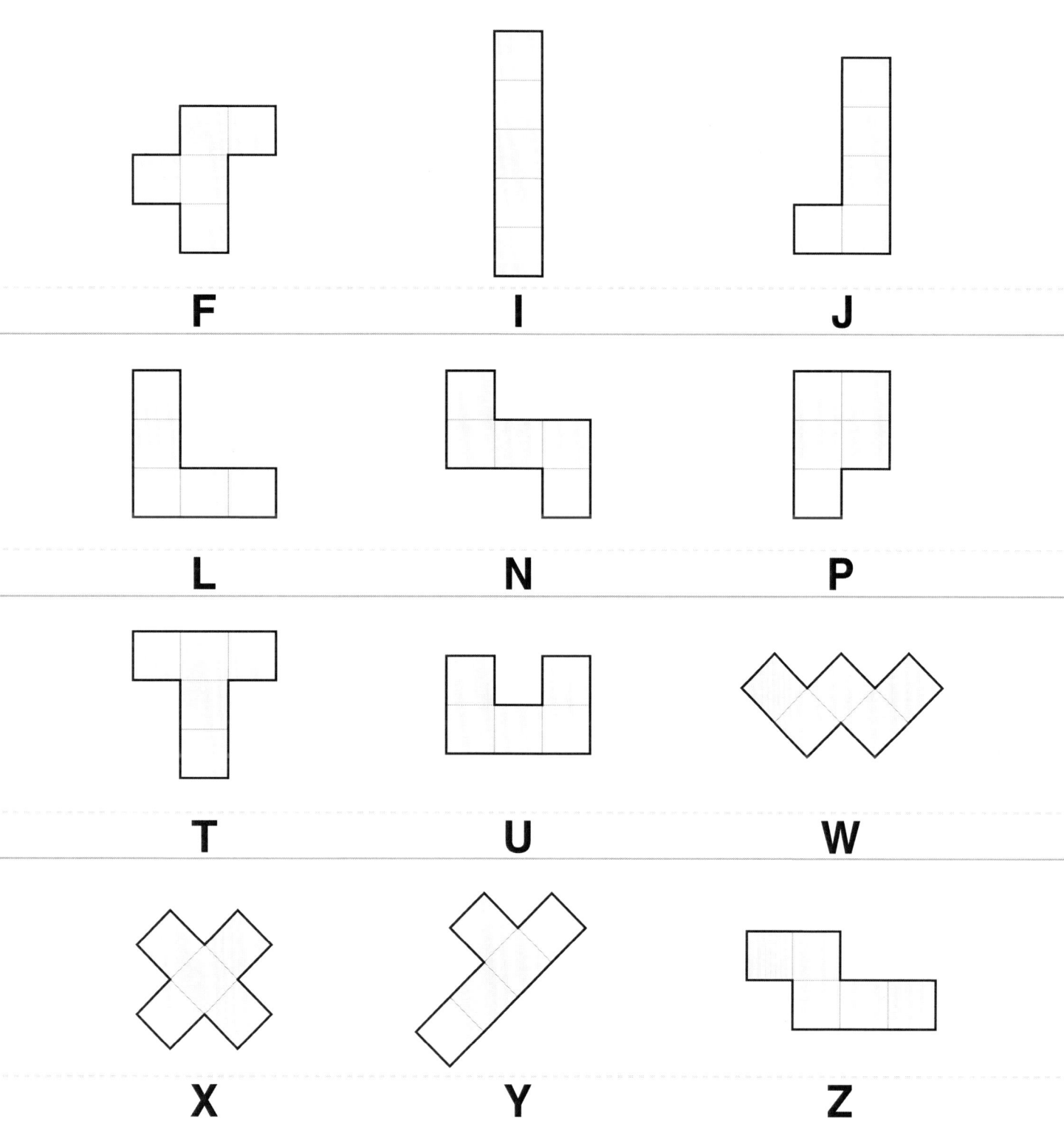

펜토미노퍼즐 만드는 방법

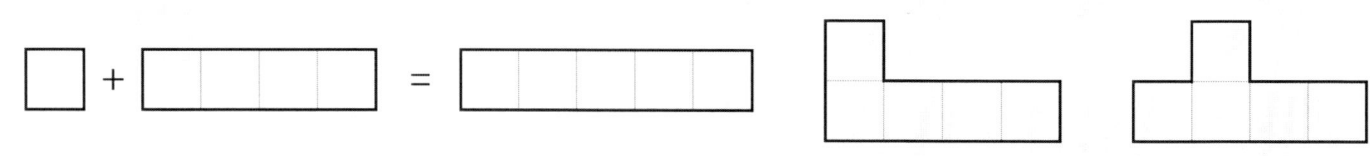
◆ 펜토미노는 정사각형 5개를 아래와 같은 방법으로 조합하여 12가지를 모두 만들 수 있습니다.

▶ 조각 1개와 4개의 결합

▶ 조각 2개와 3개의 결합

펜토미노퍼즐

▶ 조각 1개, 2개, 2개의 결합

▶ 조각 1개, 1개, 3개의 결합

펜토미노퍼즐

놀이의 예

◆ 펜토미노 조각을 적게는 2개부터 많게는 12개 전부를 사용하여 조합한 모양을 각각의 조각을 구별하여 만들어 볼 수 있습니다.

문제유형 **2조각 연결** 제시된 펜토미노 2 조각으로 아래 모양을 만들어 보시오.

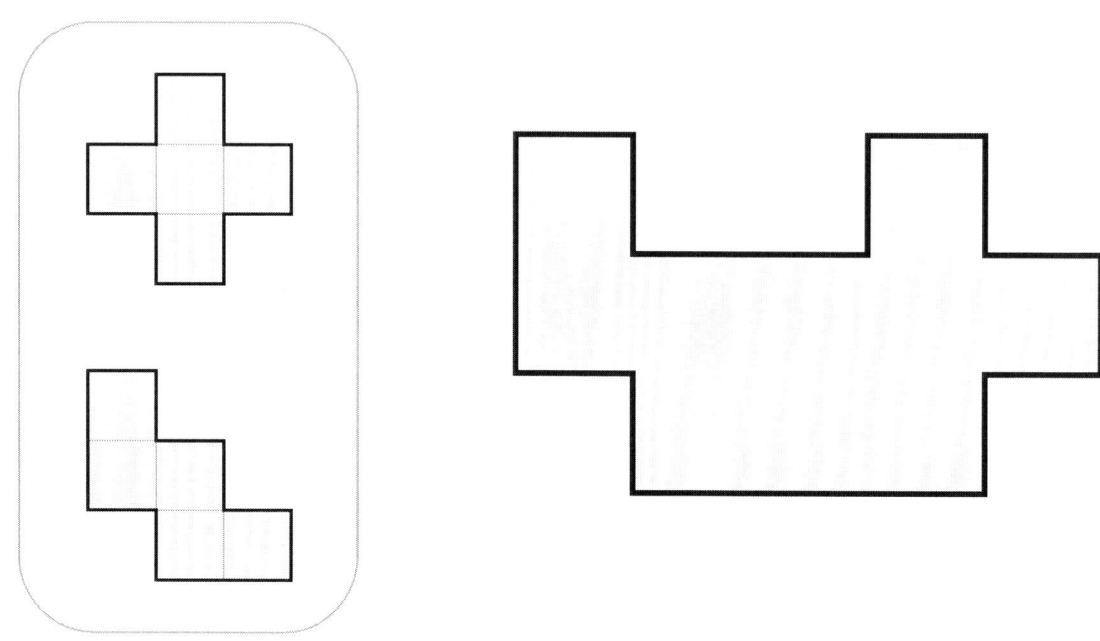

해답예시 2조각 연결

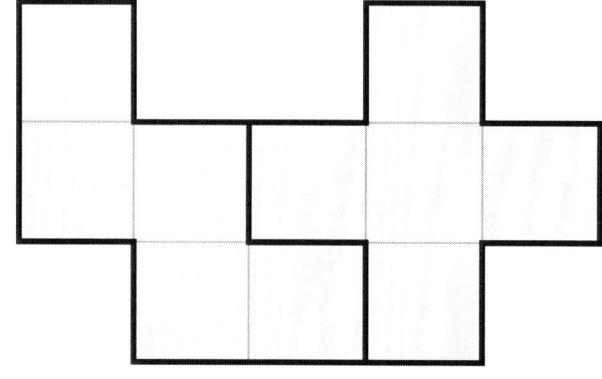

펜토미노퍼즐

문제유형 4조각 연결 제시된 펜토미노 4 조각으로 아래 모양을 만들어 보시오.

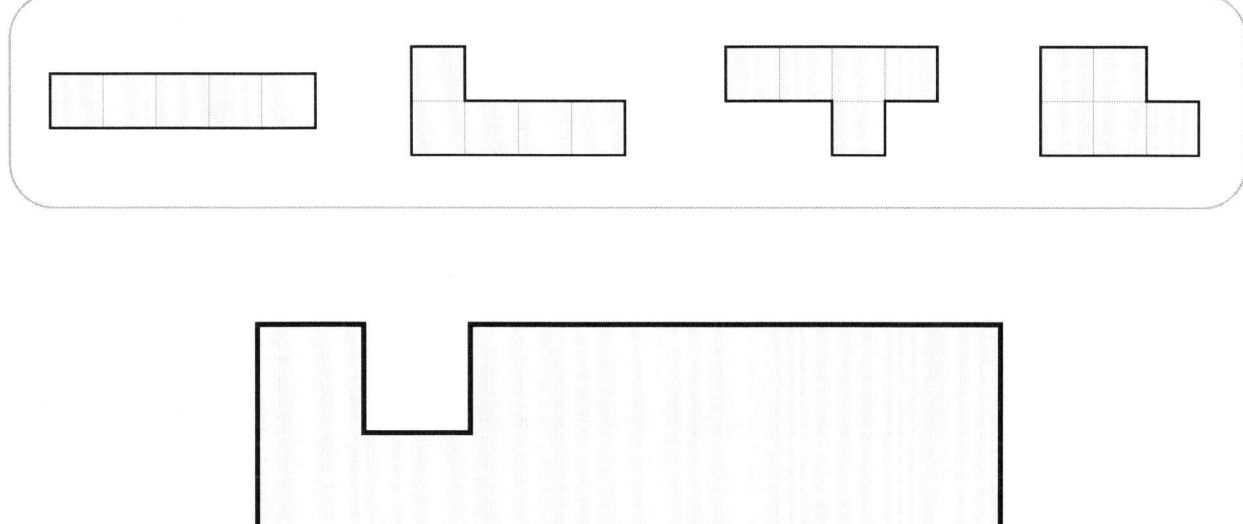

해답예시 4조각 연결

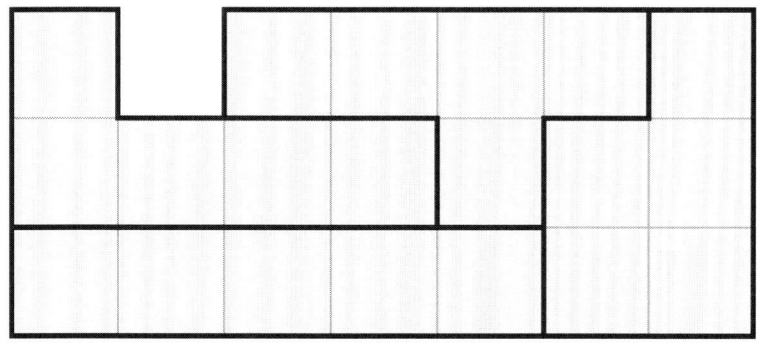

펜토미노퍼즐

알아둘 것

◆ 펜토미노 조각을 돌리거나 뒤집어서 나온 모양은 서로 한가지 모양으로 간주합니다.

예시.1

예시.2

예시.3

어느 쪽으로 돌려도 모양이 같다.

펜티아몬드 퍼즐

◆ 펜티아몬드 퍼즐은 정삼각형 5개를 조합하여 만든 모양으로 모두 4개의 모양으로 이루어져 있습니다.

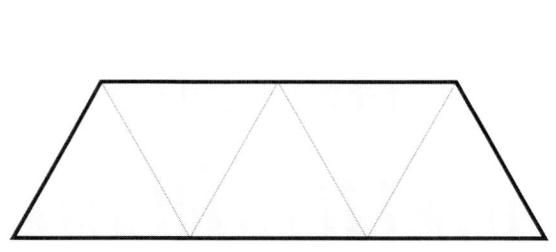

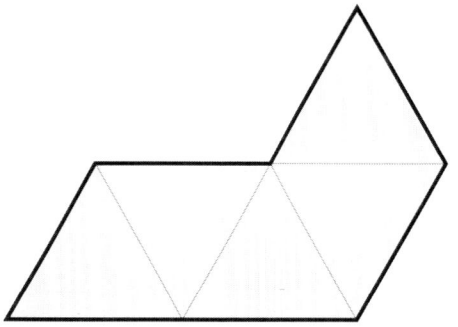

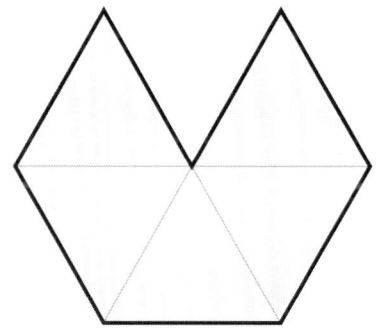

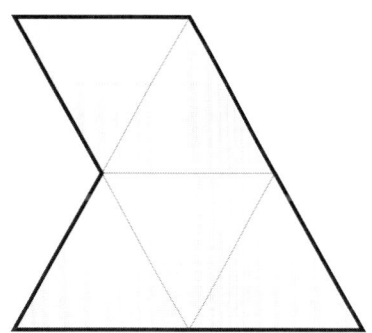

펜티아몬드 퍼즐

놀이의 예

◆ 펜티아몬드 퍼즐 조각을 적게는 2개부터 많게는 4개 전부를 사용하여 조합한 모양을 각각의 조각을 구별하여 만들어 볼 수 있습니다.

문제유형 2조각 연결 제시된 펜티아몬드 2 조각으로 아래 모양을 만들어 보시오.

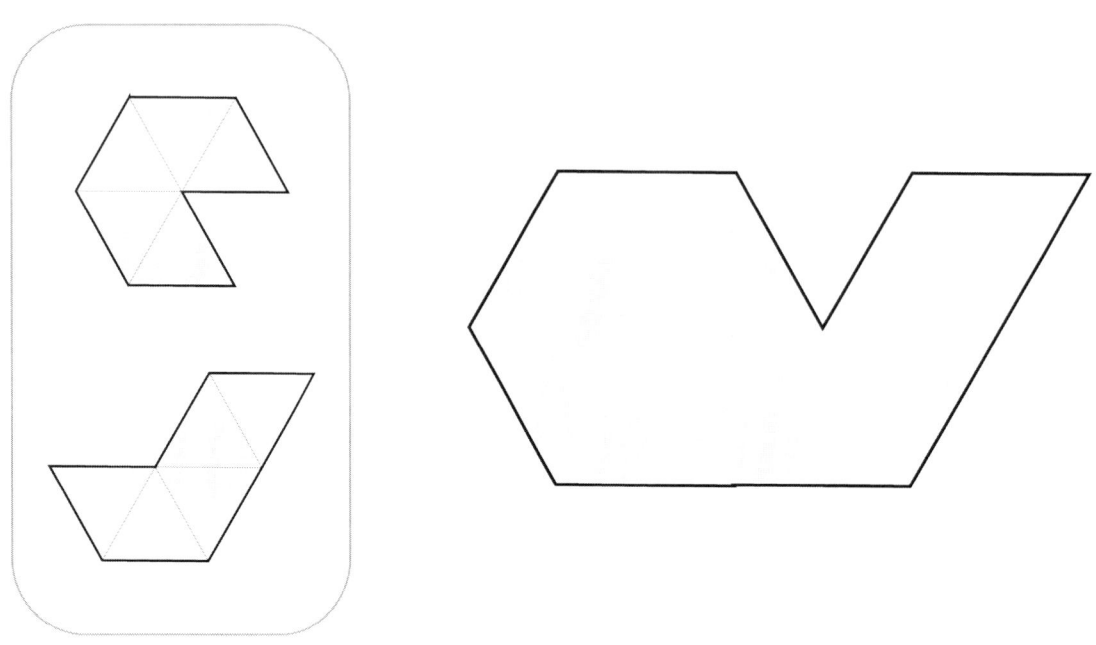

해답예시 2조각 연결

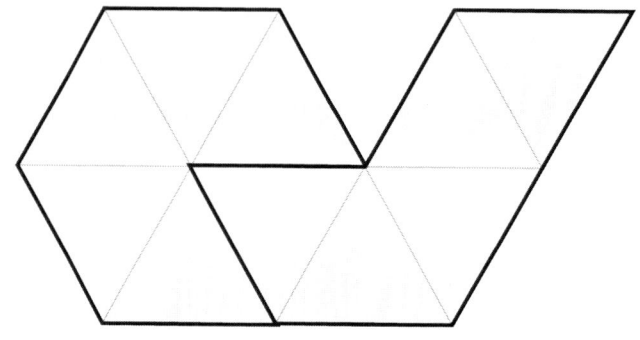

펜티아몬드 퍼즐

문제유형 **4조각 연결** 제시된 펜티아몬드 4 조각으로 아래 모양을 만들어 보시오.

해답예시 4조각 연결

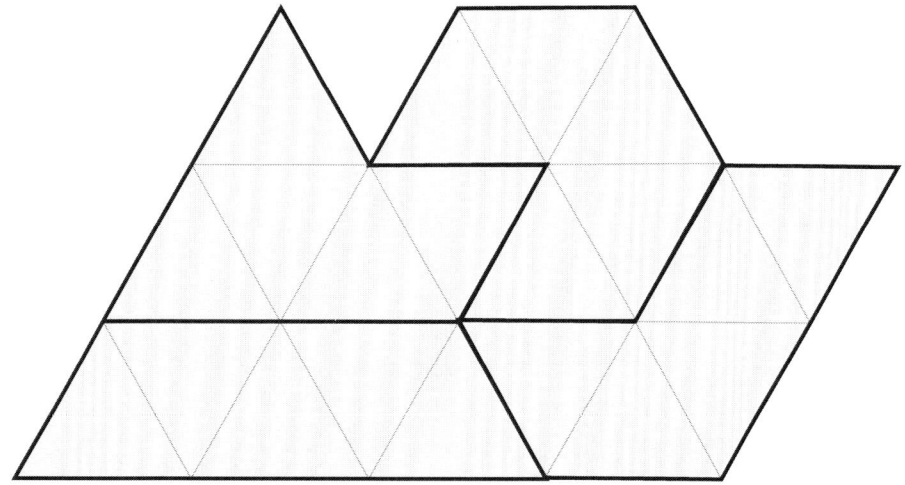

펜티아몬드 퍼즐

알아둘 것

◆ 펜티아몬드 퍼즐 조각을 돌리거나 뒤집어서 나온 모양은 서로 한가지 모양으로 간주합니다.

예시

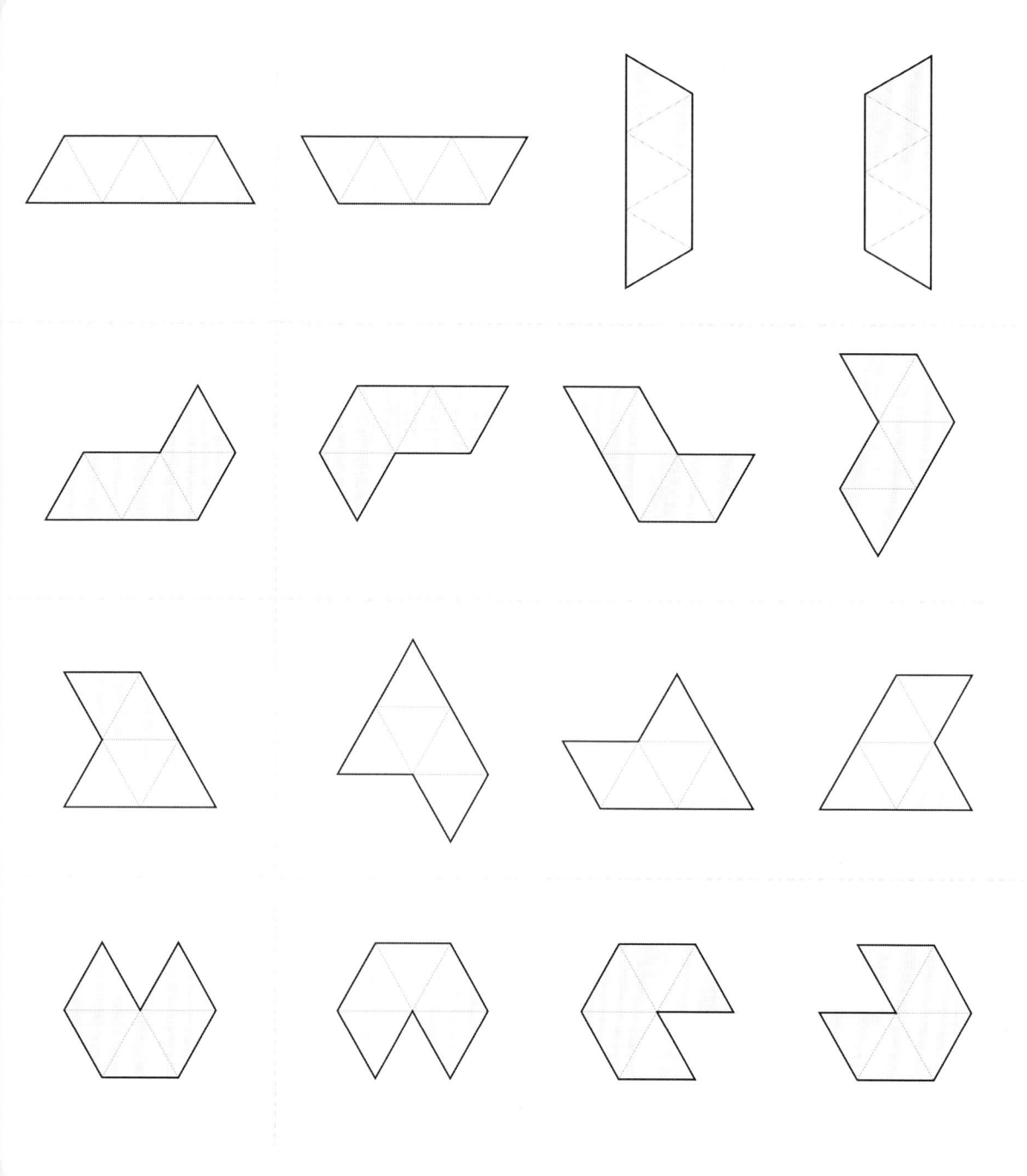

헥사아몬드 퍼즐

◆ 헥사아몬드 퍼즐은 정삼각형 6개를 조합하여 만든 모양으로 모두 12개의 모양으로 이루어져 있습니다.

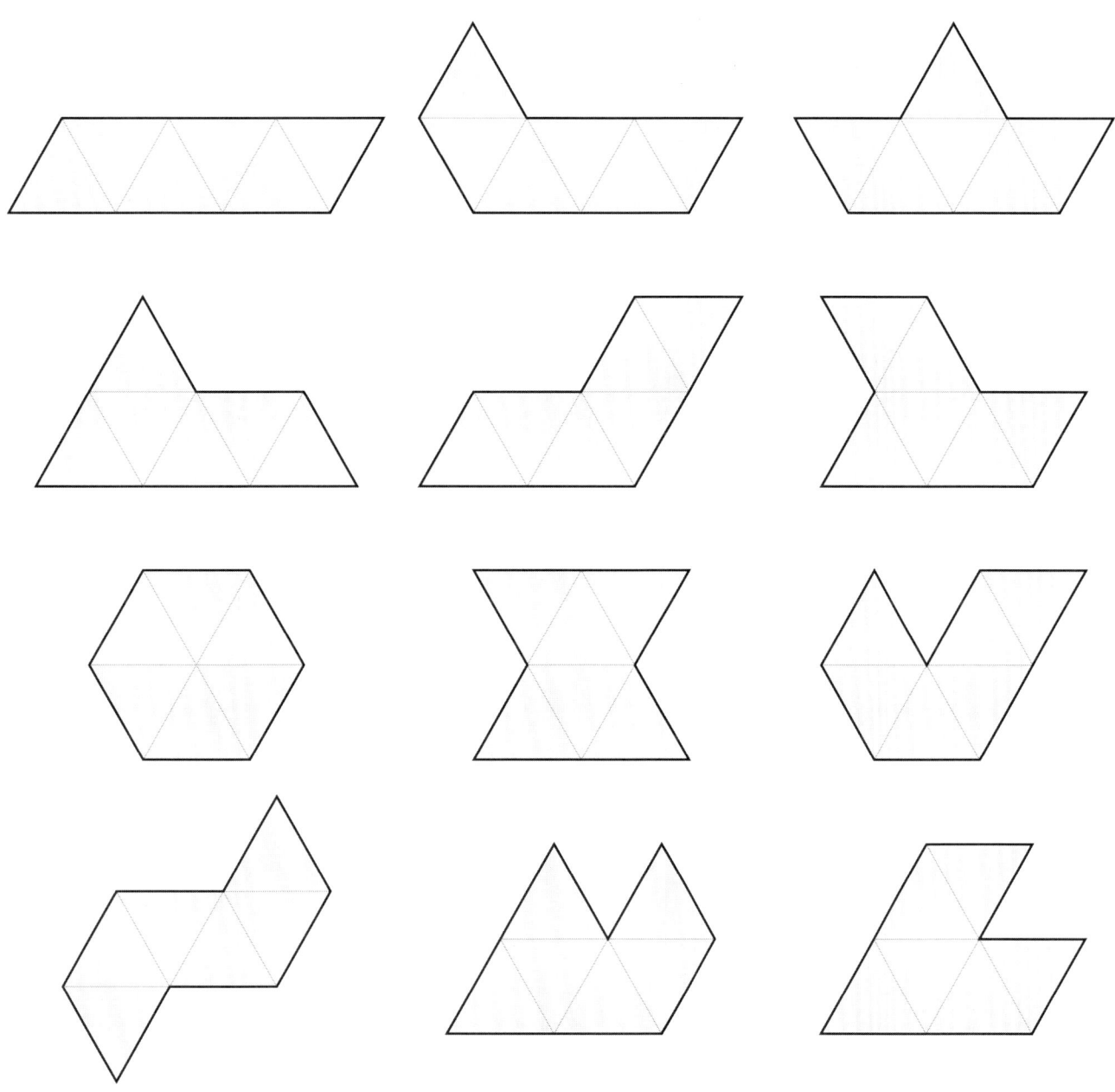

헥사아몬드 퍼즐

놀이의 예

◆ 헥사아몬드 퍼즐 조각을 적게는 2개부터 많게는 12개 전부를 사용하 조합한 모양을 각각의 조각을 구별하여 만들어 볼 수 있습니다.

문제유형 **2조각 연결** 제시된 헥사아몬드 2 조각으로 아래 모양을 만들어 보시오.

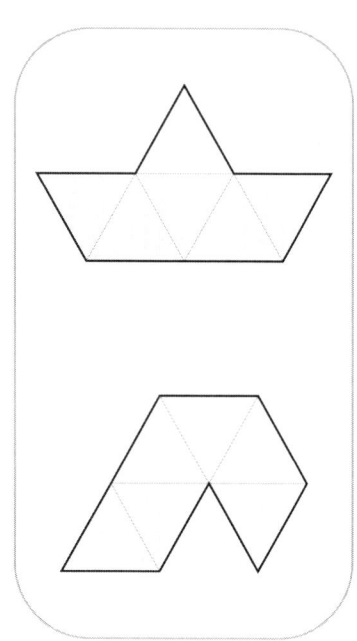 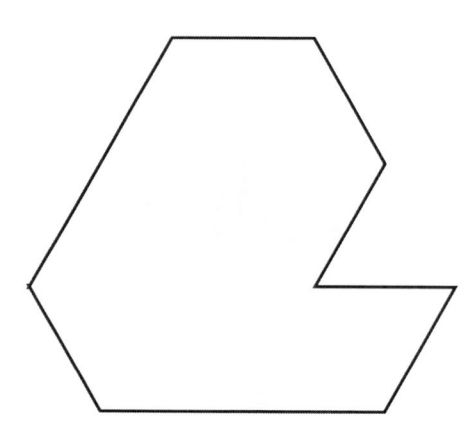

해답예시 **2조각 연결**

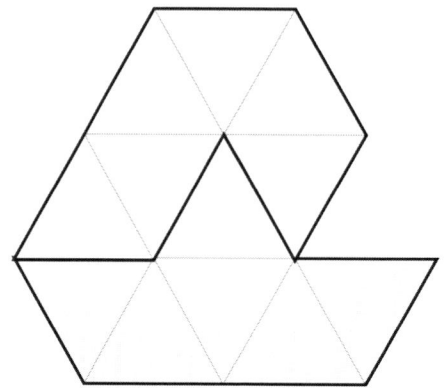

헥사아몬드 퍼즐

문제유형 4조각 연결 제시된 헥사아몬드 4 조각으로 아래 모양을 만들어 보시오.

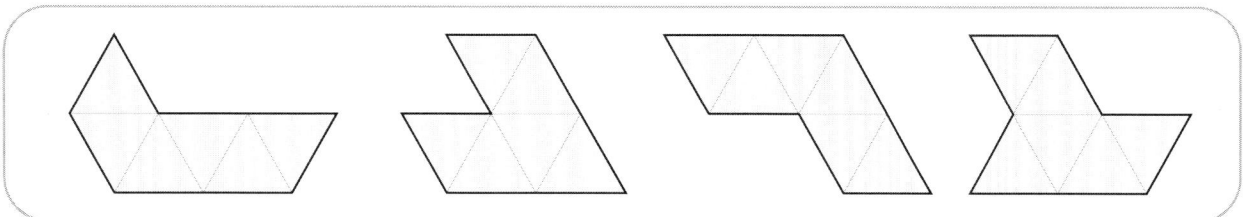

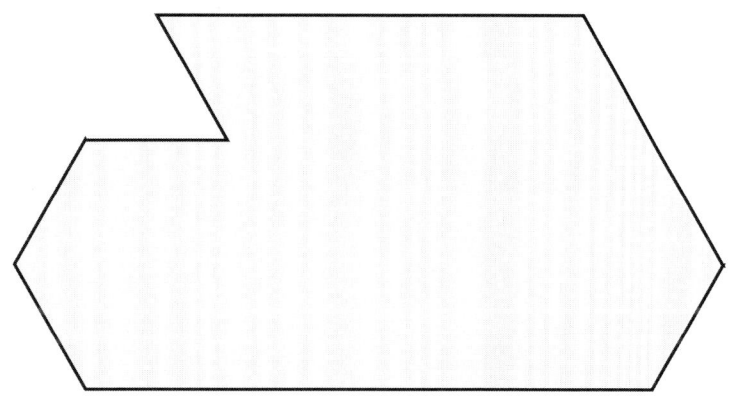

해답예시 4조각 연결

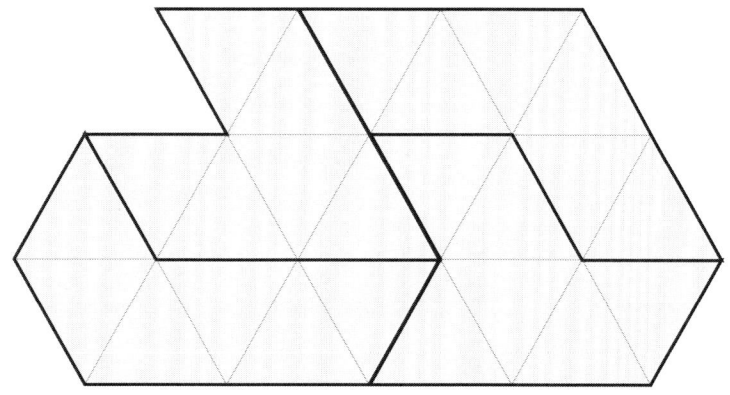

헥사아몬드 퍼즐

놀이의 예

문제유형 **8조각 연결** 제시된 헥사아몬드 8 조각으로 아래 모양을 만들어 보시오.

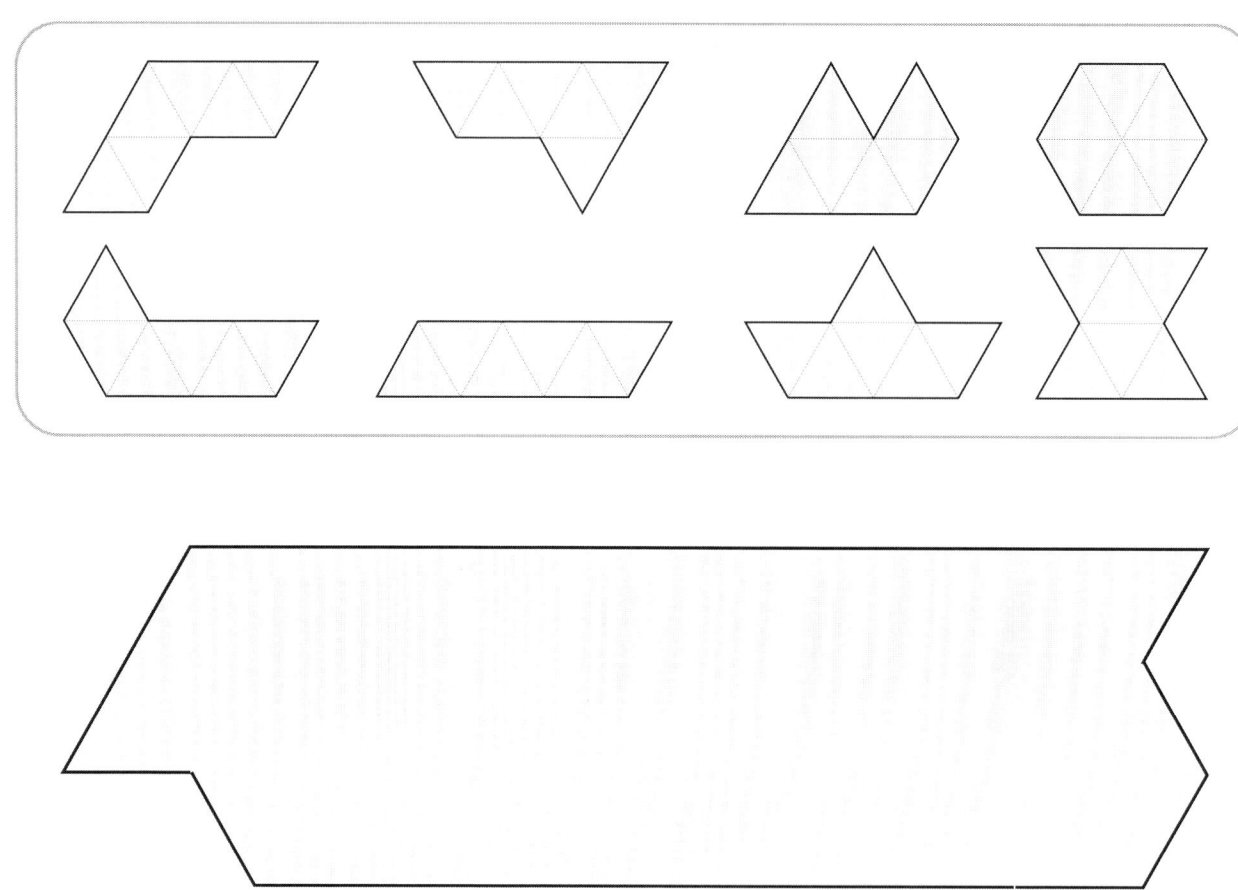

해답예시 8조각 연결

헥사아몬드 퍼즐

문제유형 **12조각 연결** 헥사아몬드 12 조각 전부를 사용하여 아래 모양을 만들어 보시오.

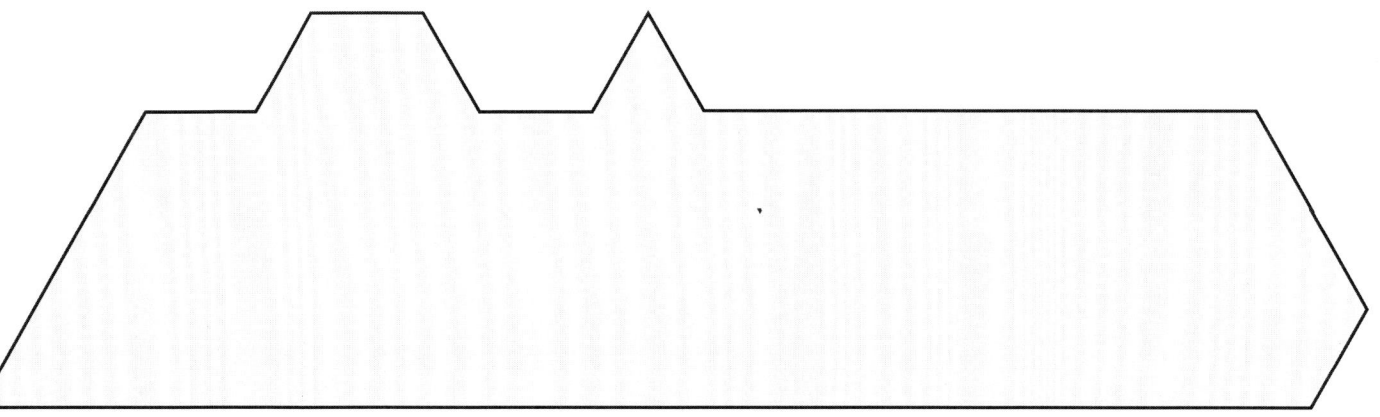

해답예시 **12조각 연결**

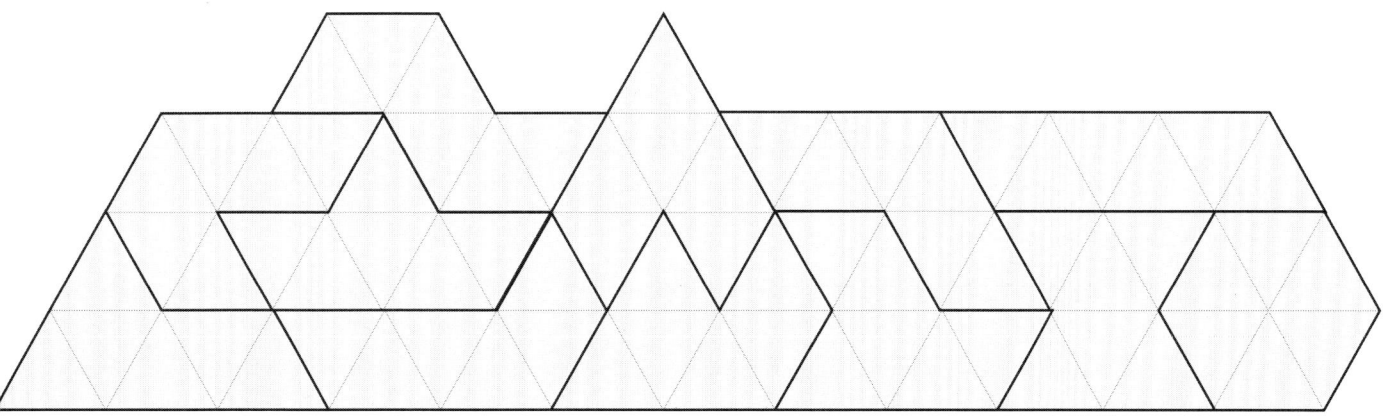

헥사아몬드 퍼즐

알아둘 것

◆ 헥사아몬드 퍼즐 조각을 돌리거나 뒤집어서 나온 모양은 서로 한가지 모양으로 간주합니다.

예시.1

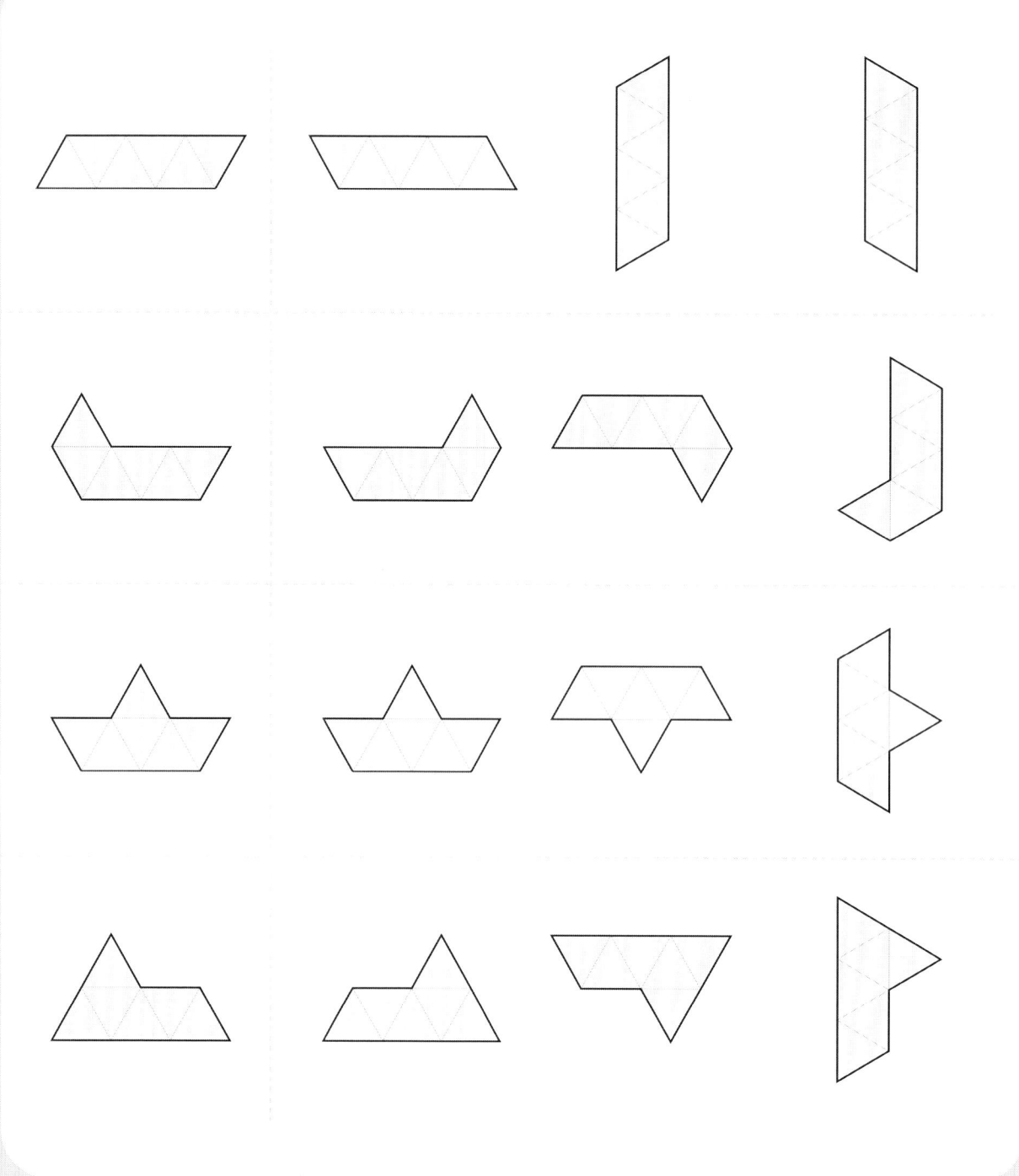

예시.2

헥사아몬드 퍼즐

예시.3

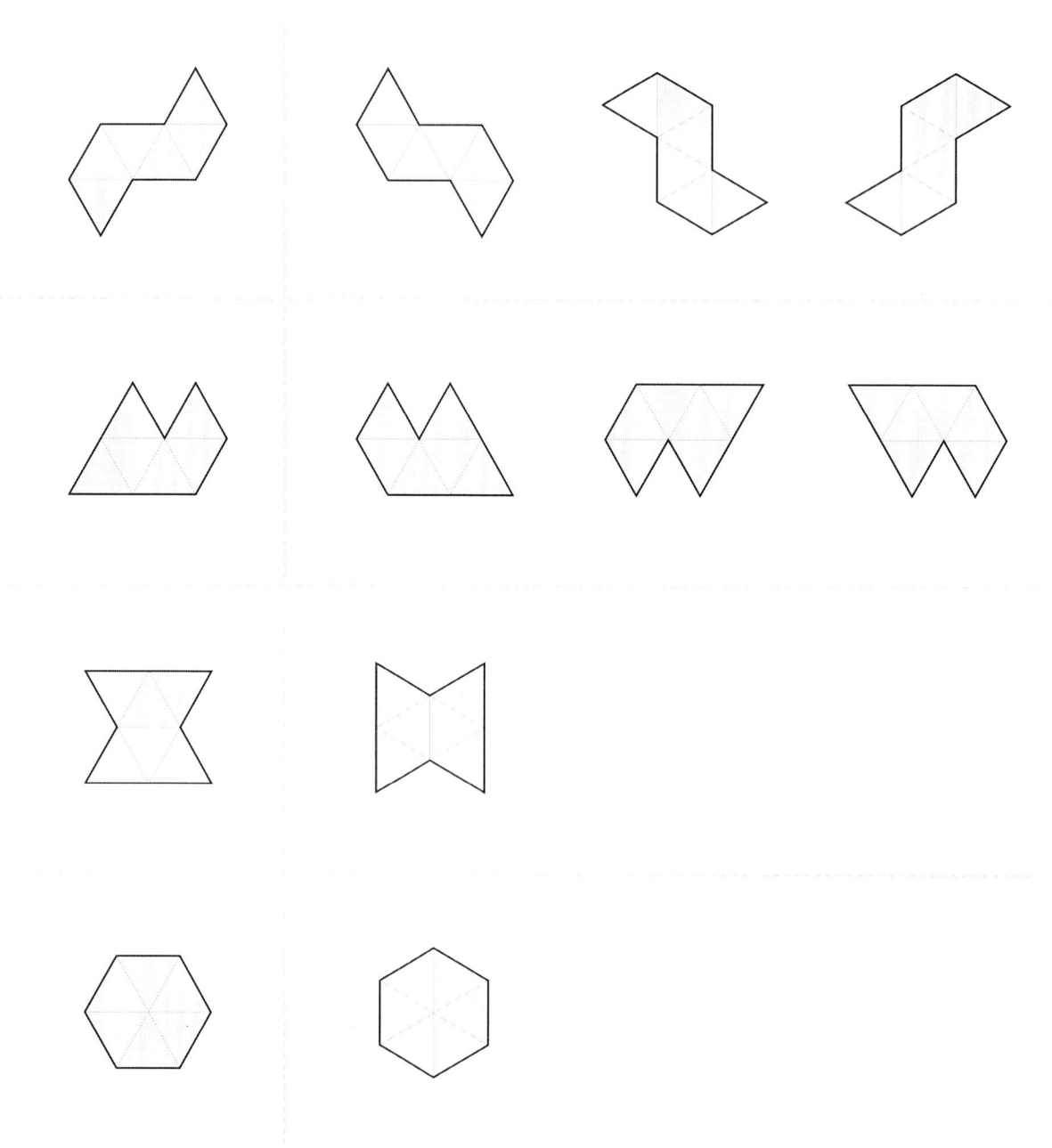

트리아볼로 퍼즐

◆ 트리아볼로 퍼즐은 직각이등변삼각형 3개를 조합하여 만든 모양으로 모두 4개의 모양으로 이루어져 있습니다.

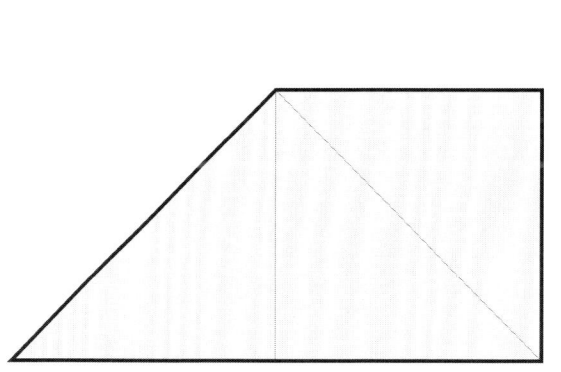
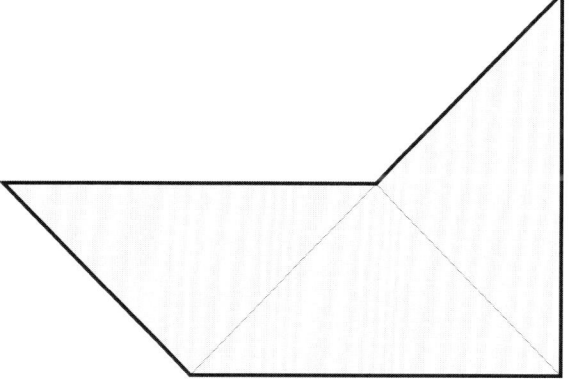

트리아볼로 퍼즐

놀이의 예

◆ 트리아볼로 퍼즐 조각을 적게는 2개부터 4개 전부를 사용하여 조합한 모양을 각각의 조각을 구별하여 만들어 볼 수 있습니다.

문제유형 **2조각 연결** 제시된 트리아볼로 2 조각으로 아래 모양을 만들어 보시오.

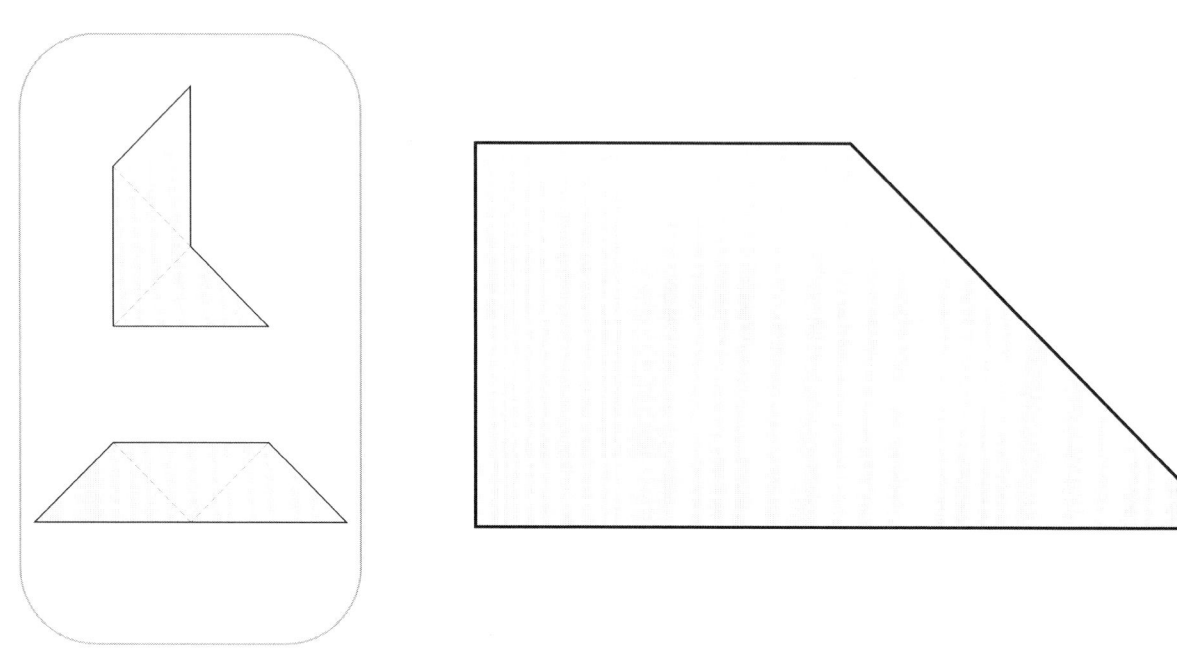

해답예시 **2조각 연결**

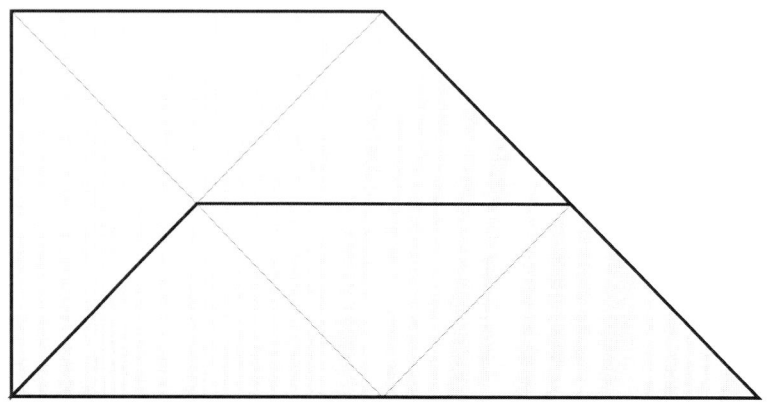

트리아볼로 퍼즐

문제유형 **4조각 연결** 제시된 트리아볼로 4조각으로 아래 모양을 만들어 보시오.

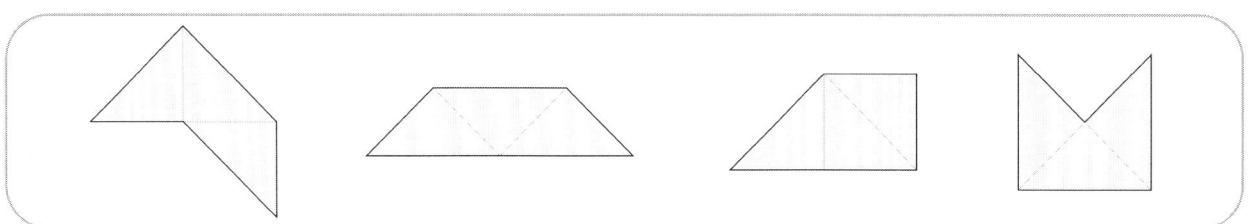

해답예시 4조각 연결

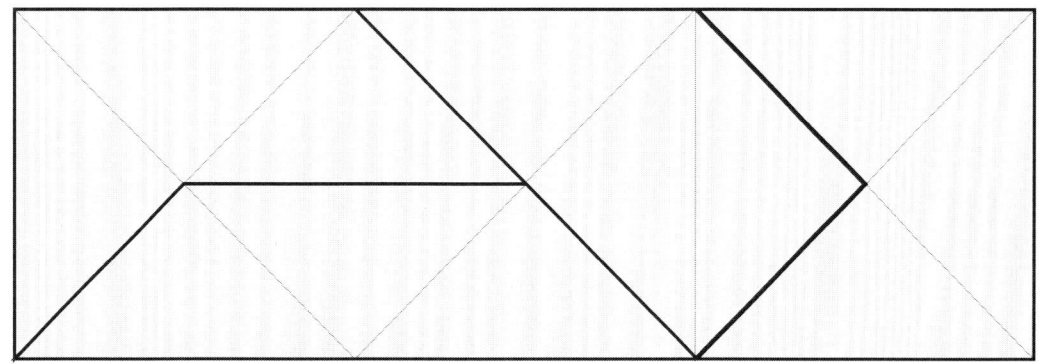

트리아볼로 퍼즐

알아둘 것

◆ 트리아볼로 퍼즐 조각을 돌리거나 뒤집어서 나온 모양은 서로 한가지 모양으로 간주합니다.

예시

테트라헥스 퍼즐

◆ 테트라헥스 퍼즐은 정육각형 4개를 조합하여 만든 모양으로 모두 7개의 모양으로 이루어져 있습니다.

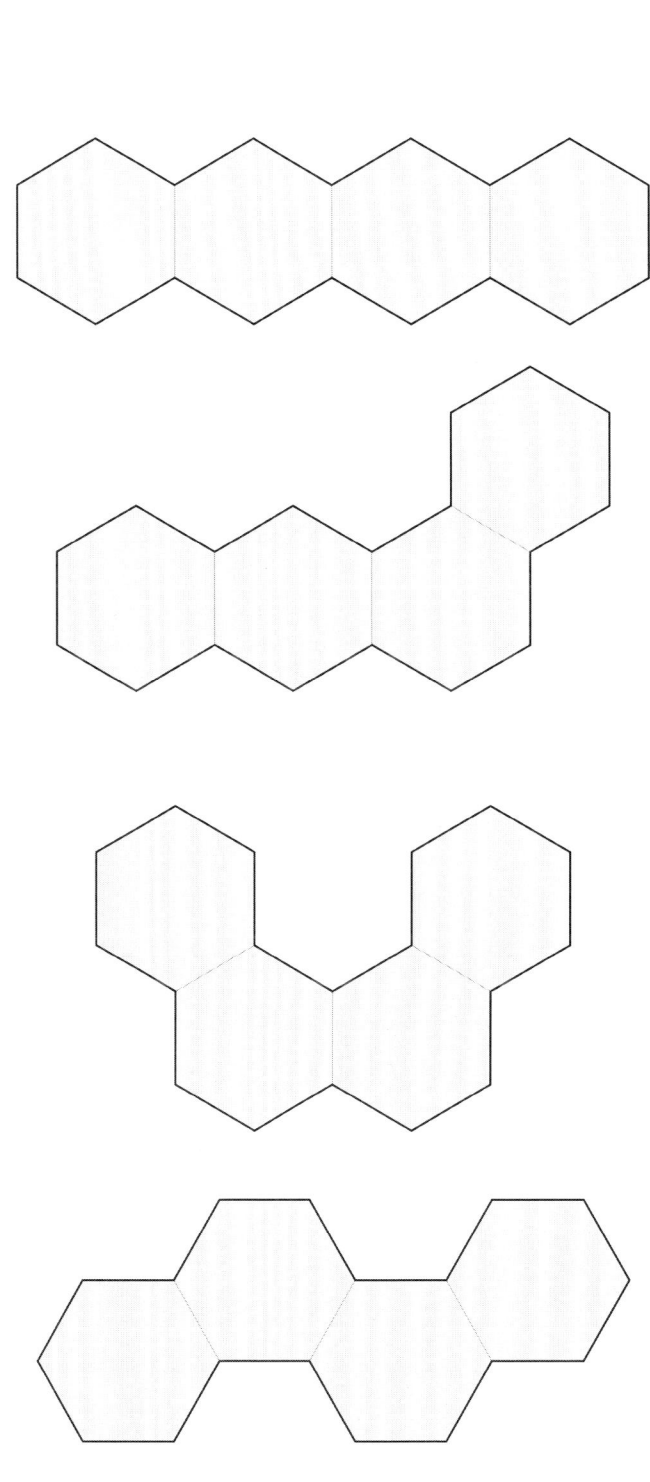
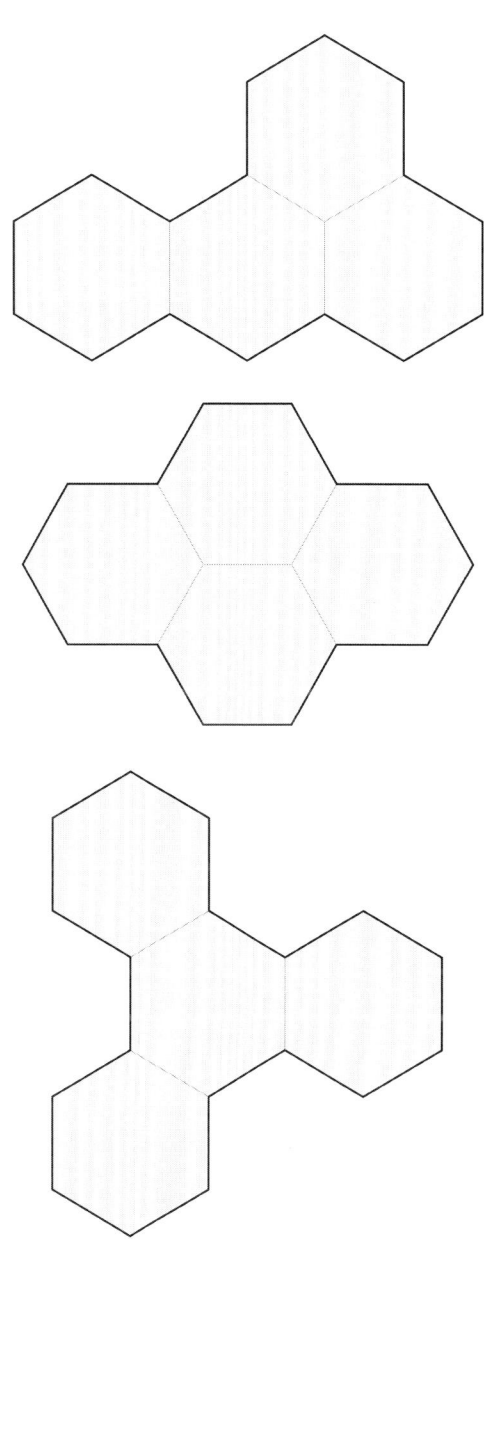

테트라헥스 퍼즐

놀이의 예

◆ 테트라헥스 퍼즐 조각을 적게는 2개부터 7개 전부를 사용하여 조합한 모양을 각각의 조각을 구별하여 만들어 볼 수 있습니다.

문제유형 **2조각 연결** 제시된 테트라헥스 2 조각으로 아래 모양을 만들어 보시오.

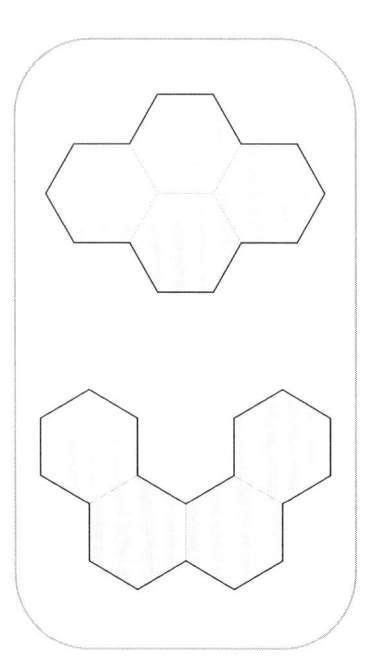

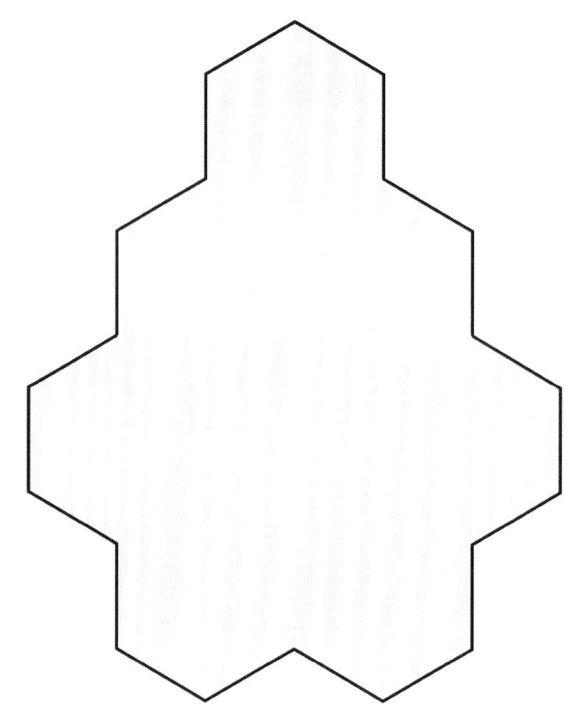

해답예시 **2조각 연결**

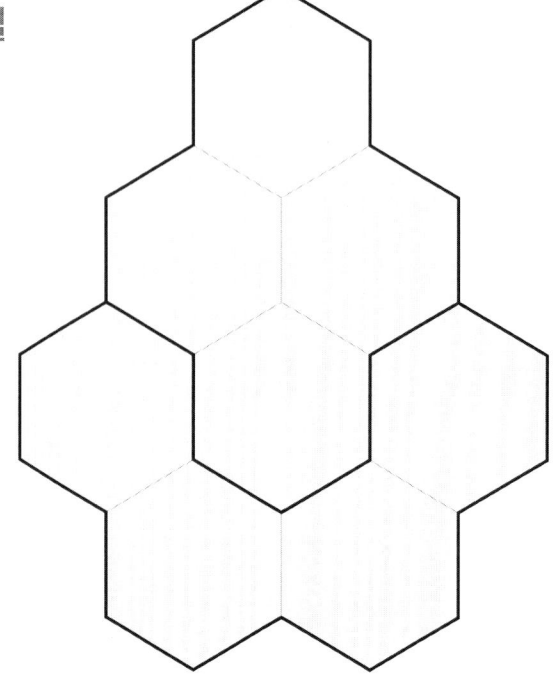

테트라헥스 퍼즐

문제유형 **4조각 연결** 제시된 테트라헥스 4 조각으로 아래 모양을 만들어 보시오.

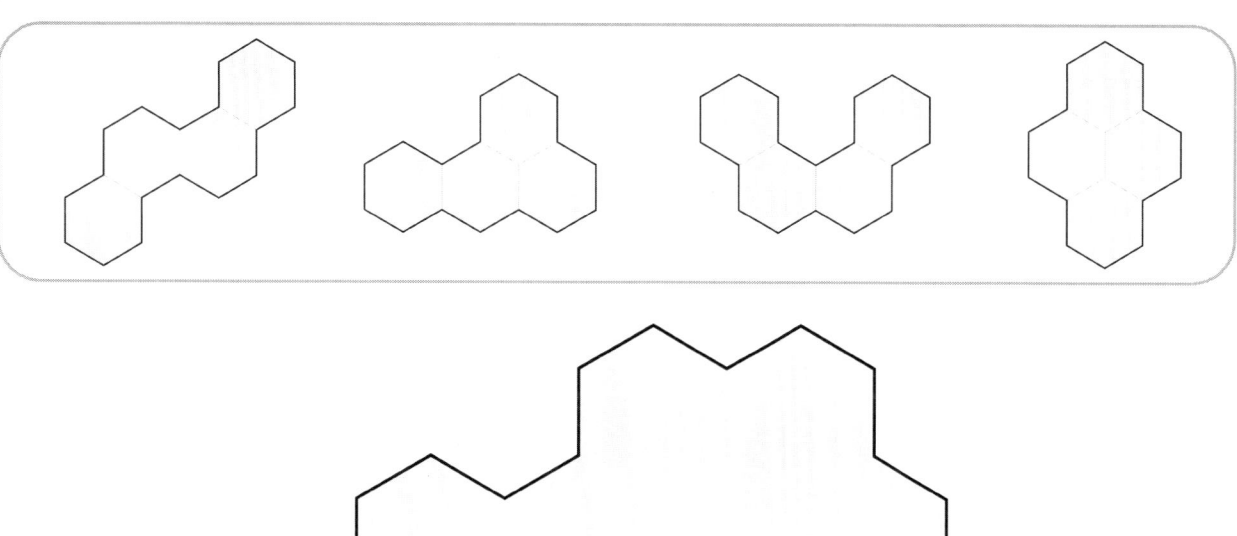

해답예시 4조각 연결

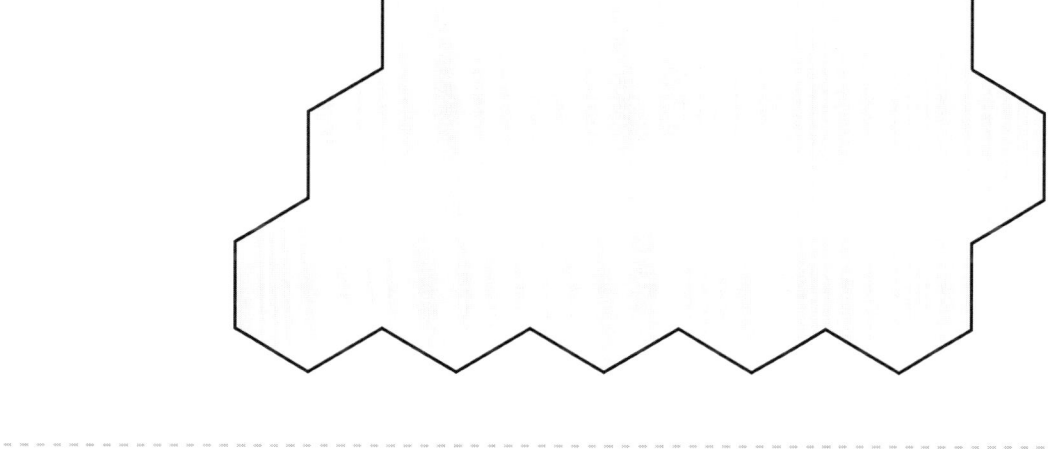

테트라헥스 퍼즐

놀이의 예

문제유형 **7조각 연결** 테트라헥스 7조각 전부를 사용하여 아래 모양을 만들어 보시오.

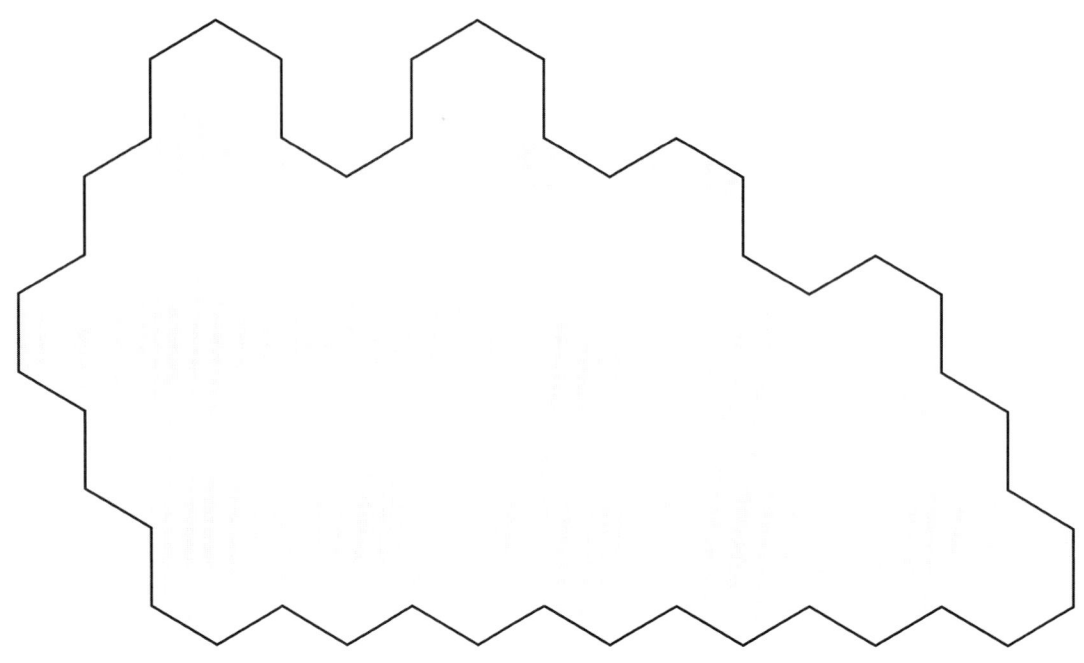

해답예시 **7조각 연결**

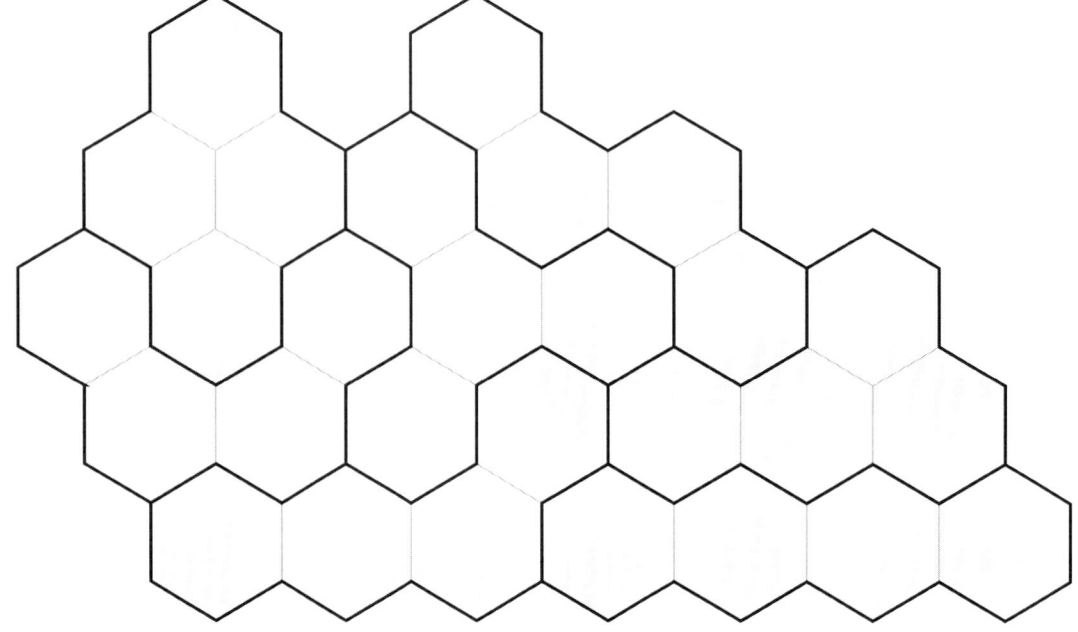

테트라헥스 퍼즐

알아둘 것

◆ 테트라헥스 퍼즐 조각을 돌리거나 뒤집어서 나온 모양은 서로 한가지 모양으로 간주합니다.

예시.1

어느 쪽으로 돌려도 모양이 같다.

테트라헥스 퍼즐

예시.2

정사각형 10교 퍼즐

◆ 정사각형 10교 퍼즐은 10개의 조각으로 이루어져 있습니다.

조각 관찰

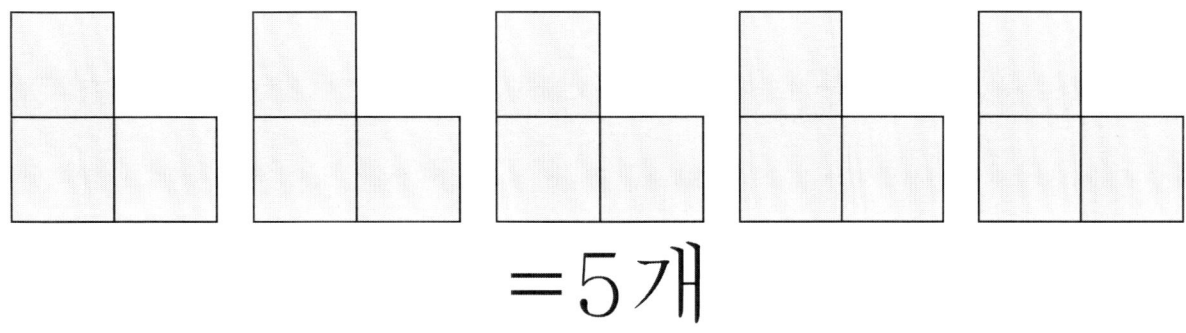
=5개

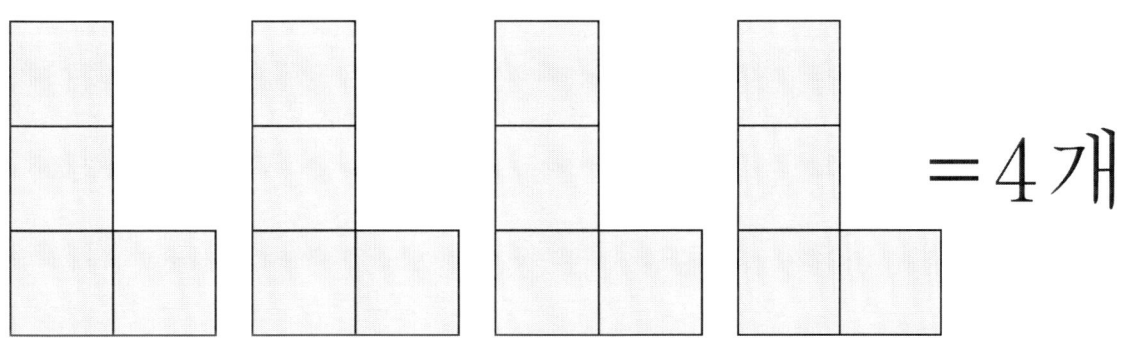
=4개

=1개

정사각형 10교 퍼즐

만드는 방법

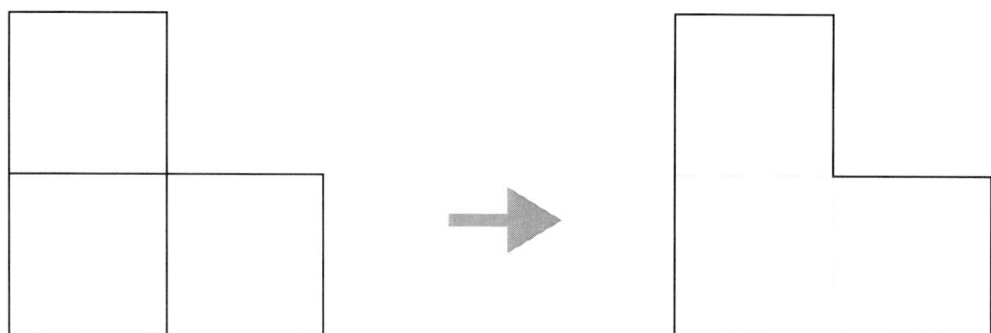

① 정사각형 3개를 그림과 같이 연결한다.

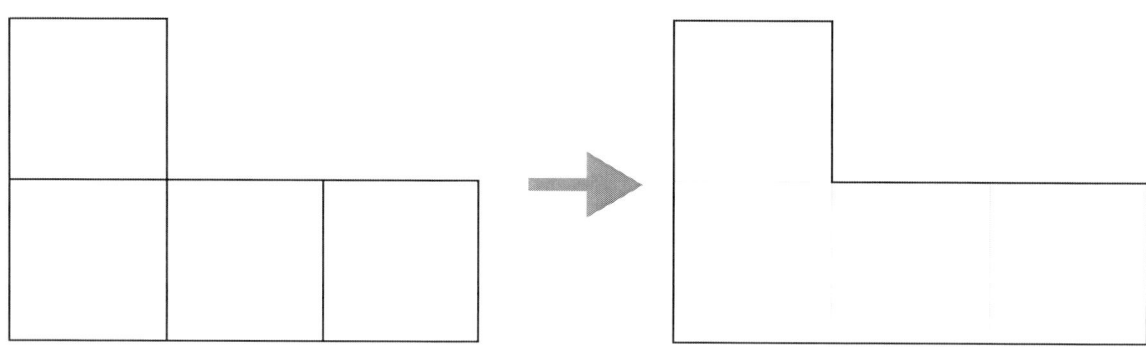

② 정사각형 4개를 그림과 같이 연결한다.

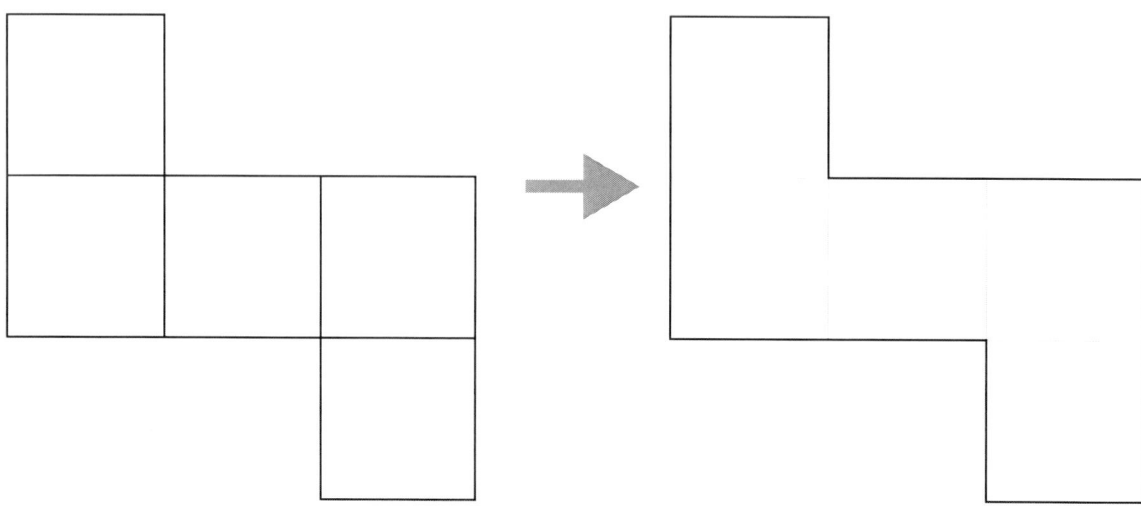

③ 정사각형 5개를 그림과 같이 연결한다.

정사각형 10교 퍼즐

놀이의 예

▶ 정사각형 10교 퍼즐 조각 전부를 조합하여 만듭니다. 각 조각의 정사각형 합은 36개로 6X6 모양의 정사각형을 만들 수 있습니다.

문제유형 정사각형 10교 퍼즐 조각으로 아래의 정사각형 모양을 만들어 보시오.

해답예시

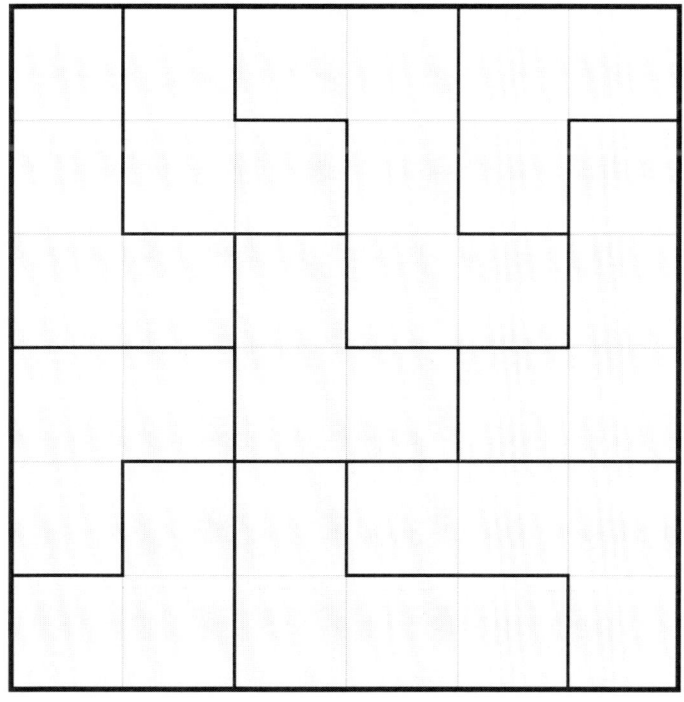

정사각형 10교 퍼즐

놀이의 예

◆ 정사각형 10교 퍼즐 조각 전부를 조합하여 만듭니다. 각 조각의 정사각형 합은 36개로 4X9 모양의 직사각형을 만들 수 있습니다.

문제유형 정사각형 10교 퍼즐 조각으로 아래의 직사각형 모양을 만들어 보시오.

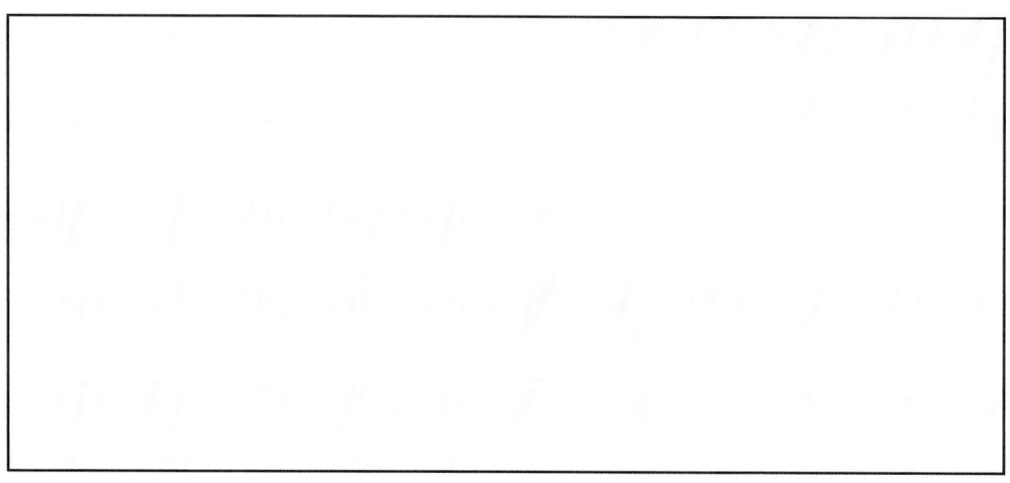

해답예시

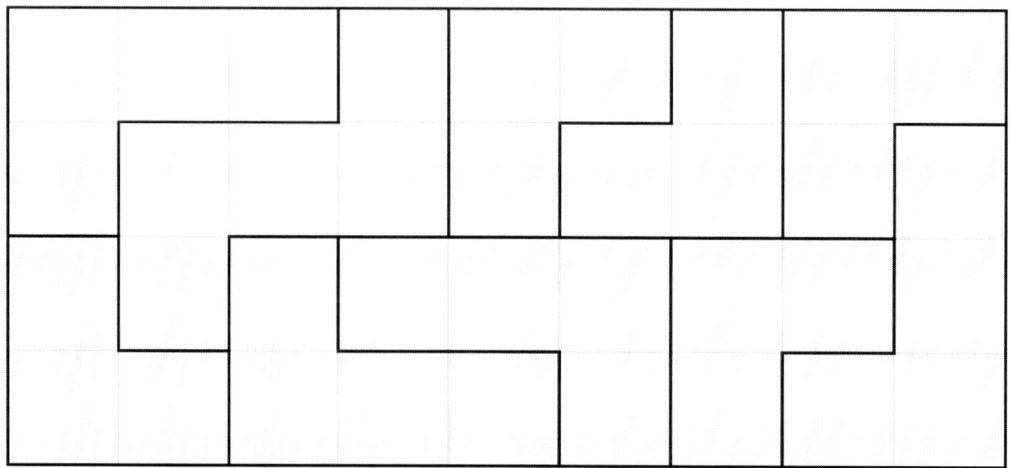

120

모양 변형 퍼즐

티 퍼즐
케이 퍼즐
십자가1 → 정사각형퍼즐
십자가2 → 정사각형퍼즐
십자가3 → 직사각형퍼즐
정사각형 → 삼각형퍼즐
정사각형 → 팔각형퍼즐
계단퍼즐

모양변형 퍼즐

십자가 모양에서 정사각형으로, 삼각형에서 정사각형 등으로 다양한 모양을 만들기 보다는 특정한 모양을 특정한 모양으로 변형하는데 목적이 있다. 그러나 그러한 제한 조건 때문에 퍼즐 연구가는 많은 시간과 노력을 하였음을 느낄 수 있다.

TIP

티 퍼즐
알파벳 "T"를 4조각으로 분할한 조각 퍼즐이다. 물론 이 조각을 이용하여 다른 도형을 만들 수 있다.

케이 퍼즐
알파벳 "K"를 5조각으로 분할한 조각 퍼즐이다. "K"자의 두께를 같게 만들기 위해 대칭성이 조금 어긋나 있다.

십자가1 → 정사각형퍼즐
정사각형을 분할하여 여러 다른 도형을 만들어 볼 수 있다. 그 중 십자가 모양을 퍼즐로 만들었다. 물론 조각 자체로 정사각형을 맞추는 것도 어려운 퍼즐이다.

십자가2 → 정사각형퍼즐
또 다른 형태의 십자가 퍼즐이다. 여기서 중요한 것은 십자가 퍼즐이 다시 정사각형을 이루는 것이 그리 많지 않다는 것이다.

십자가3 → 직사각형퍼즐
직사각형을 분할하여 십자가 모양을 만든 경우다. 여기서 십자가가 적십자기 모양의 십자가가 아니고 밑의 길이가 긴 모양의 십자가라는 것이 특징이다.

정사각형 → 삼각형퍼즐
정사각형을 분할하여 삼각형 모양을 퍼즐로 만드는 것이다. 퍼즐을 맞추는 것도 어렵지만 이 퍼즐을 고안해 낸 것이 상당히 어렵다.

정사각형 → 팔각형퍼즐
정사각형을 분할하여 팔각형 모양을 퍼즐로 만든 것이다. 분할조각을 적절히 하면 정팔각형을 만들 수도 있다.

계단퍼즐
유명한 퍼즐 연구가인 "듀드니"와 "로이드"의 퍼즐책에 자주 등장하는 퍼즐 문제이다. 모눈 종이를 오려서 맞추는 문제인데 해답을 보기 전에는 해결책이 안떠오르는 어려운 퍼즐이다.

티 퍼즐

◆ 티퍼즐은 4개의 조각으로 이루어져 있습니다.

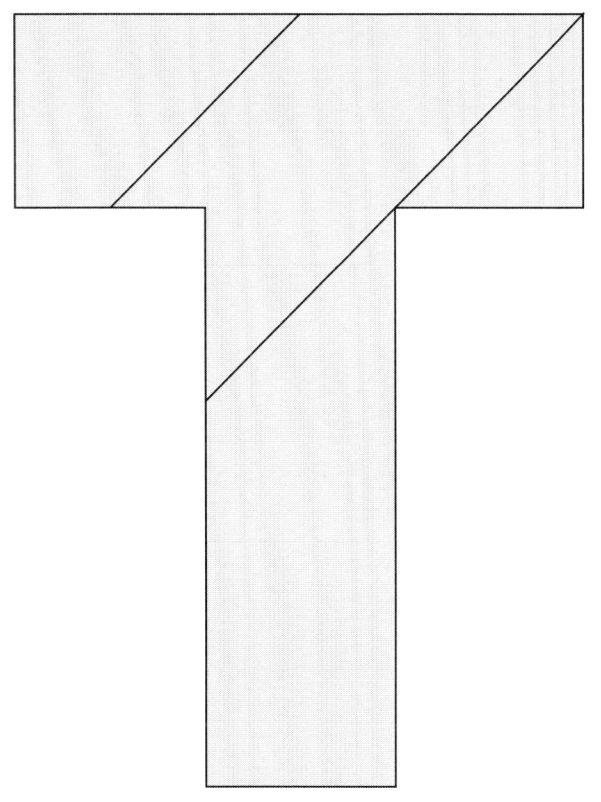

◆ 조각 관찰

티 퍼즐

만드는 방법

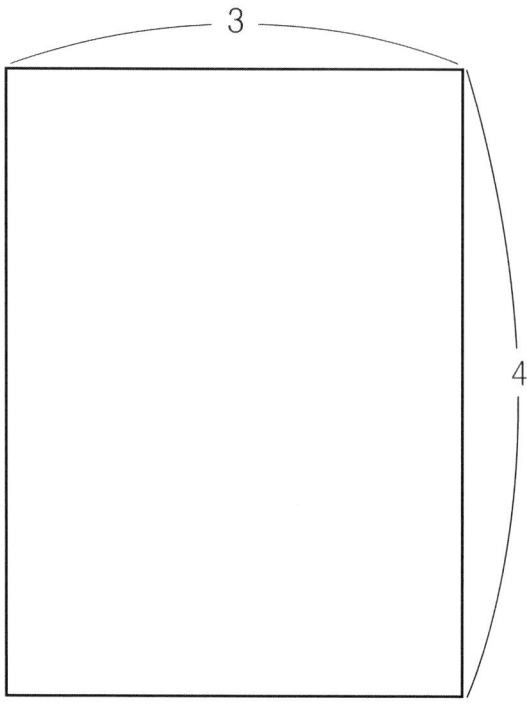

① 3대 4의 비율로 직사각형을 그린다.

② 그림과 같이 가로 3등분 세로 4등분의 격자선을 그린다.

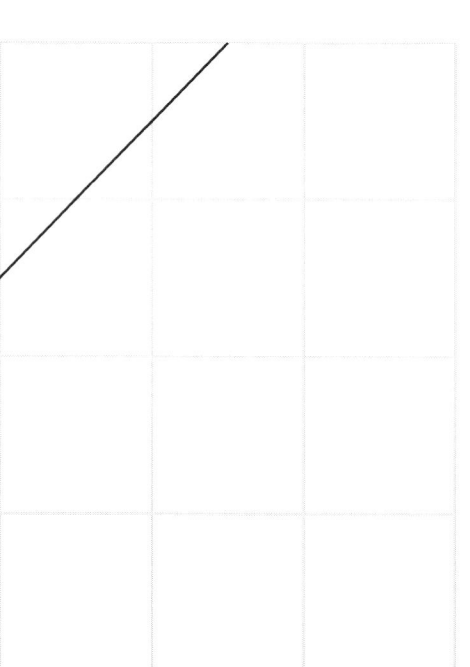

③ 그림과 같이 분할된 정사각형의 가운데 점끼리 연결한다.

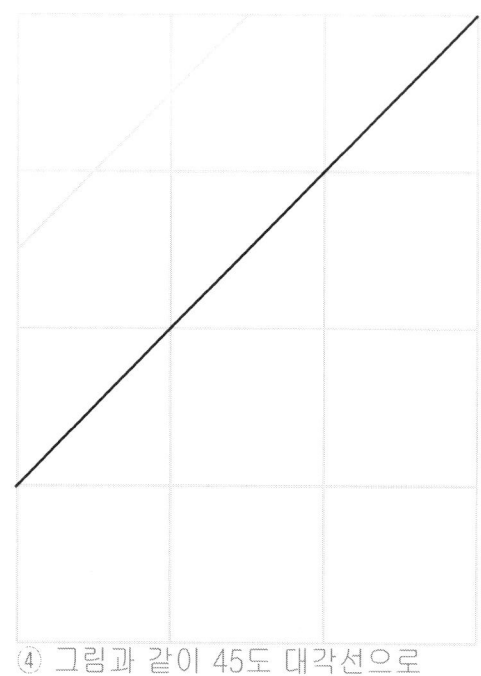

④ 그림과 같이 45도 대각선으로 연결한다.

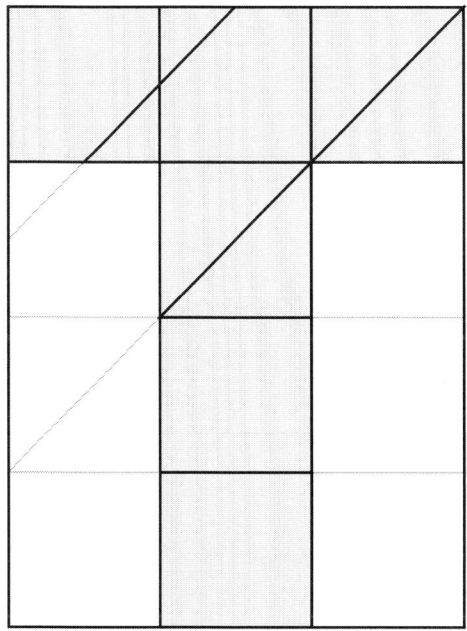

⑤ 색칠된 부분이 T조각이 된다.

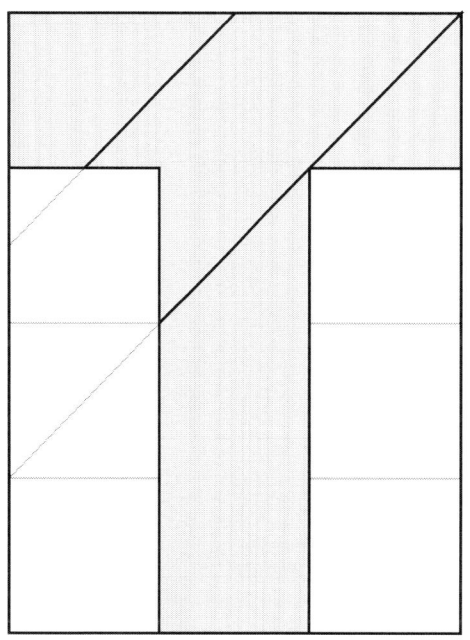

⑥ 그림과 같이 앞에 그은 선을 기준으로 4개의 조각으로 합친다.

⑦ 완성

티 퍼즐

놀이의 예

◆ 티퍼즐은 조각이 적어 만들기 쉬워보이지만 의외로 어려운 퍼즐입니다. 각 조각의 각을 사용하여 만들면 좀 더 쉽게 만들 수 있습니다.

문제유형   T 조각으로 아래 오각형 모양을 만들어 보시오.

해답예시

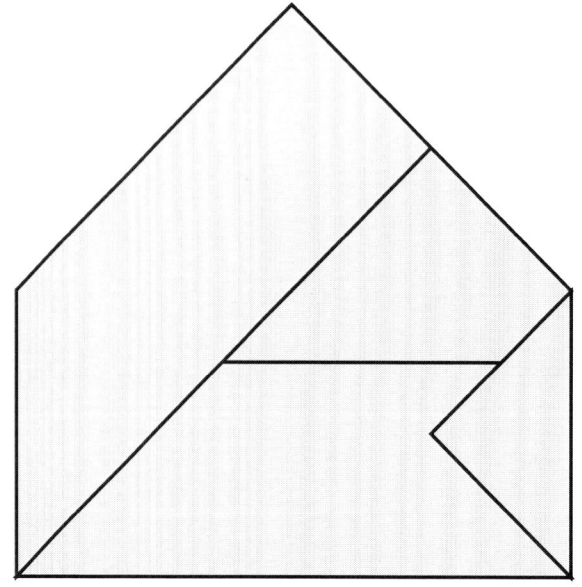

케이퍼즐

◆ 케이퍼즐은 5개의 조각으로 이루어져 있습니다.

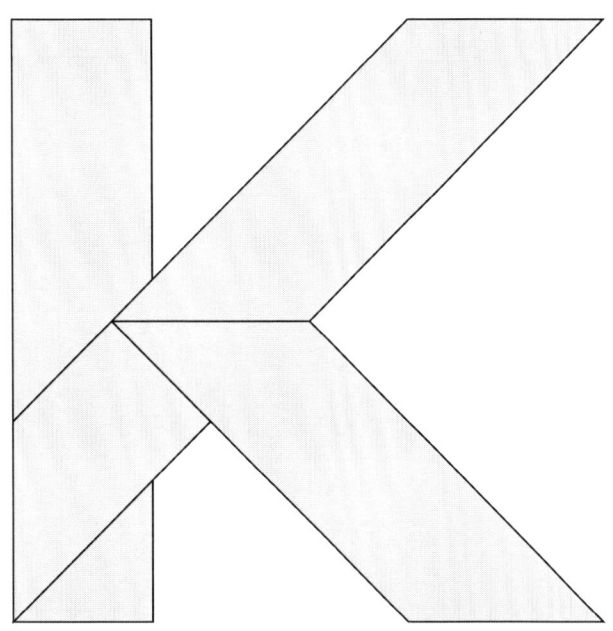

◆ 조각 관찰

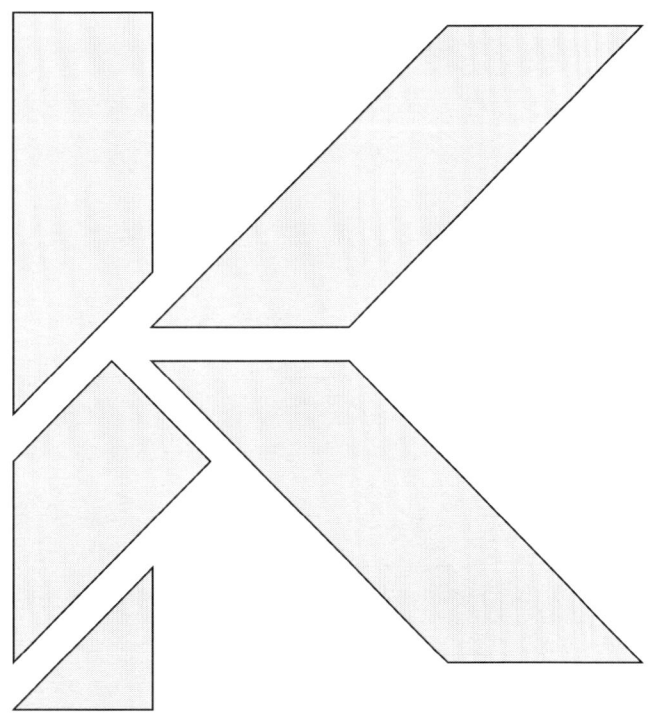

케이퍼즐 만드는 방법

① 정사각형을 그린다.

② 정사각형를 가로 세로로 3등분 한다.

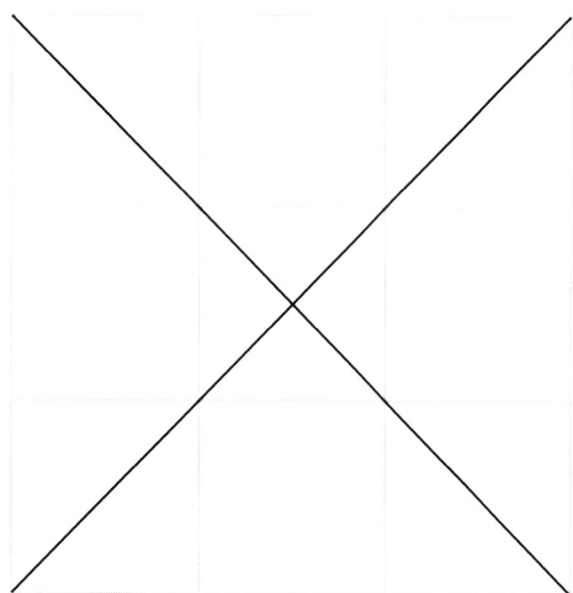

③ 대각선을 그린다.

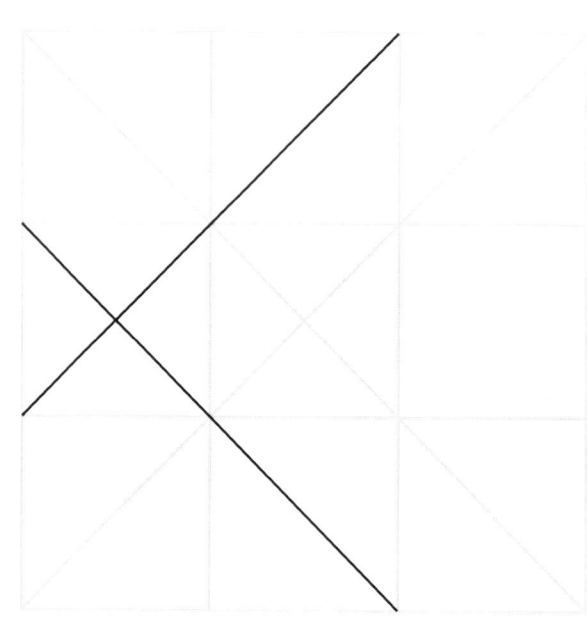

④ 그림과 같이 먼저 그린 대각선을 따라 대각선 2개를 그린다.

케이퍼즐

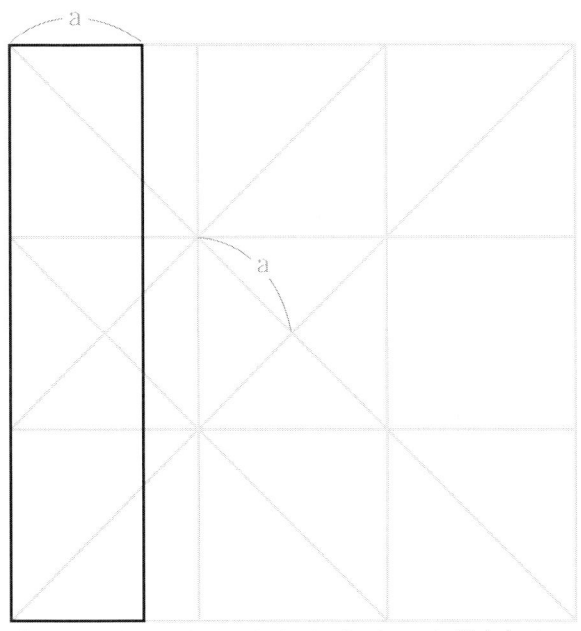

⑤ 그림과 같이 대각선과 대각선의 폭(a)과 같은 넓이로 세로 선을 그린다.

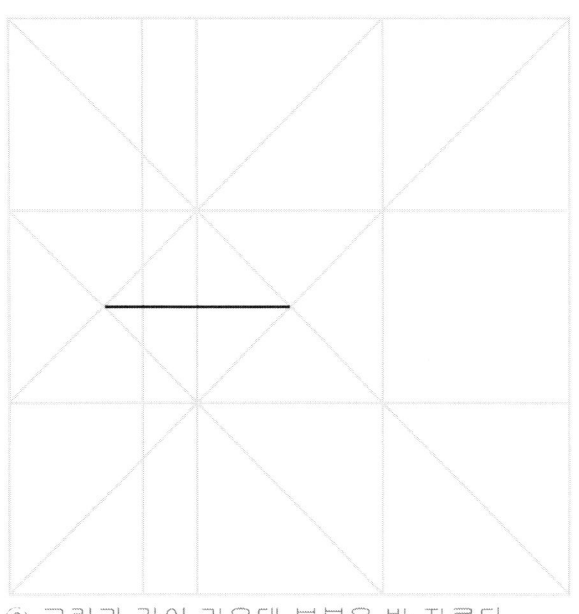

⑥ 그림과 같이 가운데 부분을 반 자른다.

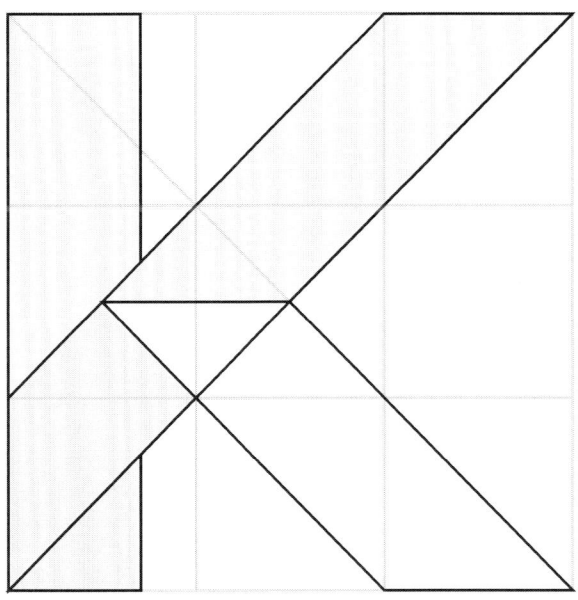

⑦ 각각의 조각을 위의 색처럼 나눈다.

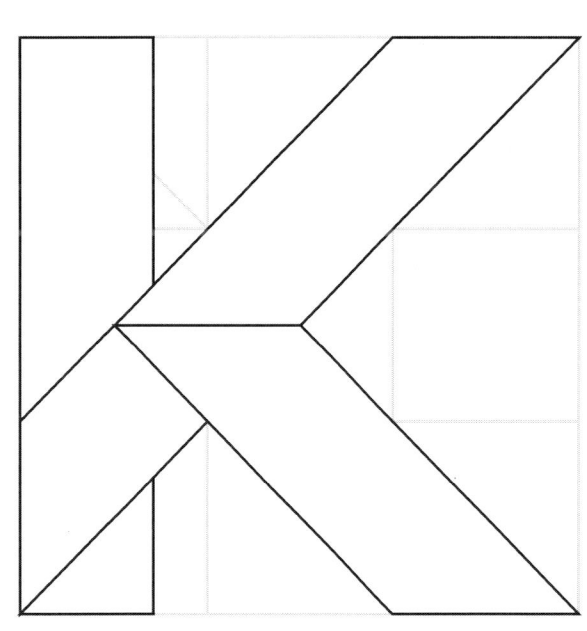

⑧ 색깔별로 합쳐 모두 5조각으로 구분된 케이퍼즐조각이 완성되었다.

케이퍼즐

놀이의 예

◆ 케이퍼즐 조각 전부를 조합한 모양을 각 조각의 특징에 맞게 구별하여 똑같이 맞춰봅니다.

문제유형 케이퍼즐 조각으로 아래의 모양을 만들어 보시오.

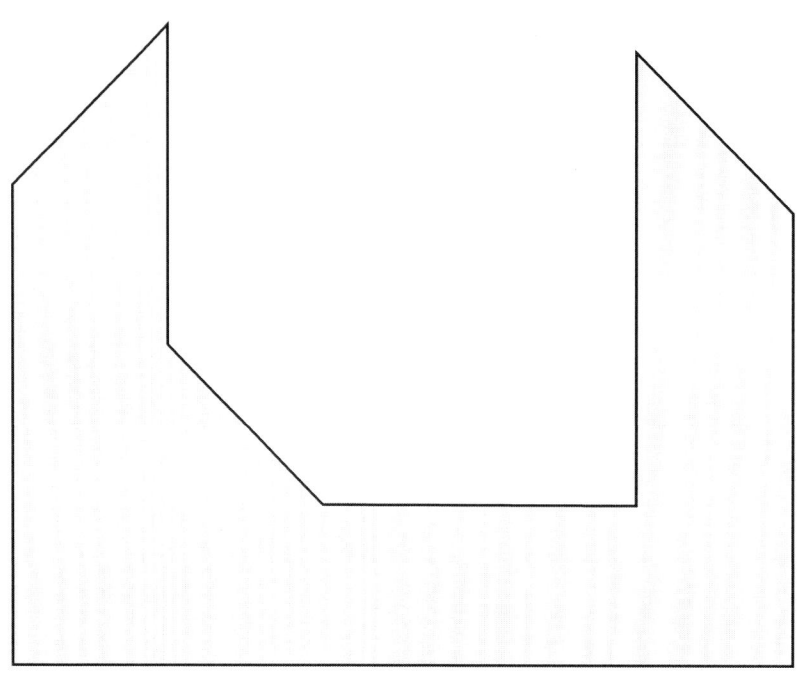

해답예시

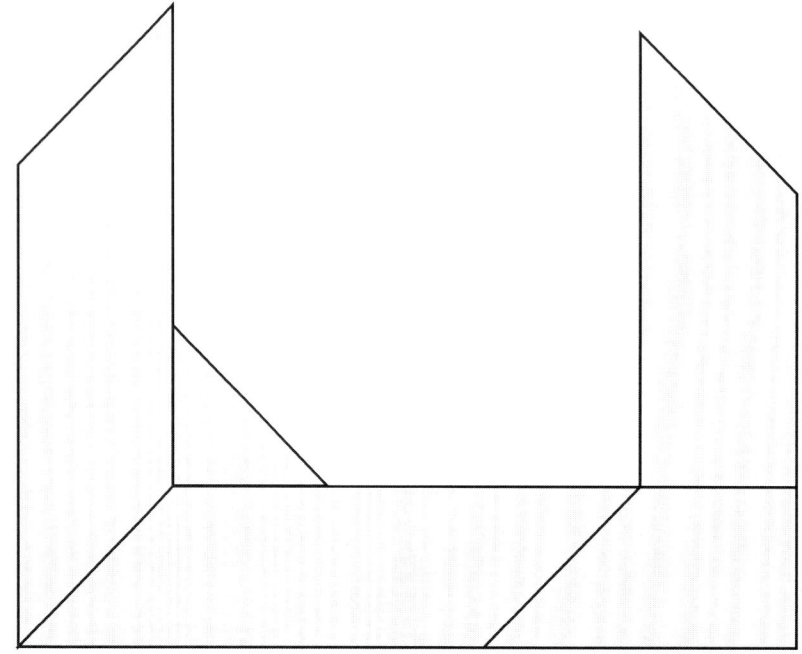

십자가1 → 정사각형 퍼즐

◆ 십자가1 → 정사각형 퍼즐은 4개의 같은 모양 조각으로 이루어져 있습니다.

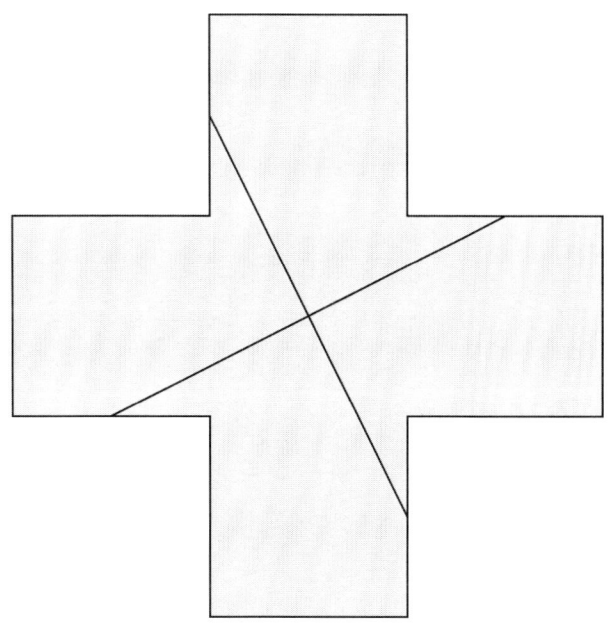

◆ 조각 관찰

십자가1 → 정사각형 퍼즐

만드는 방법

① 정사각형을 그린다.

② 그림과 같이 가로 세로 3등분 선을 그린다.

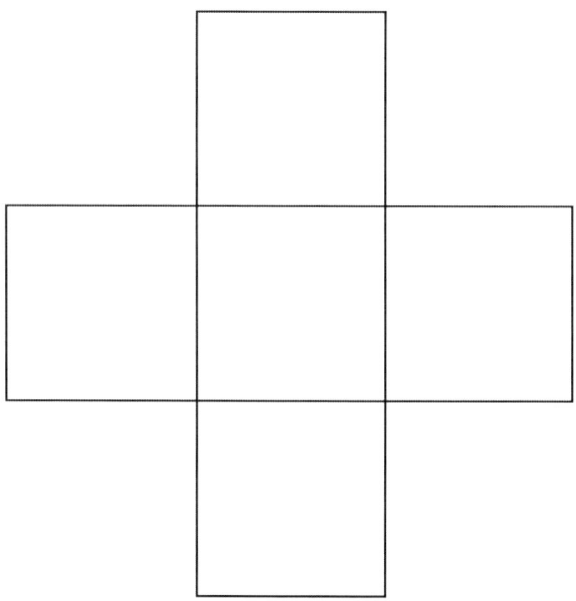

③ 그림과 같이 십자모양만 남긴다.

④ 그림과 같이 십자모양을 합친다.

십자가1 → 정사각형 퍼즐

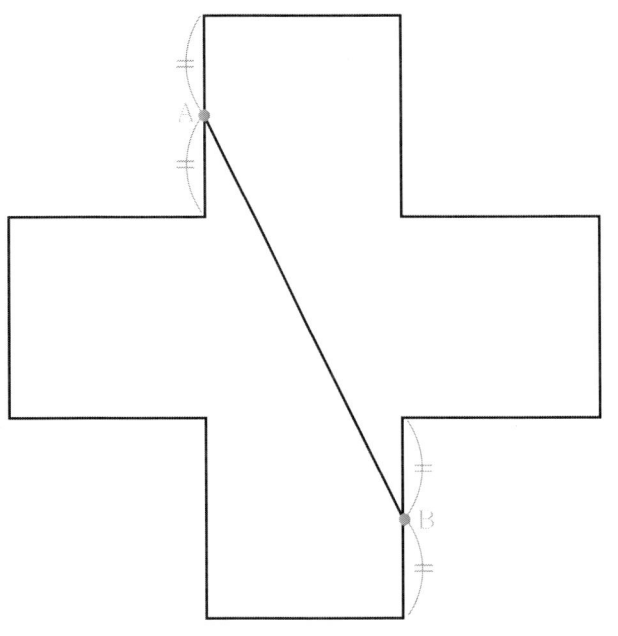

⑤ 그림과 같이 2등분으로 나눈 A와 B를 연결한다.

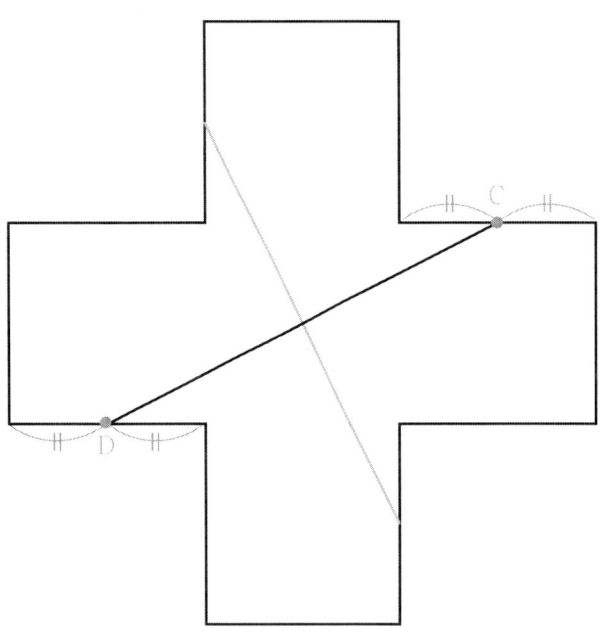

⑥ 그림과 같이 2등분으로 나눈 C와 D를 연결한다.

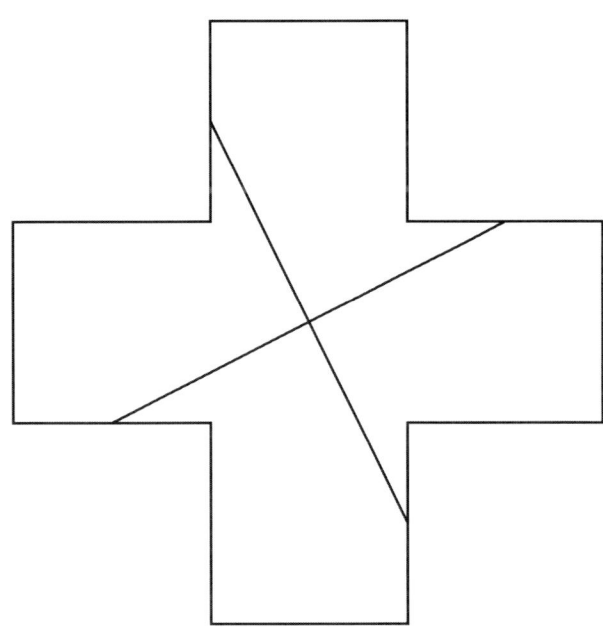

⑦ 같은 모양의 4조각으로 완성되었다.

십자가1 → 정사각형 퍼즐

놀이의 예

◆ 십자가1 → 정사각형 퍼즐 조각으로 십자가 모양과 정사각형을 만들어 보는 다소 어려운 퍼즐 놀이입니다.

문제유형 십자가1 → 정사각형 퍼즐 4조각으로 왼쪽의 십자가 모양을 만든 후 오른쪽 정사각형 모양으로 바꾸어 보시오.

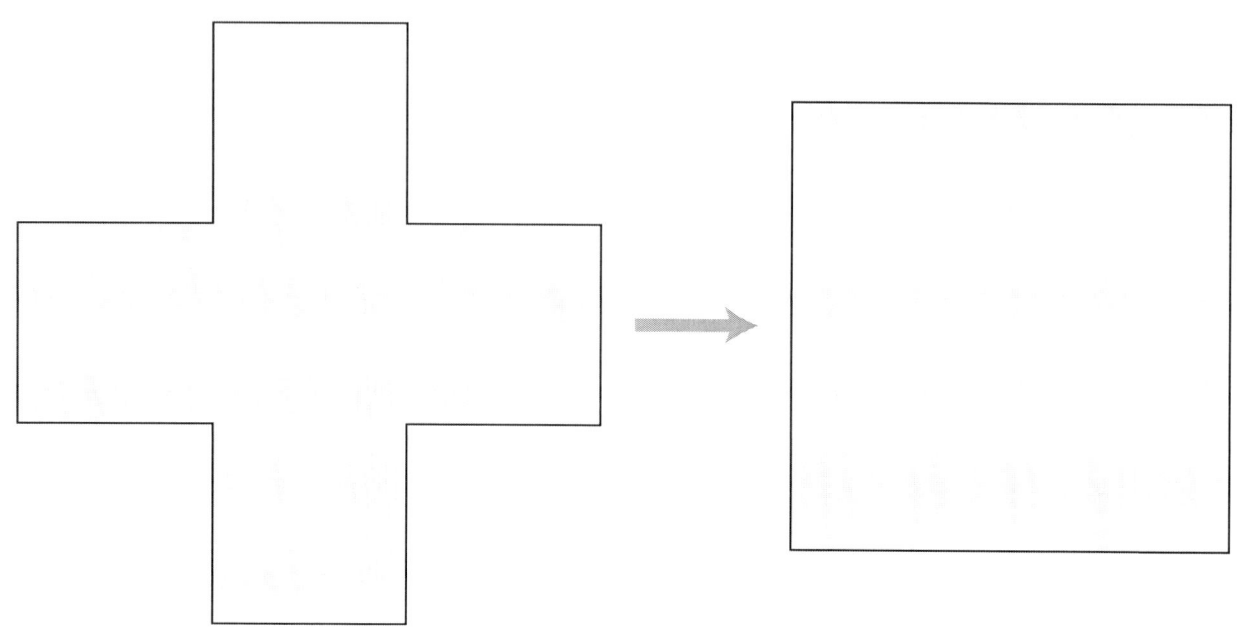

해답예시

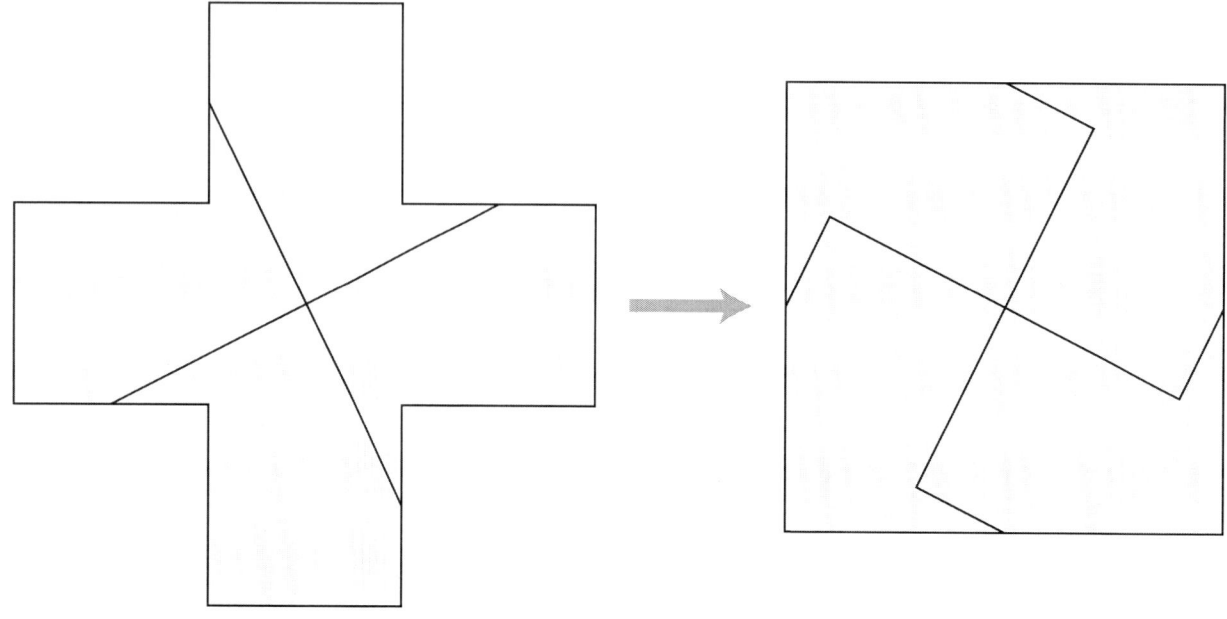

십자가2 → 정사각형 퍼즐

◆ 십자가2 → 정사각형 퍼즐은 4개의 서로 다른 모양 조각으로 이루어져 있습니다.

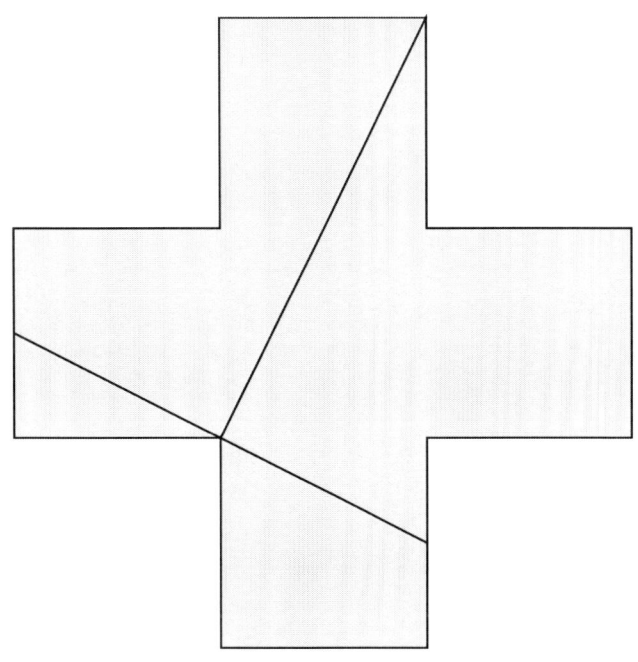

◆ 조각 관찰

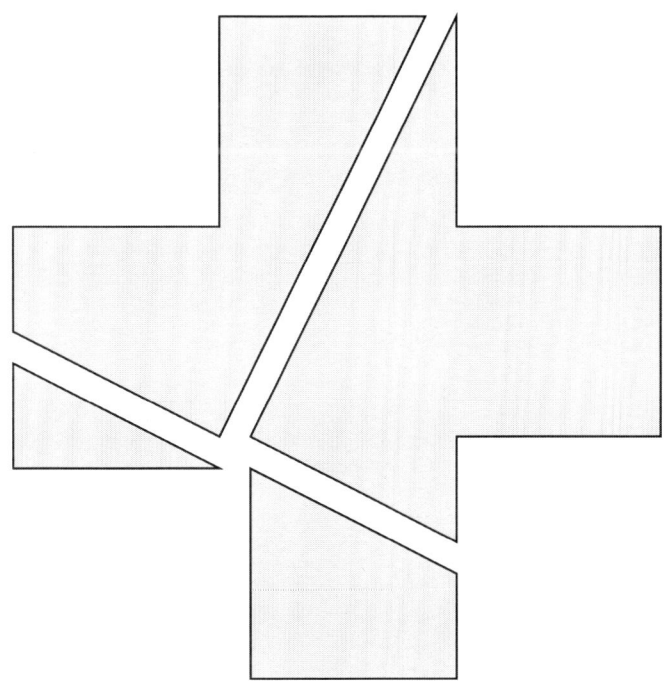

십자가2 → 정사각형 퍼즐

만드는 방법

① 정사각형을 그린다.

② 그림과 같이 가로 세로 3등분 선을 그린다.

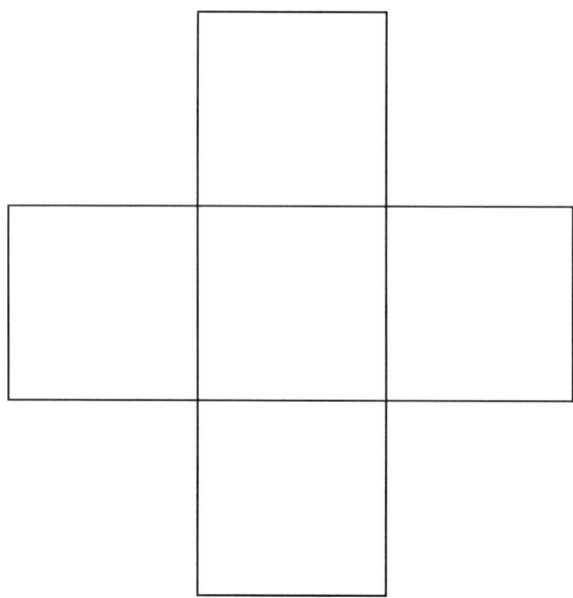

③ 그림과 같이 십자모양만 남긴다.

④ 그림과 같이 십자모양을 합친다.

십자가2 → 정사각형 퍼즐

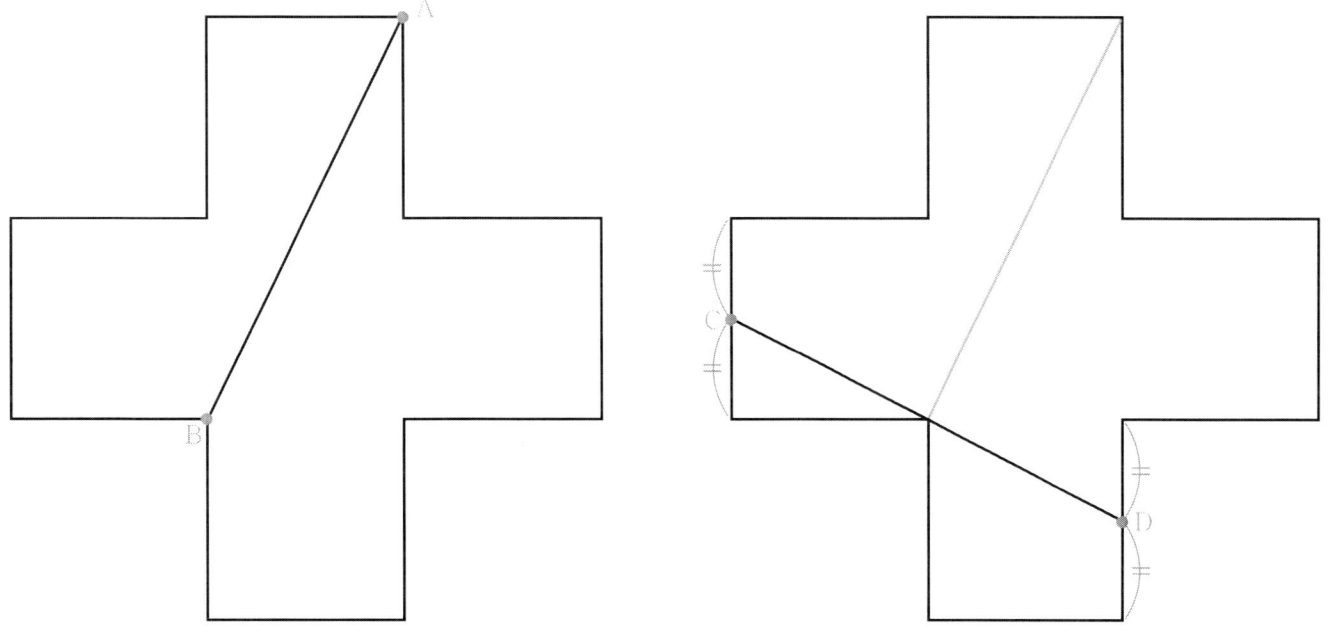

⑤ 그림과 같이 A와 B를 연결한다.

⑥ 그림과 같이 2등분으로 나눈 C와 D를 연결한다.

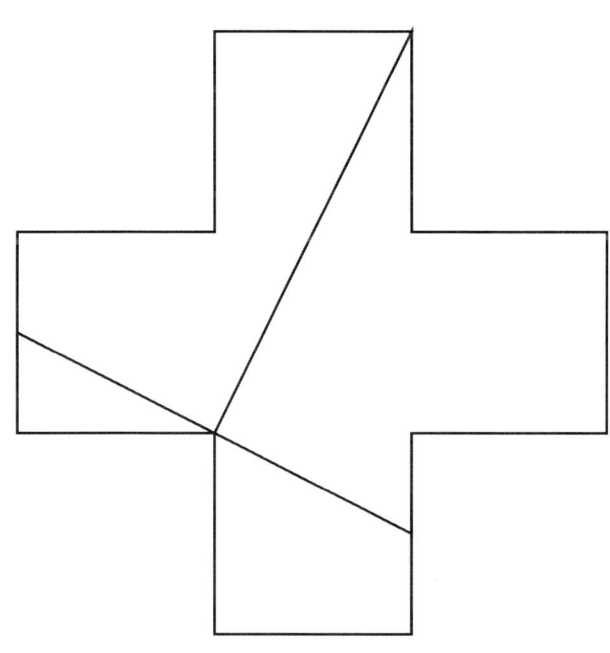

⑦ 모두 4조각으로 완성되었다.

십자가2 → 정사각형 퍼즐

놀이의 예

◆ 십자가2 → 정사각형 퍼즐 조각으로 십자가 모양과 정사각형을 만들어 보는 다소 어려운 퍼즐 놀이입니다.

문제유형 십자가2 → 정사각형 퍼즐 4조각으로 왼쪽의 십자가 모양을 만든 후 오른쪽 정사각형 모양으로 바꾸어 보시오.

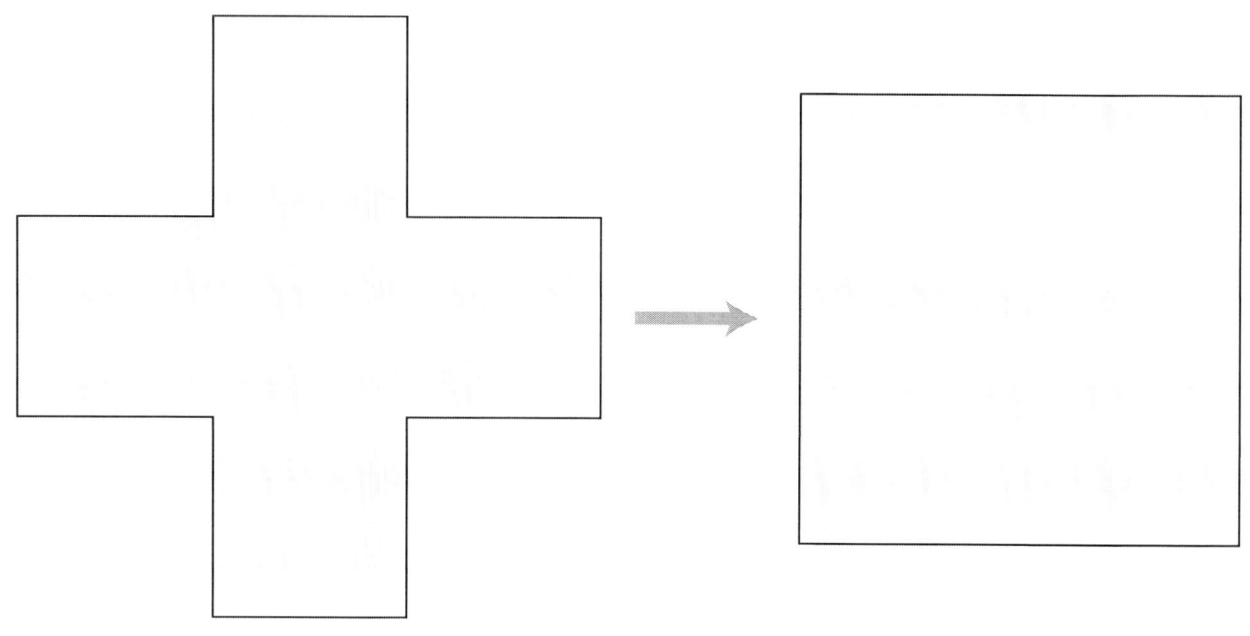

해답예시

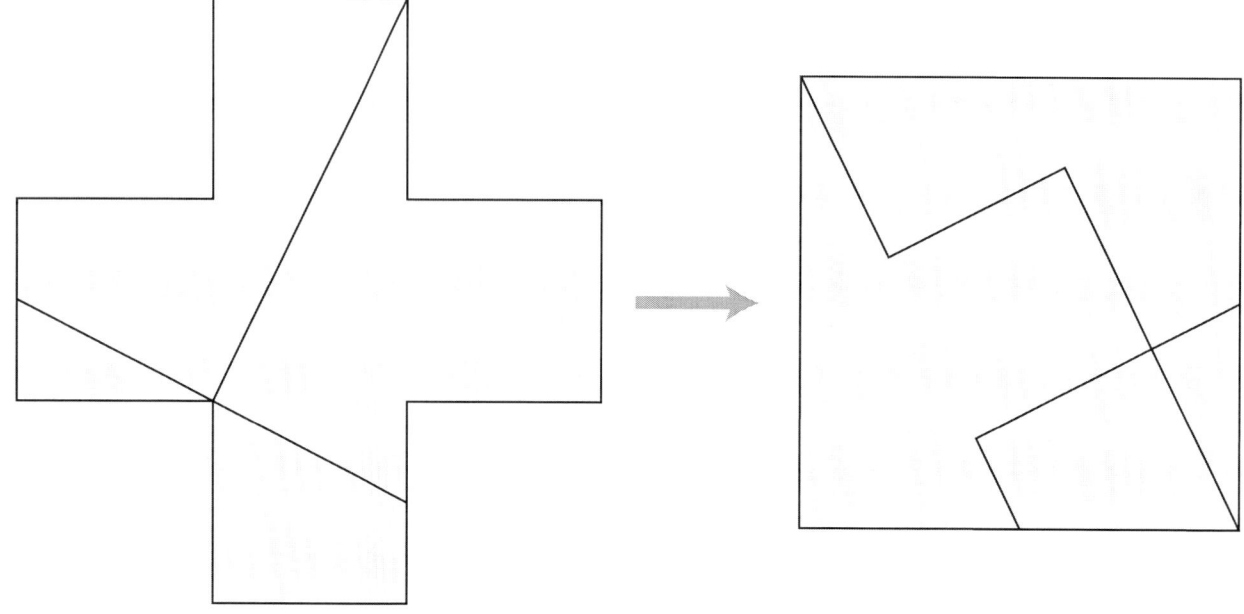

십자가3 → 직사각형 퍼즐

◆ 십자가3 → 직사각형 퍼즐은 5개의 조각으로 이루어져 있습니다.

 조각 관찰

십자가3 → 직사각형 퍼즐

만드는 방법

① 3대 4 비율의 직사각형을 그린다.

② 그림과 같이 가로3 세로 4등분 선을 그린다.

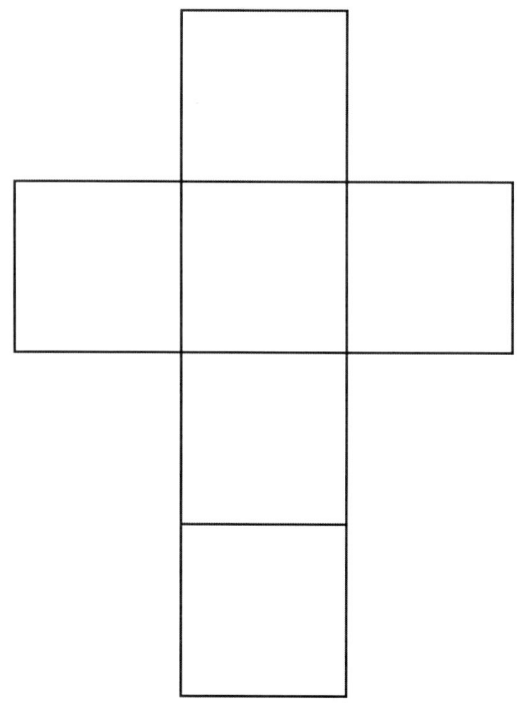
③ 그림과 같이 십자모양만 남긴다.

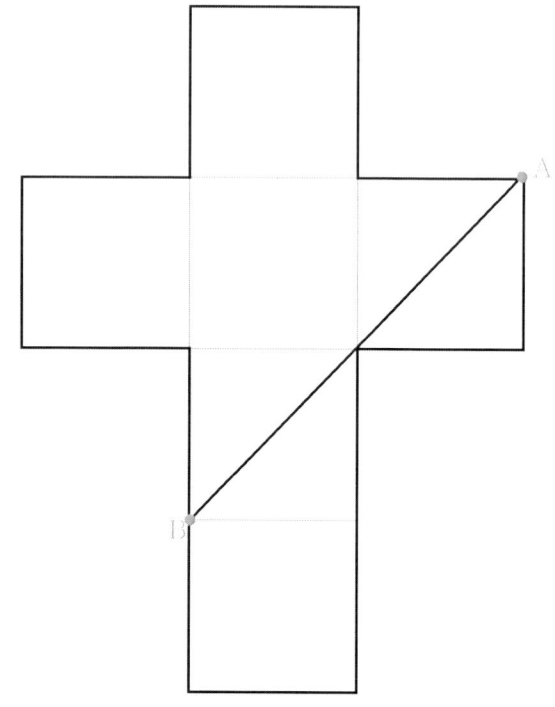
④ 그림과 같이 A와 B를 연결한다.

십자가3 → 직사각형 퍼즐

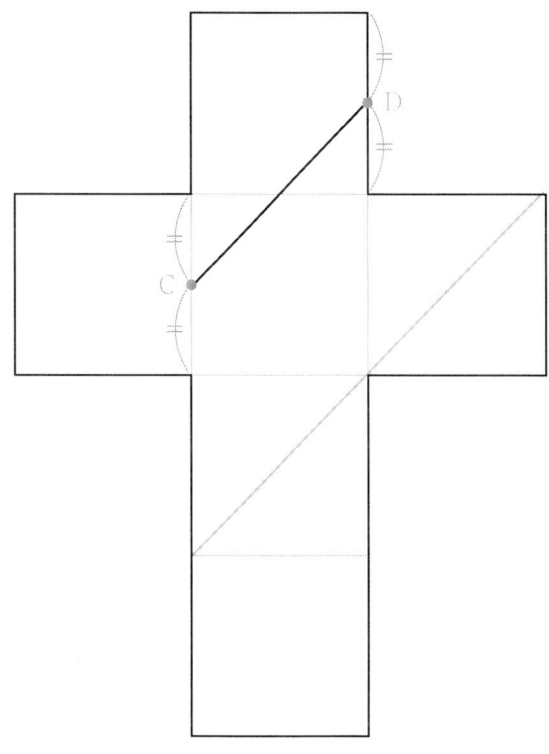

⑤ 그림과 같이 2등분으로 나눈 C와 D를 연결한다.

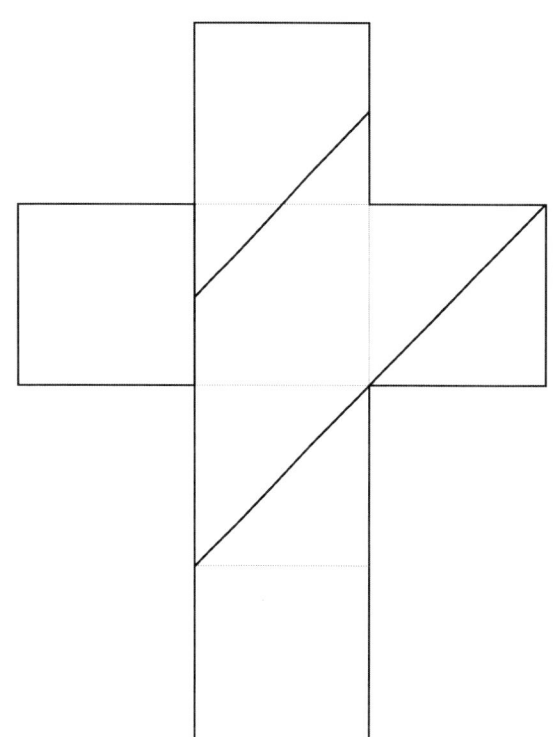

⑥ 그림과 같이 진한 선끼리 합친다.

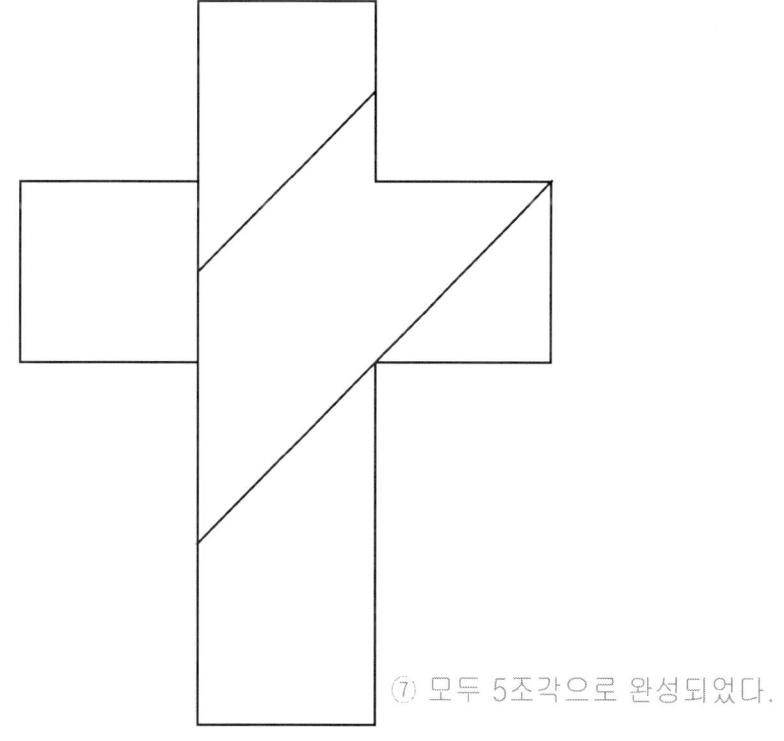

⑦ 모두 5조각으로 완성되었다.

십자가3 → 직사각형 퍼즐

놀이의 예

◆ 십자가3 → 직사각형 퍼즐 조각으로 십자가 모양과 직사각형을 만들어 보는 다소 어려운 퍼즐 놀이입니다.

문제유형 십자가3 → 직사각형 퍼즐 5조각으로 왼쪽의 십자가 모양을 만든 후 오른쪽 직사각형 모양으로 바꾸어 보시오.

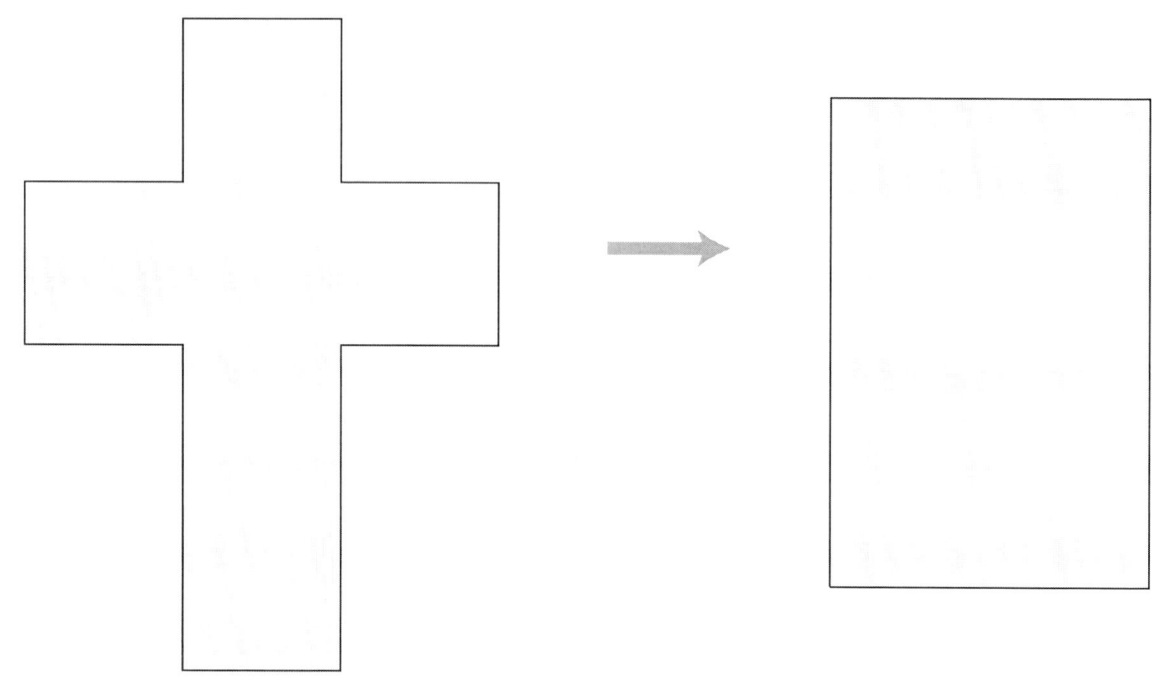

해답예시

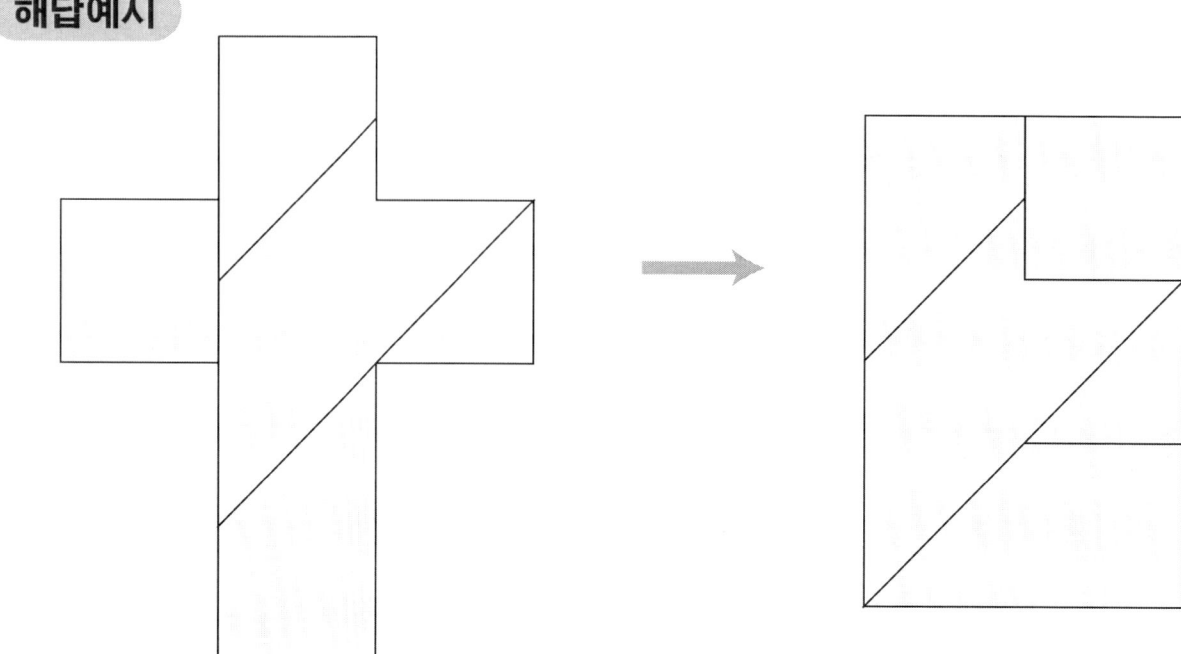

정사각형 → 삼각형 퍼즐

◆ 정사각형 → 삼각형 퍼즐은 4개의 조각으로 이루어져 있습니다.

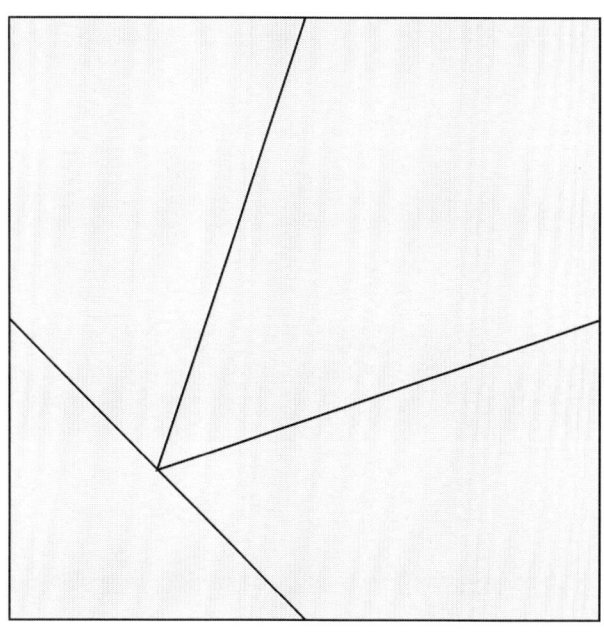

---◆--- 조각 관찰 ---

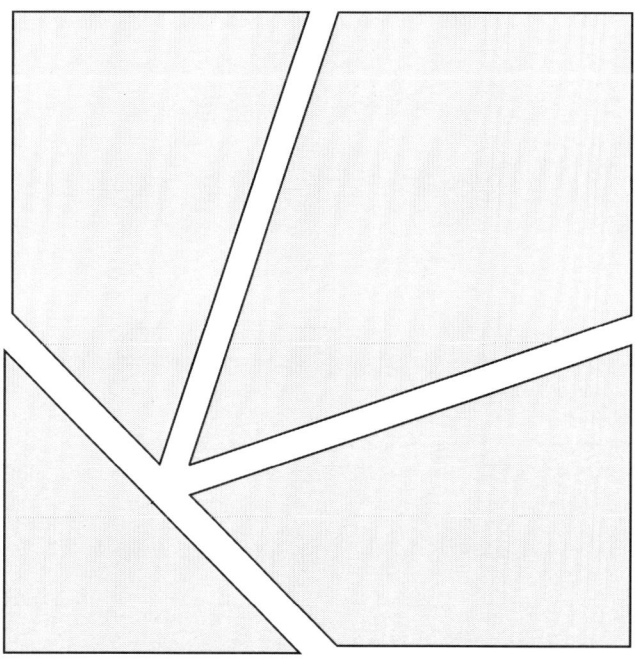

정사각형 → 삼각형 퍼즐

만드는 방법

① 정사각형을 그린다.

② 그림과 같이 가로 세로 2등분 선을 그린다.

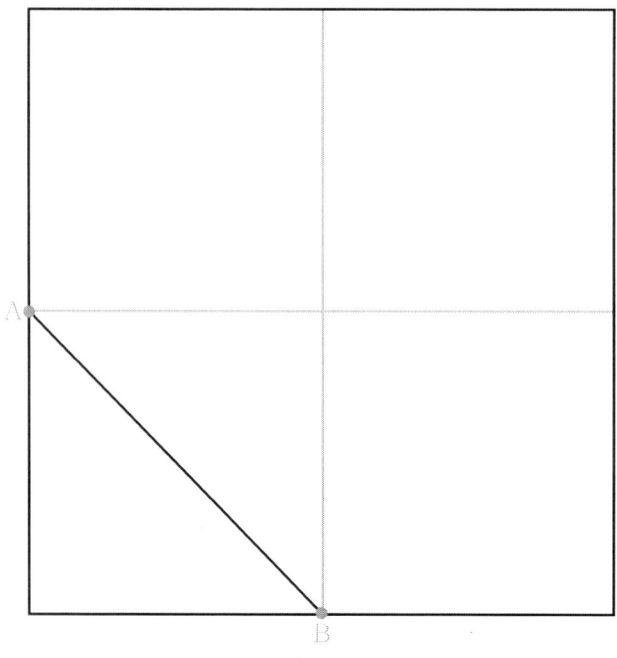

③ 그림과 같이 A와 B점끼리 연결한다.

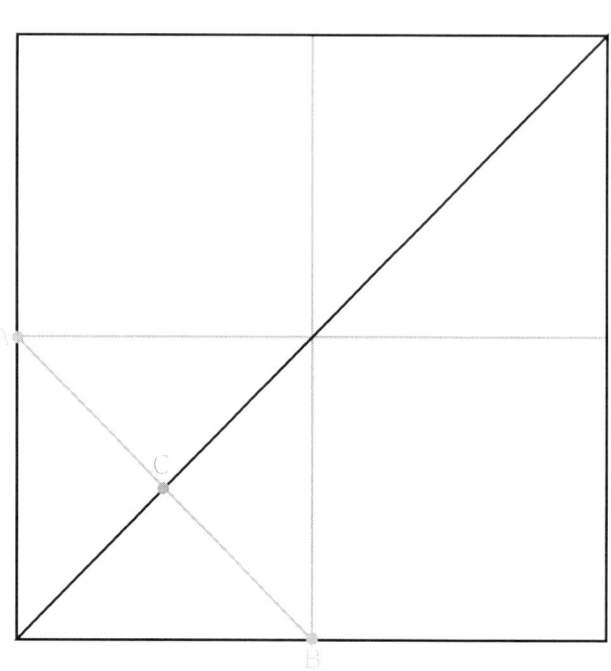

④ 그림과 같이 대각선을 그은 후 A와 B가 만나는 점 C를 정한다.

정사각형 → 삼각형 퍼즐

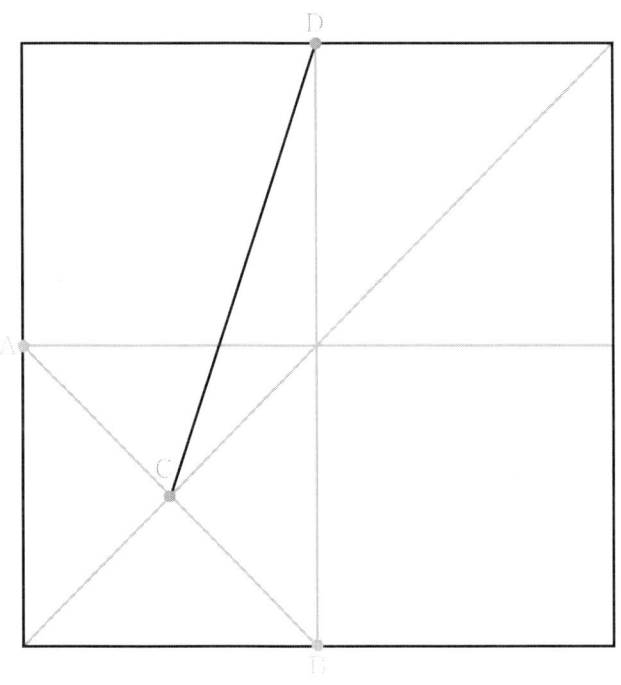

⑤ 그림과 같이 C와 D점을 연결한다.

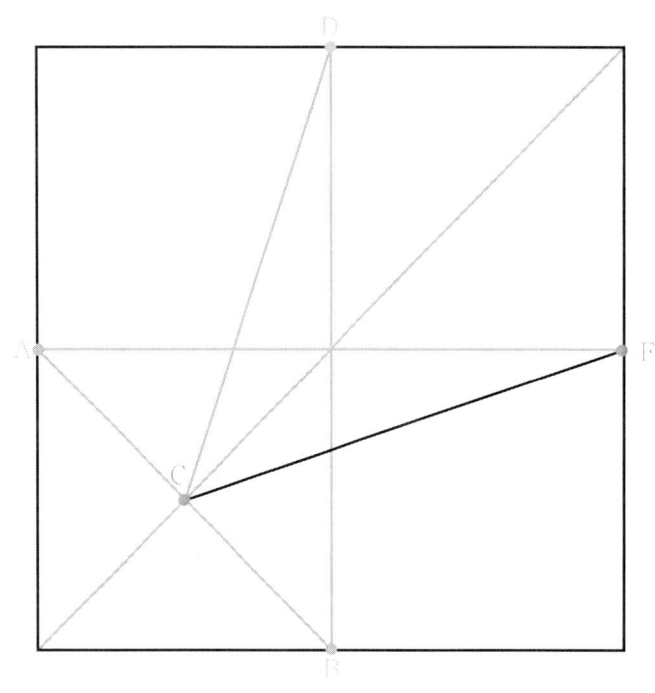

⑥ 그림과 같이 C와 F점을 연결한다.

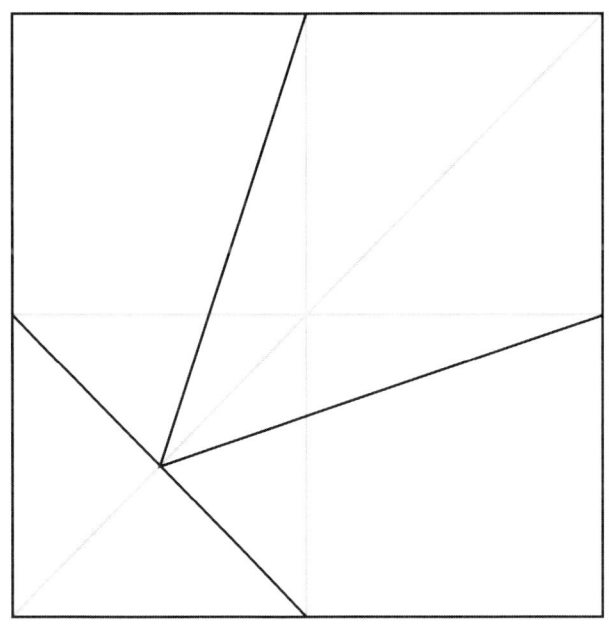

⑦ 위처럼 조각을 합친다.

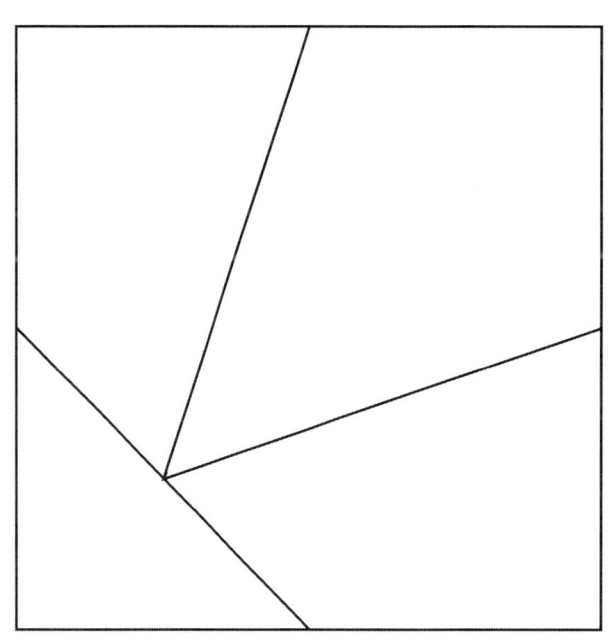

⑧ 모두 4조각으로 정사각형을 만들 수 있는 퍼즐 조각이 완성되었다.

정사각형 → 삼각형 퍼즐

놀이의 예

◆ 정사각형 → 삼각형 퍼즐 조각 전부를 조합한 모양을 각 조각의 특징 맞게 구별하여 똑같이 맞춰봅니다.

문제유형 정사각형 → 삼각형 퍼즐 조각을 왼쪽의 정사각형 모양으로 만든 후 오른쪽 삼각형 모양으로 바꾸어 보시오.

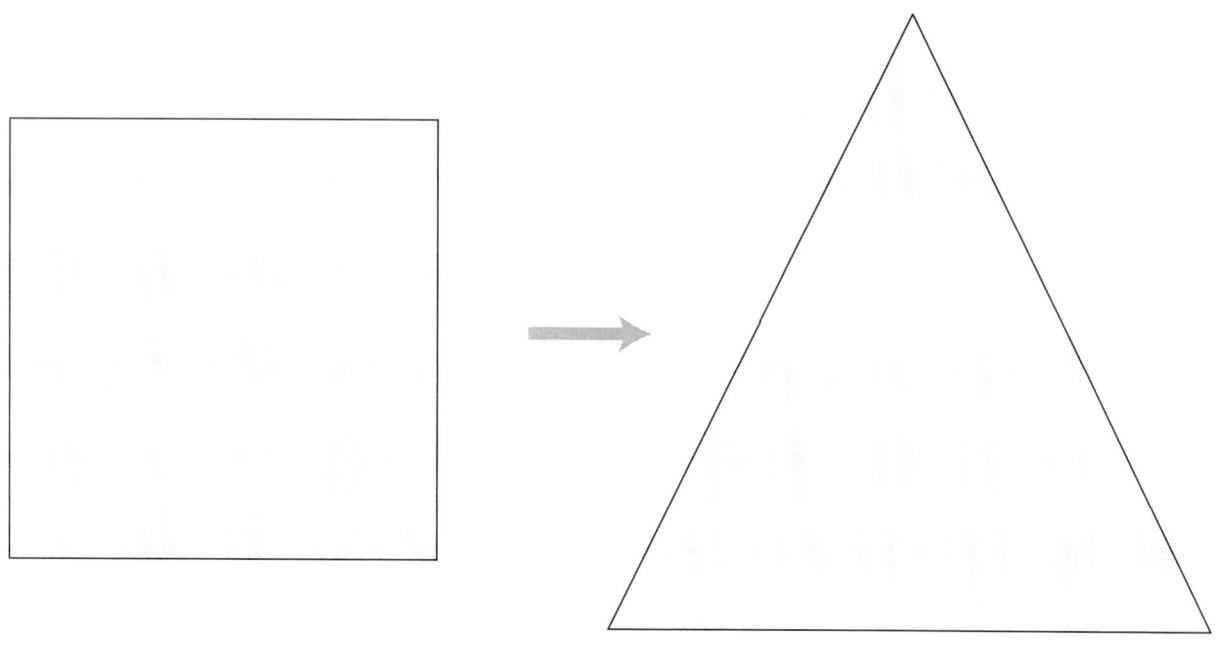

해답예시

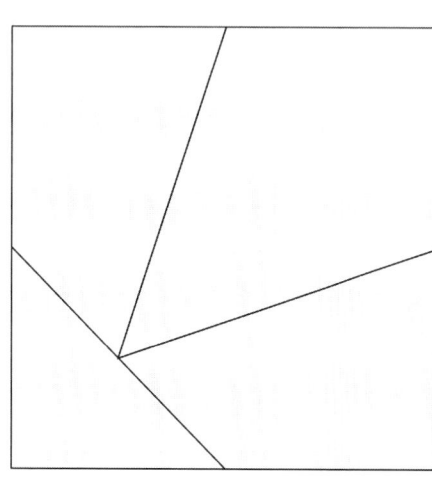
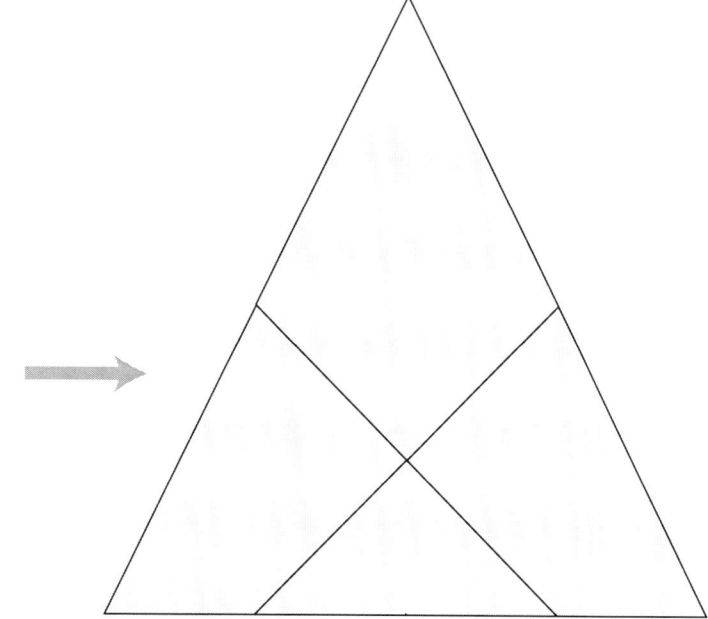

정사각형 → 팔각형 퍼즐

◆ 정사각형 → 팔각형 퍼즐은 1개의 정사각형과 4개의 같은 모양 조각으로 이루어져 있습니다.

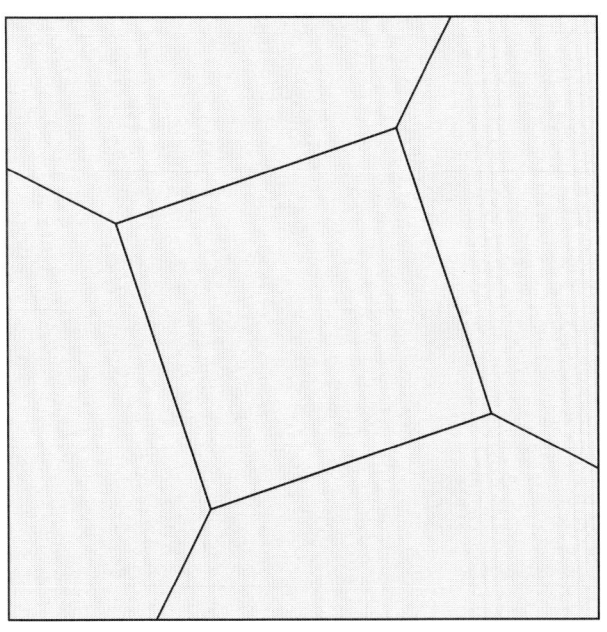

◆------ 조각 관찰 ------

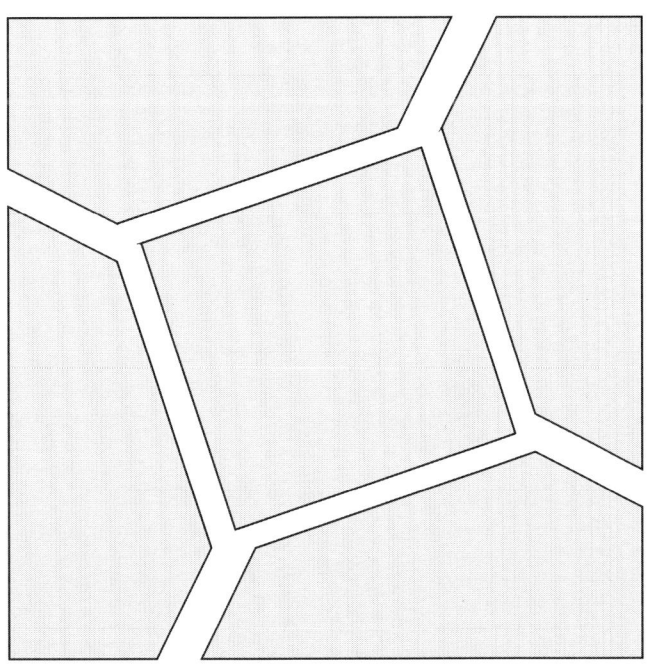

정사각형 → 팔각형 퍼즐

만드는 방법

① 정사각형을 그린다.

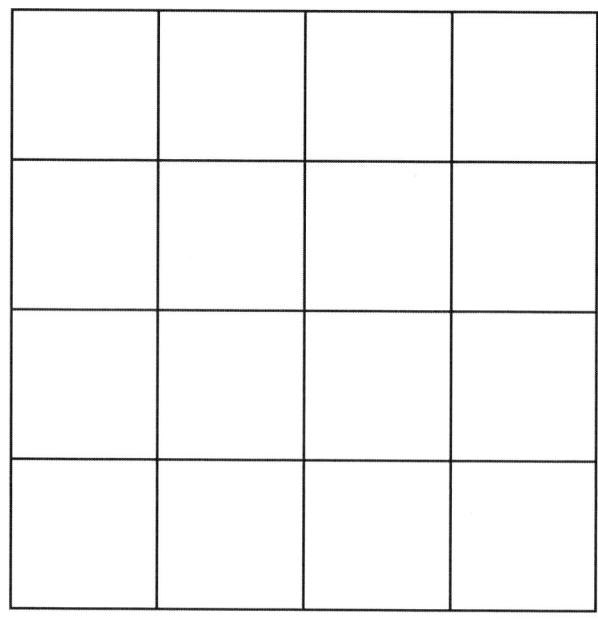

② 그림과 같이 가로 세로 4등분 선을 그린다.

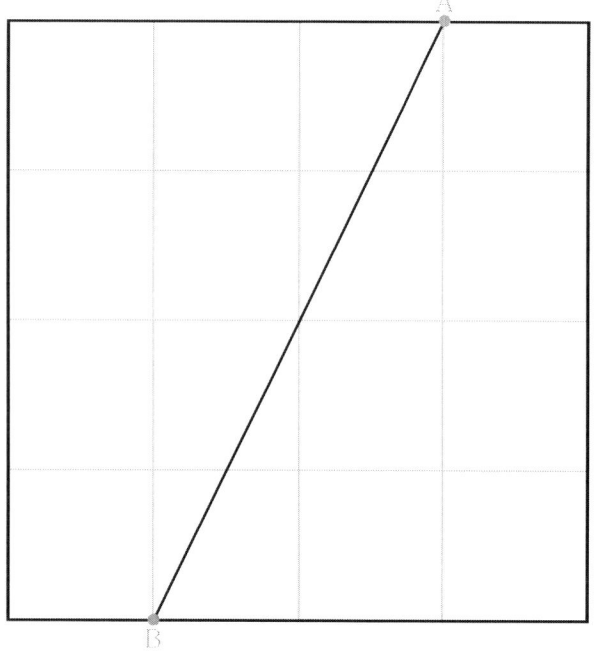

③ 그림과 같이 A와 B점을 연결한다.

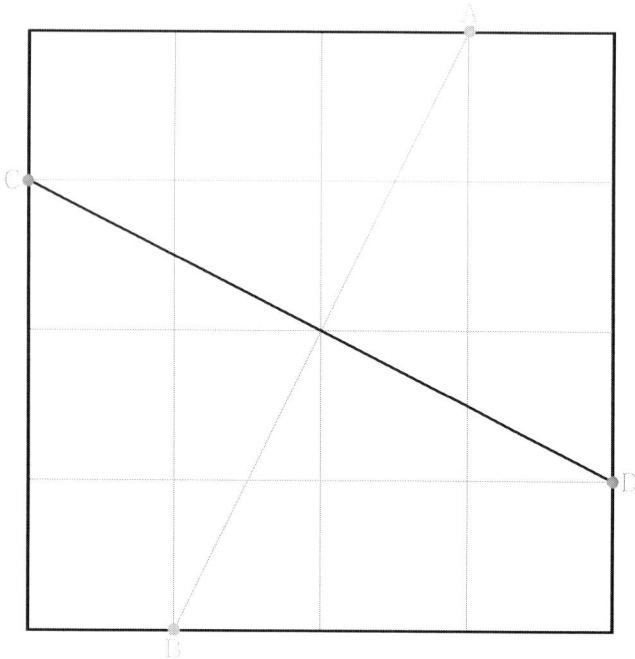

④ 그림과 같이 C와 D점을 연결한다.

정사각형 → 팔각형 퍼즐

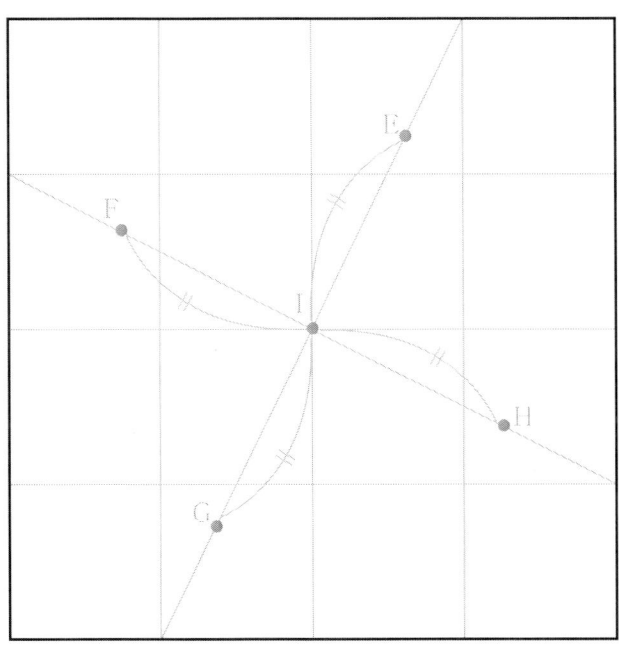

⑤ 그림과 같이 중심점 I를 기준으로 거리가 같도록 E, F, G, H의 점을 찍는다.

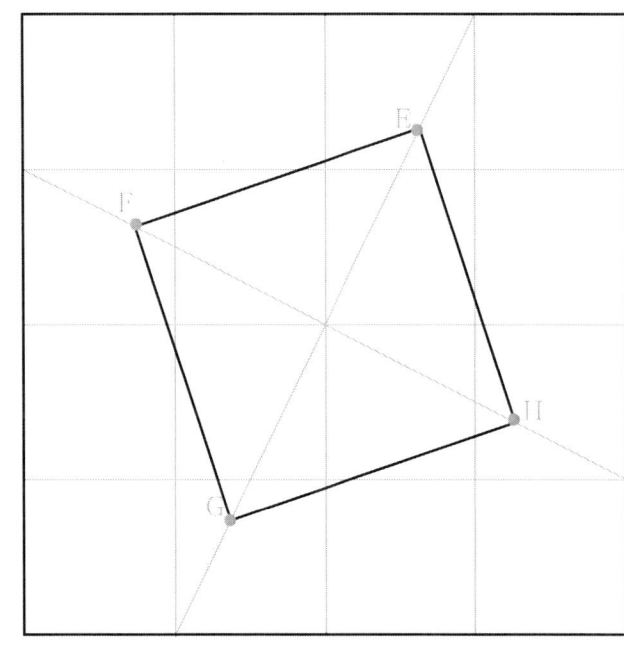

⑥ 그림과 같이 연결한다.

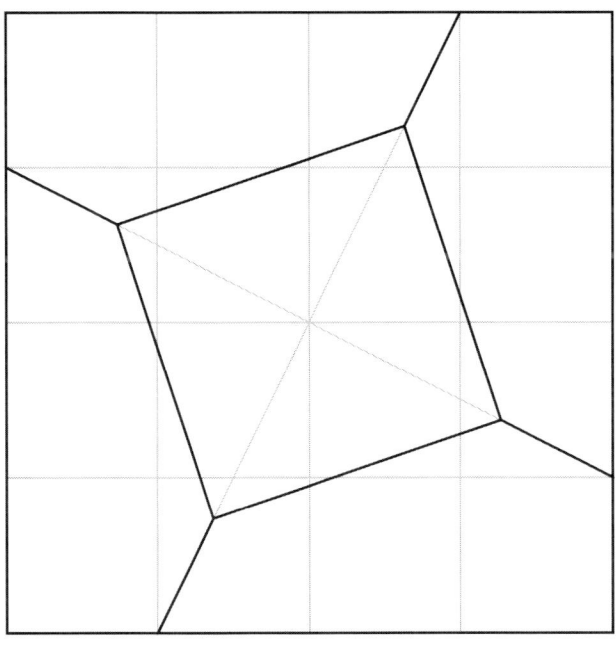

⑦ 위처럼 굵게 표시된 부분으로 나눈다.

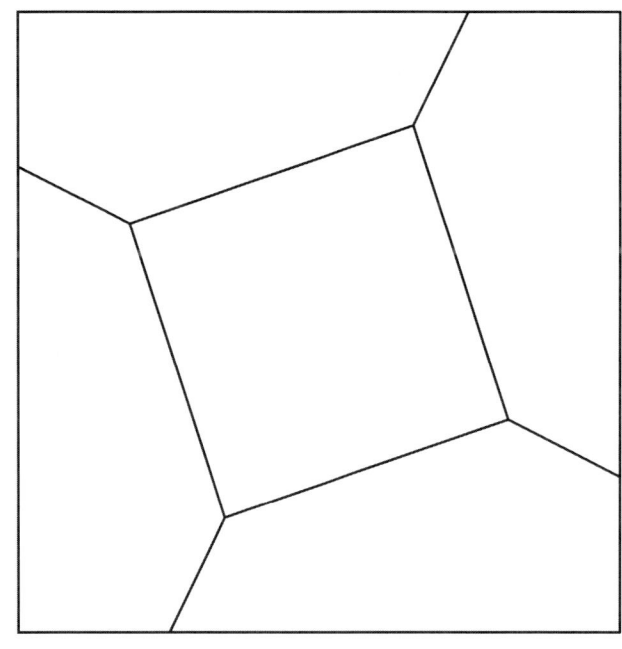

⑧ 정사각형 1개와 같은 모양 4개의 퍼즐 조각이 완성되었다.

정사각형 → 팔각형 퍼즐

놀이의 예
◆ 정사각형 → 팔각형 퍼즐 조각으로 정사각형과 팔각형을 만들어 보는 다소 어려운 퍼즐 놀이입니다.

문제유형 정사각형 → 팔각형 퍼즐 5조각으로 왼쪽의 정사각형 모양을 만든 후 오른쪽 팔각형 모양으로 바꾸어 보시오.

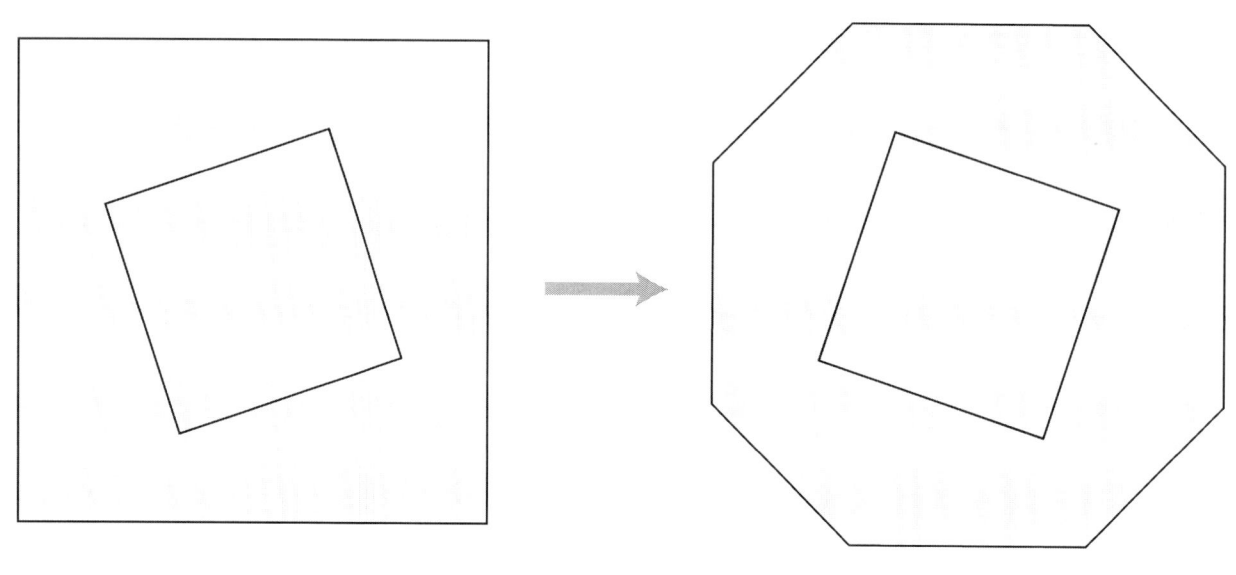

해답예시

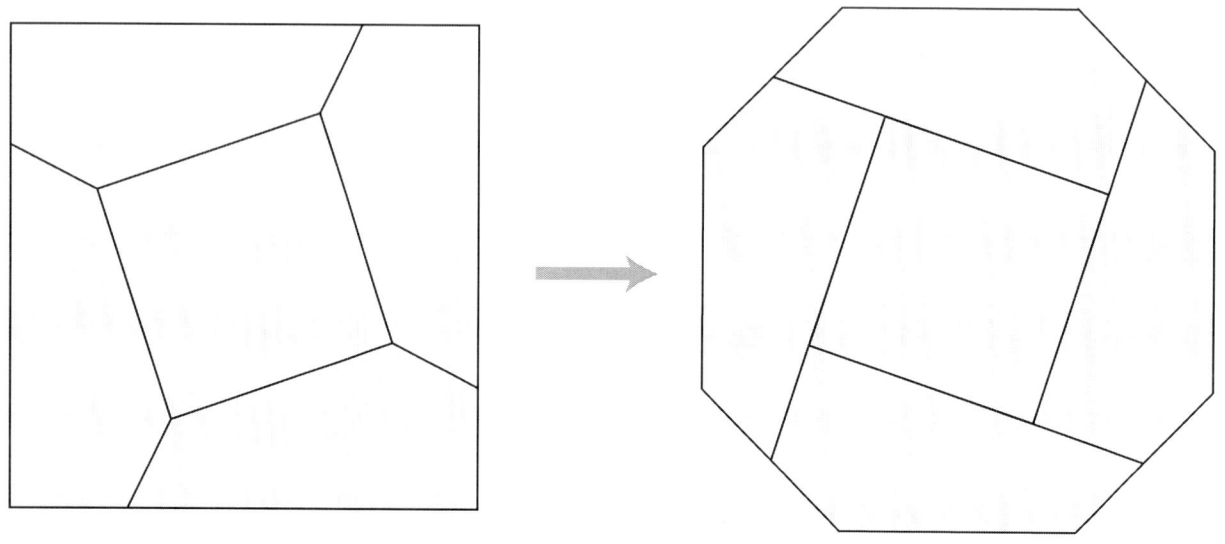

계단 퍼즐

◆ 계단 퍼즐은 같은 모양 2개의 조각으로 이루어져 있습니다.

계단 퍼즐은 계단 모양의 똑같은 조각 2개로 정사각형과 직사각형을 만들 수 있는 퍼즐입니다.

 조각 관찰

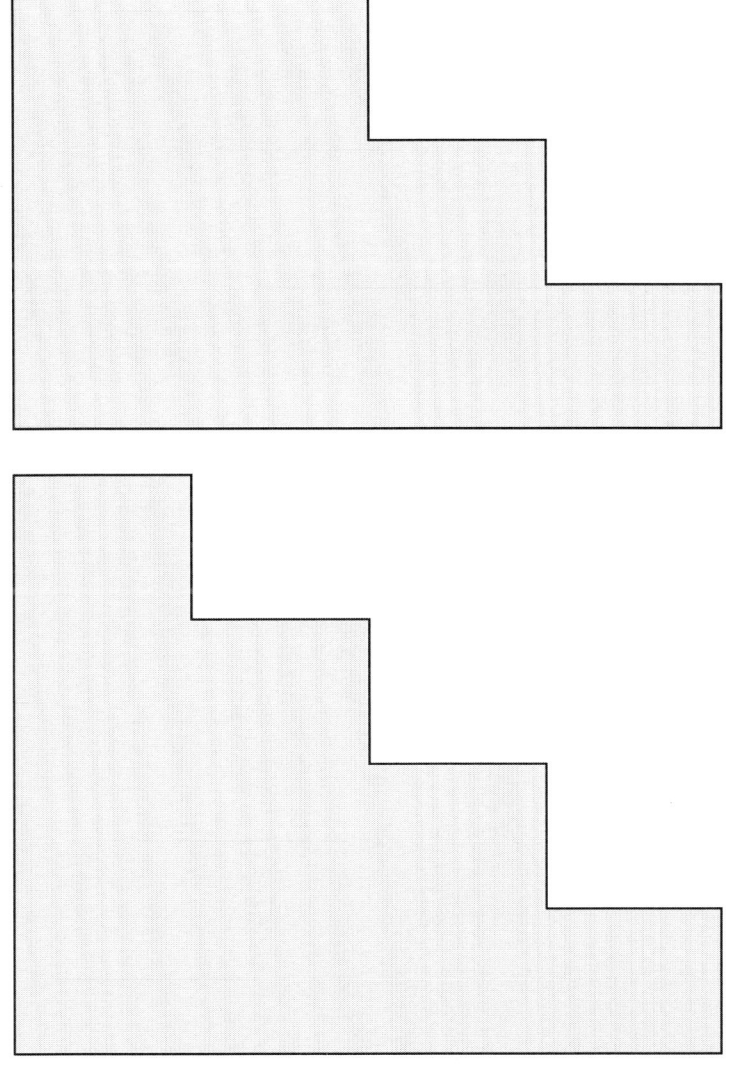

계단 퍼즐

만드는 방법

① 4대 5의 비율로 직사각형을 그린다.

② 그림과 같이 가로 세로 4등분선을 그린다.

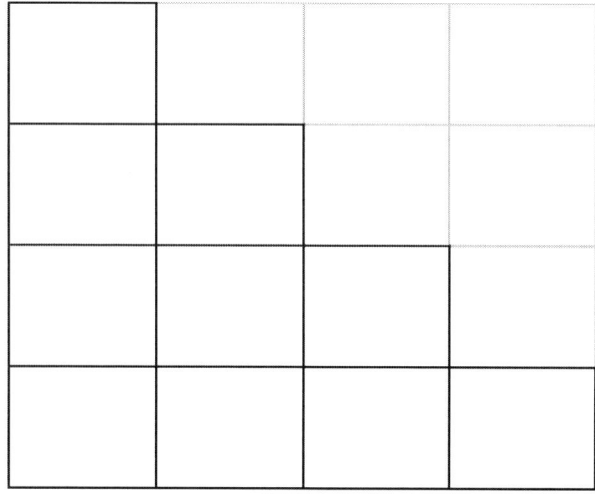

③ 그림과 같이 계단 모양을 만든다.

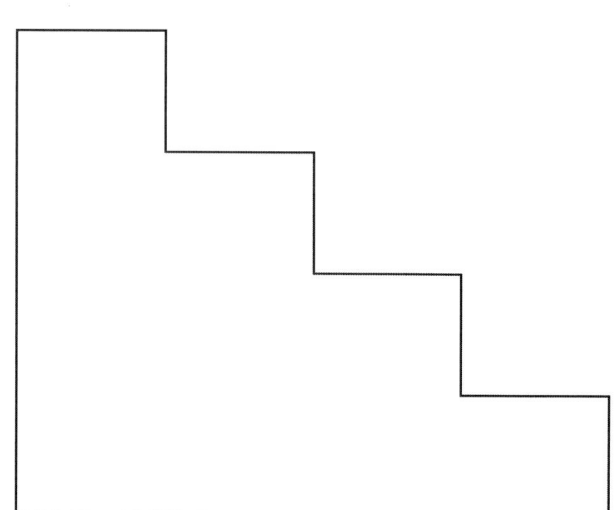

④ 완성되었다. 같은 모양이 2개 필요하다.

계단 퍼즐
놀이의 예

◆ 계단 퍼즐 조각 2개를 조합하여 정사각형을 만들어 봅니다.

문제유형 계단 퍼즐 2조각으로 아래의 정사각형 모양을 만들어 보시오.

해답예시

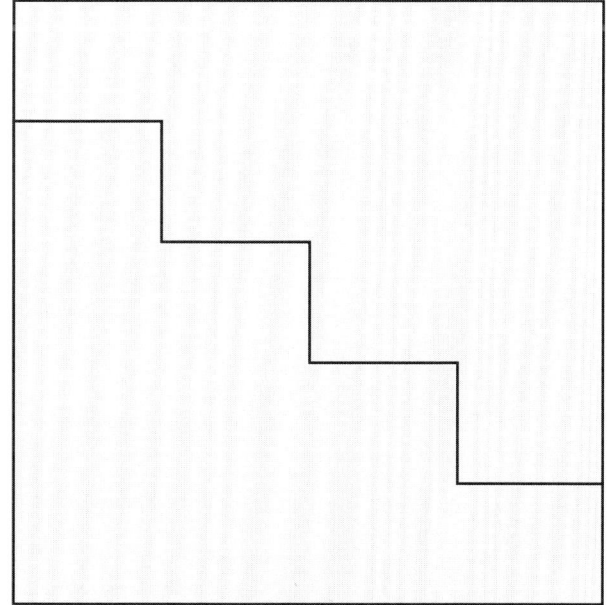

계단 퍼즐

놀이의 예

◆ 계단 퍼즐 조각 2개를 조합하여 직사각형을 만들어 봅니다.

문제유형 계단 퍼즐 2조각으로 아래의 직사각형 모양을 만들어 보시오.

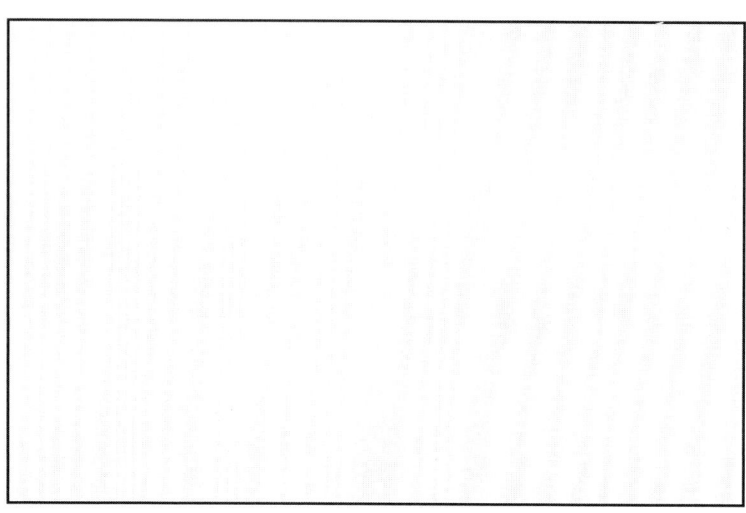

해답예시

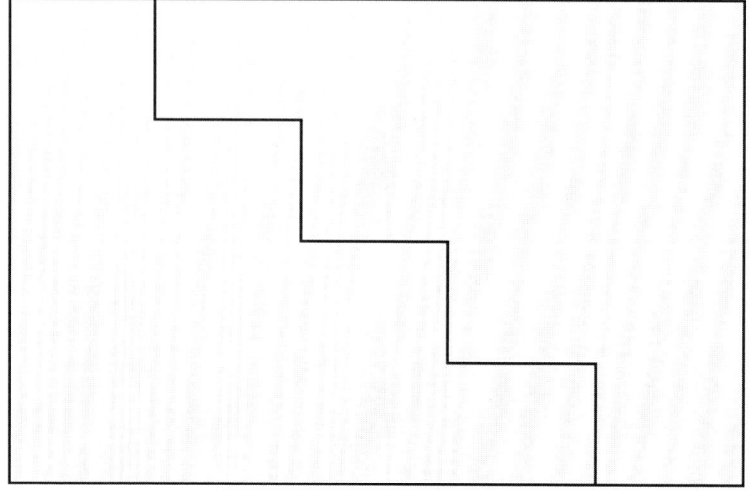

무늬 블록 퍼즐

무늬블록퍼즐

주로 정사각형 블록에 직선이나 곡선 또는 일정한 면적을 채워 그 조각으로 정사각형에 채워진 모양에 따라 새로운 모양을 맞추는 퍼즐이다. 가장 난이도가 낮은 퍼즐이라 할 수있다. 왜냐하면 정사각형을 몇번 회전시키면 해결 할 수있기 때문이다.

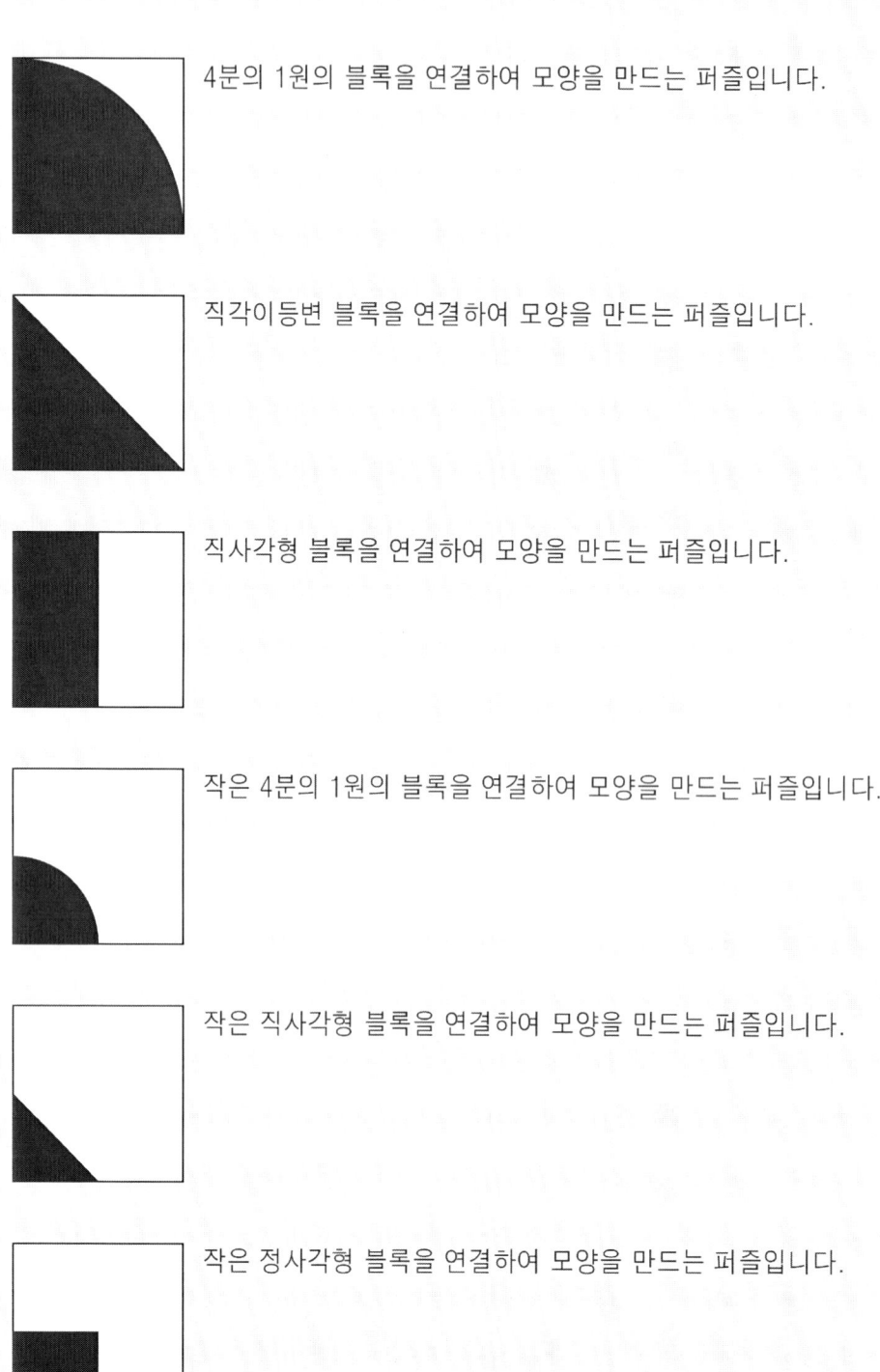

4분의 1원의 블록을 연결하여 모양을 만드는 퍼즐입니다.

직각이등변 블록을 연결하여 모양을 만드는 퍼즐입니다.

직사각형 블록을 연결하여 모양을 만드는 퍼즐입니다.

작은 4분의 1원의 블록을 연결하여 모양을 만드는 퍼즐입니다.

작은 직사각형 블록을 연결하여 모양을 만드는 퍼즐입니다.

작은 정사각형 블록을 연결하여 모양을 만드는 퍼즐입니다.

무늬블록 퍼즐

◆ 무늬블록 퍼즐은 4쌍의 일정한 무늬의 조각으로 이루어져 있습니다.

◆ 조각 관찰

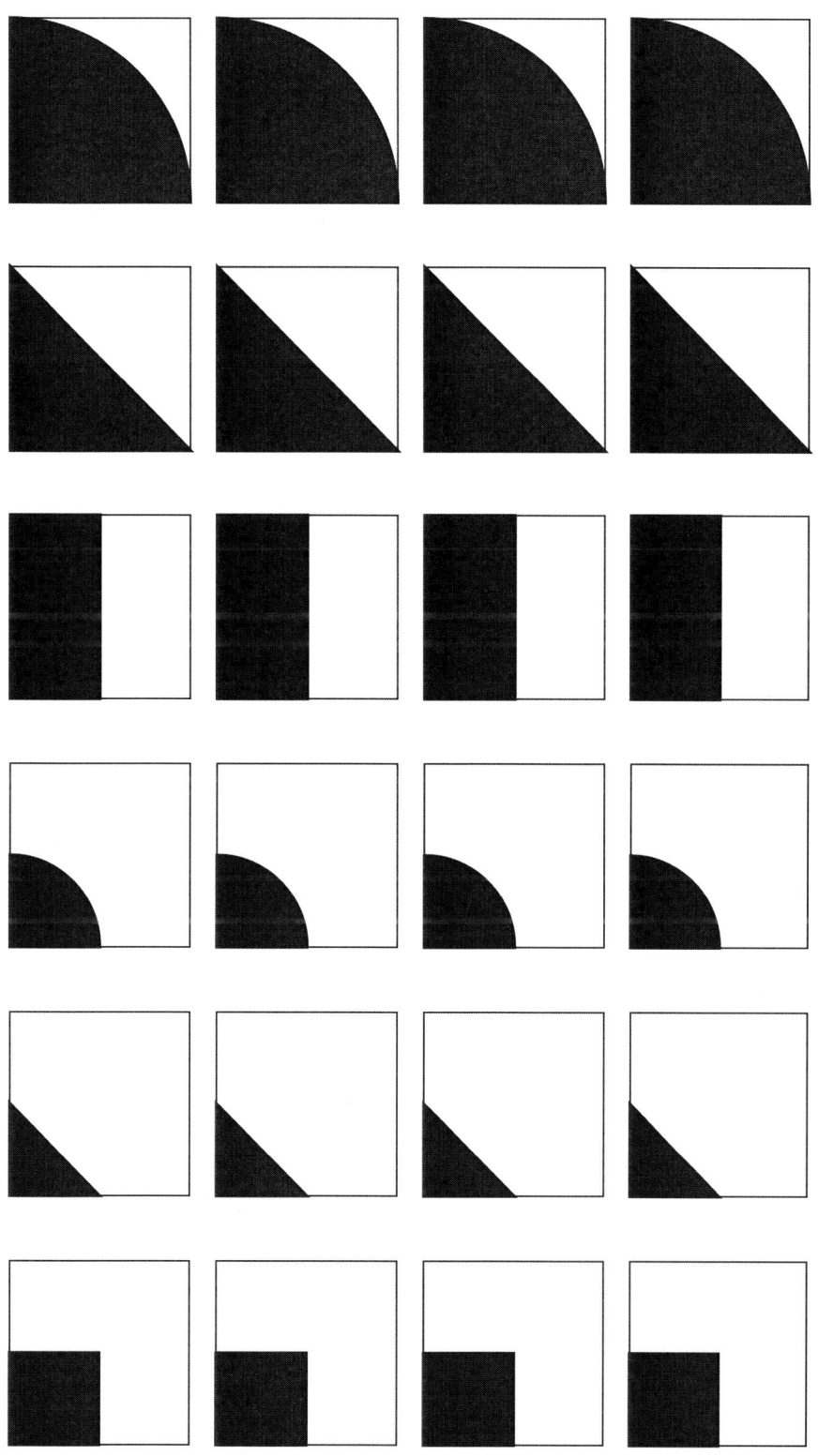

무늬블록 퍼즐

놀이의 예

◆ 무늬블록 퍼즐 조각을 적게는 4개부터 서로 다른 모양 전부를 사용하 조합한 모양을 각각의 조각을 구별하여 만들어 볼 수 있습니다.

문제유형 **4조각 연결** 제시된 무늬블록 4 조각으로 아래 모양을 만들어 보시오.

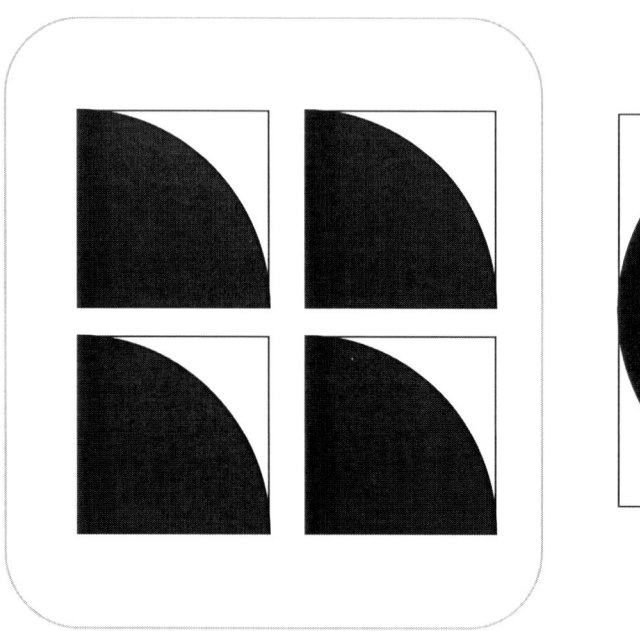

해답예시 **4조각 연결**

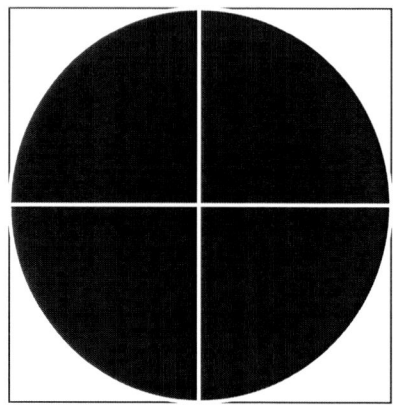

문제유형 4조각 연결 제시된 무늬블록 4 조각으로 아래 모양을 만들어 보시오.

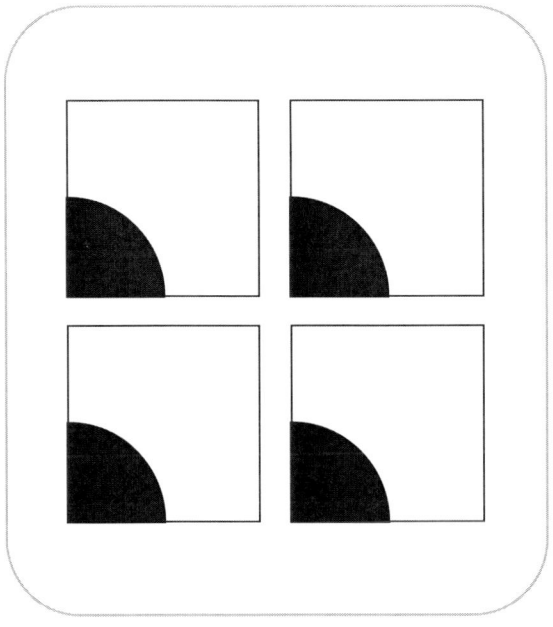 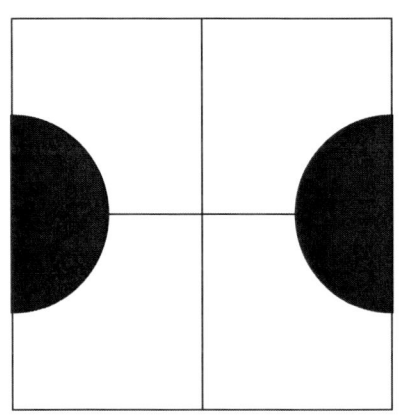

해답예시 4조각 연결

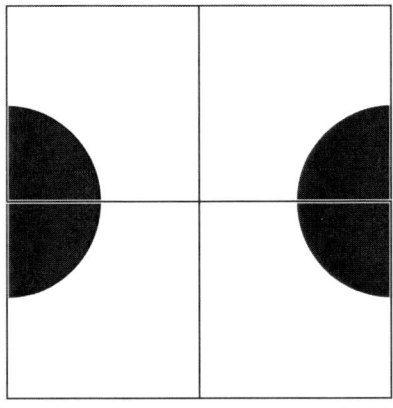

무늬블록 퍼즐

문제유형 4조각 연결   제시된 무늬블록 4 조각으로 아래 모양을 만들어 보시오.

해답예시 4조각 연결

무늬블록 퍼즐

문제유형 4조각 연결 제시된 무늬블록 4 조각으로 아래 모양을 만들어 보시오.

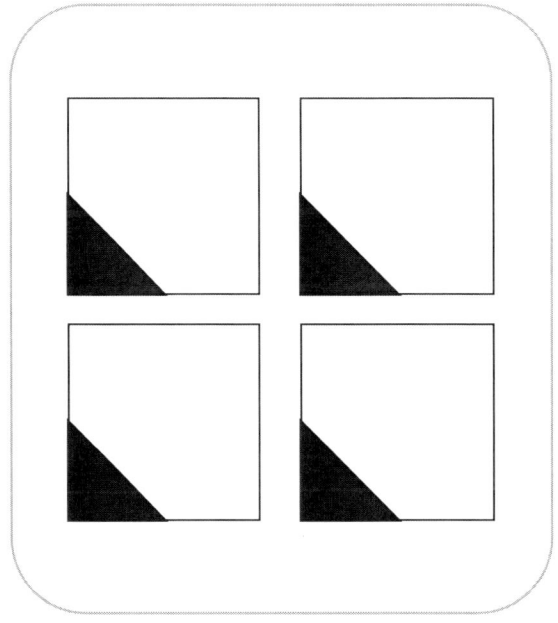 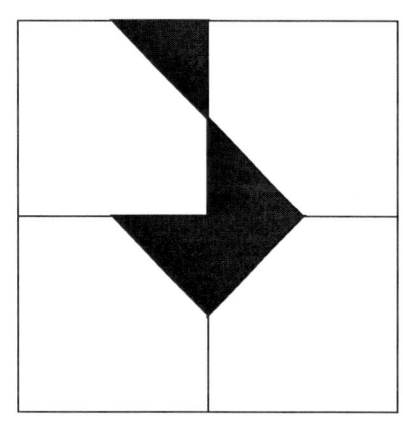

해답예시 4조각 연결

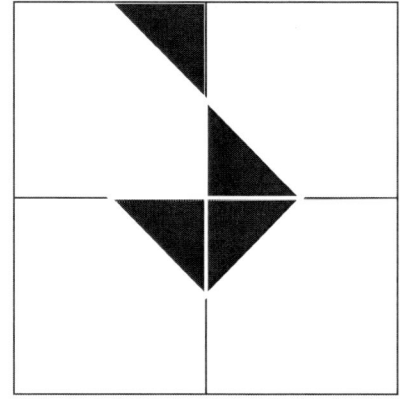

무늬블록 퍼즐

문제유형 4조각 연결   제시된 무늬블록 4 조각으로 아래 모양을 만들어 보시오.

 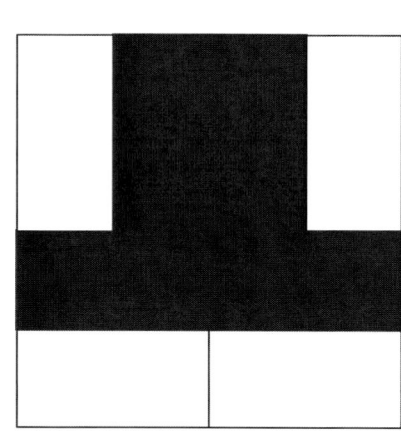

해답예시 4조각 연결

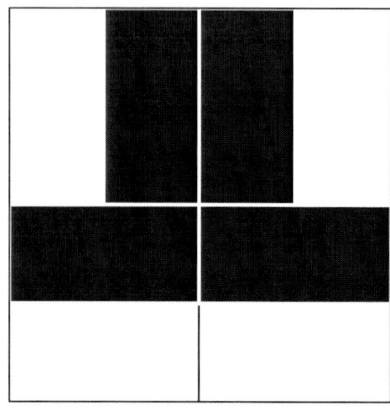

무늬블록 퍼즐

문제유형 4조각 연결 제시된 무늬블록 4 조각으로 아래 모양을 만들어 보시오.

 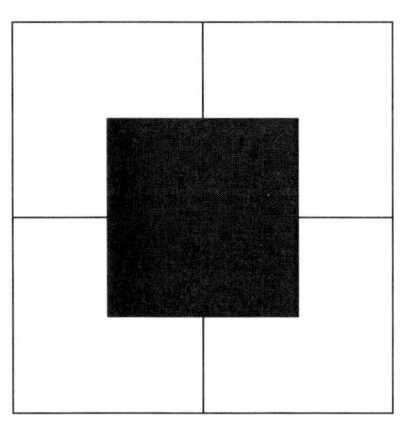

해답예시 4조각 연결

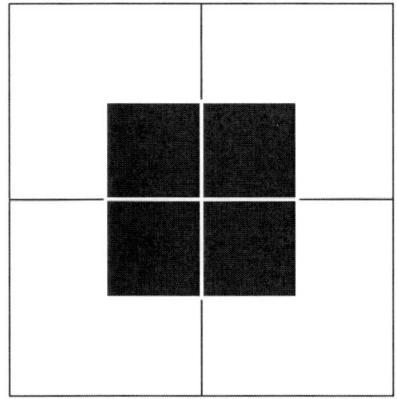

163

무늬블록 퍼즐

문제유형 **12조각 연결** 모든 무늬블록을 각각 2 조각씩 사용하여 아래 모양을 만들어 보시오.

해답예시 12조각 연결

문제유형 **12조각 연결** 모든 무늬블록을 사용하여 아래 모양을 만들어 보시오.

해답예시 12조각 연결

아주 쉬운 퍼즐조각 만들기

초판 발행일 : 2021년 10월 15일

지은이 : 한버공

펴낸 곳 : 청송문화사

　　　　　서울시 중구 수표로 2길 13

홈페이지 : www.kidzone.kr

E-mail : kidlkh@hanmail.net

전화 : 02-2279-5865

팩스 : 02-2279-5864

등록번호 : 2-2086 / 등록날짜 : 1995년 12월 14일

가격 : 25000원

잘못 인쇄된 책은 서점이나 본사에서 바꿔 드립니다.

본 제품은 특허법에 의해 보호받고 있습니다.

퍼즐을 만들 수 있는 재료는 인터넷 쇼핑몰을 통해 구입할 수 있습니다. www.kidzone.kr

자세한 사항은 이메일이나 전화 문의 바랍니다.